珍藏本

纪念版

汉译世界学术名著丛书

为平等而密谋

——又称巴贝夫密谋

下卷

〔法〕菲·邦纳罗蒂 著

陈叔平 端木美 译

商务印书馆

The Commercial Press

2017年·北京

Buonarroti
CONSPIRATION POUR L'ÉGALITÉ
DITE DE BABEUF
Éditions Sociales, Paris 1957
根据社会出版社巴黎1957年版译出

汉译世界学术名著丛书
(120 年纪念版·珍藏本)
出 版 说 明

2017 年 2 月 11 日,商务印书馆迎来 120 岁的生日。120 年前,商务印书馆前贤怀揣文化救国的理想,抱持“昌明教育,开启民智”的使命,立足本土,放眼寰宇,以出版为津梁,沟通中西,为中国、为世界提供最富智慧的思想文化成果。无论世事白云苍狗,潮流左右激荡,甚至战火硝烟弥漫,始终践行学术报国之志,无改初心。

迻译世界各国学术名著,即其一端。早在 20 世纪初年便出版《原富》《天演论》等影响至今的代表性著作,1950 年代后更致力于外国哲学和社会科学经典的译介,及至 1980 年代,辑为“汉译世界学术名著丛书”,汇涓为流,蔚为大观。丛书自 1981 年开始出版,历时三十余年,迄今已推出七百种,是我国现代出版史上规模最大、最为重要的学术翻译工程。

丛书所选之书,立场观点不囿于一派,学科领域不限于一门,皆为文明开启以来,各时代、各国家、各民族的思想与文化精粹,代表着人类已经到达过的精神境界。丛书系统译介世界学术经典,引领时代思想，为本土原创学术的发展提供丰富的文化滋养，为推动中国现代学术和现代化进程做出了突出的贡献。

为纪念商务印书馆成立120周年，我们整体推出“汉译世界学术名著丛书”120年纪念版的珍藏本，寄望既利于文化积累，又便于研读查考，同时向长期支持丛书出版的译者、编者和读者致以敬意。

两甲子后的今天，商务印书馆又站在了一个新的历史时间节点上。我们不仅要铭记先辈的身影和足迹，更须让我们的步伐充满新的时代精神。这是商务人代代相传的事业，更是与国家和民族的命运始终紧密相连的事业。我们责无旁贷，必须做好我们这代人的传承与创造，让我们的努力和成果不仅凝聚成民族文化的记忆，还能成为后来人可以接续的事业。唯此，才能不负前贤，无愧来者。

商务印书馆编辑部

2017年10月

目　录

审　　判

入　　狱

密谋家的入狱和有关这次密谋的报道，使人们产生不同的感受：被压迫者感到悲痛和震惊，而上层阶级则既欣喜欲狂而又不寒而栗，他们急忙发出要处死巴贝夫分子的叫嚣。从巴贝夫那里查获的许多文件中[98]，贵族阶级仿佛看到了把这个他们所害怕的党派置于死地的办法。

拉拜依监狱一下子关满了这些人犯，一路上民众和士兵们以极其关注的神情看着他们被押送到那里。有好几天，这个监狱的附近马路上人山人海，可是这些被告很快就被隔离了，其中几个要犯被秘密地关进坦普尔塔。他们统统都在等待军事委员会随时把他们处决。只是由于德鲁埃的缘故，他们才免遭这样的草决。

德鲁埃得以使刀下留人

根据共和三年宪法的规定，要审判一个议员，必须由立法议会起诉，并且只由高级法庭负责审理，该法庭的审判员应由各省选举议会推选。这样一个特别法庭还不能够在政府所在的那个市府内开庭，因此建立这个法庭需要好几个月的时间。

被告德鲁埃是一个议员，这就使得对其他被告的判决不得不推迟，一直要等到对德鲁埃起诉后弄清楚这个有同谋嫌疑的人的案件是否跟那些人有牵连为止。

入狱两天之后，巴贝夫给督政府写了一封信，内容如下：

巴贝夫给督政府的信

格·巴贝夫给督政府的信，共和四年花月23日于巴黎。

“督政官公民：

你们跟我以平等的身份打交道，难道不感到有失体面吗？你们现在看到，在我身上集中了人们多么巨大的信任！你们看到了我的党派已经满可以跟你们的进行抗衡了！你们看到了它的分布是何等广泛！因此我更加深信，这种情景会使你们发抖。

你们对你们所破获的这次密谋大肆渲染，这难道对你们有利吗？这难道对祖国有利吗？我并不这样想。我要说明的是，为什么我的见解不会受到怀疑。

如果把这个案件公之于世的话，那会产生什么结果呢？那我就会在这个案件扮演最光彩的角色：我会以大无畏的精神，以你们所素知的我那全副的精力，来证明我从不否认自己是参加者的这个密谋的圣洁性。跟一般被告为了替自己辩护而矢口抵赖的那种卑怯行径截然不同，我有胆量阐明那些伟大的原则，并成功地为人民的永恒权利进行辩护，从而使这个主题的美妙之处得以深入人心;我告诉你们,我敢论证这次审判不是正义的,而是强者反对弱者,压迫者反对被压迫者及其高尚的捍卫者的一次审判。我可能会被判处流放,会被判处死刑,但是对我的判决会立即被视为以强者的罪行反对弱者的德行的宣判;我的绞架会跟巴涅维尔特和悉尼[99]的绞架光荣地并列在一起。难道你们希望看到,从我被处决的第二天起,人们就会在今天大家作为不朽的烈士来纪念的罗伯斯比尔们和古戎们的祭坛旁边,替我建立起祭坛呢?这绝不是使政府和统治者高枕无忧之计吧。

督政官公民们!你们已经看到,我在你们手里,你们并没有捞到什么东西。我个人远远不能代表整个密谋,我只不过是组织这个密谋的长长的锁链中的一个环节。你们势必像害怕我那样害怕其他参加者。其实你们已经有证据说明他们跟我是休戚相关的,你们打击我就会打击到所有的人,你们会激怒他们的。

我说,你们会激怒法兰西共和国的全体民主派;你们只要首先想象一下,民主派不仅在巴黎牢固地存在,而且无论在外省哪一个据点都有雄厚的实力,那么你们也就会知道这不是一件无足轻重的小事情。关于这点,如果你们的捕差们抄获到大批的信件的话,你们就会作出更好的判断,因为从你们根据这些信件所编制的目录中看到的,只不过是一鳞半爪而已。不管人们多么想把神圣之火扑灭,但它现在仍在燃烧,将来还要继续燃烧。它有时候看来像是熄灭的样子,越是在这个时候,它的火舌就越有可能突然冒起,越烧越旺。

你们打算完全摆脱人数众多,至今仍不认输的无套裤汉吗?首先应当允许有这种设想的可能;然而接着你们又怎么办呢?你们的地位，完全不像在克伦威尔死后把数以千计的英国共和派放逐出去的那个人的地位。查理二世是国王，而你们，无论怎么说，还不是国王。你们需要一个党派的支持；而你们一旦抛弃爱国者的党派，你们就要独自面对保王党人了。你们不妨想一想，如果你们单枪匹马对付他们的话，他们会使你们遭到何等的不测？

可是，你们会说：这些爱国者对我们的危险实在不亚于保王党人，甚至有过之而无不及。你们错了！只要认清爱国者所从事的事业的性质，你们就会知道他们并不想要你们的命；有人公开那样宣扬，那是一种诽谤。至于我，我可以对你们说，他们是不想那样做的，他们要走的道路跟罗伯斯比尔迥然不同：他们不要任何流血；他们只不过想迫使你们自己承认，你们使用政权来进行压迫，你们使政权的人民形式与对人民的保障丧失殆尽，而他们想把政权从你们那里夺回来，但如果你们能够像你们在葡月所答应的那样为人民的利益进行统治的话，他们也不会走那一步的。拿我来说，在我的最初几期报纸上，曾想为你们打开这种做法的通道：我曾经谈到，据我看来，你们怎样可以得到人民的恩惠；我还阐明过据我看来怎样把那些跟真正的共和主义原则格格不入的东西从你们统治的宪政形式中清除出去，是可能的。

好吧！反正现在还不算晚。最近事态的演变，可能对你们和对公众的事业都有好处，都有挽救的希望。我认为从祖国的利益和你们的利益考虑，都绝不要把本案公开，难道你们把我的意见和结论置诸不顾吗？据我看来，你们自己已经得出这样的见解，即本案应从政治上进行处理，我认为你们做得对。不要以为我走这一步是为了自身的利益；我以一种人所未有的坦率态度一再对你们指控我的罪行直认不讳,这就向你们表明我的作为绝非出于懦弱。无论是处死还是流放,对我来说都是走向永垂不朽的道路,我将满怀英勇和虔诚的激情沿着这条道路迈进。然而,对我的迫害,对全体民主派的迫害,不会给你们带来任何好处,也丝毫无助于拯救共和国。我曾想到,你们归根到底还不是一贯地跟这个共和国为敌;你们显然也曾经是真诚的共和党人;为什么你们现在不再是呢?你们也是人,为什么不能认为你们是被形势推到一种跟我们的情绪截然不同的愤怒之中,由此产生的不可避免的结果使你们也像其他人一样一时误入迷津呢?最后,为什么我们大家不放弃自己的极端而寻找一条合理的出路呢?爱国者的心,人民群众的心,已经受到创伤,难道还要把它们进一步撕裂?这样做最终的结果会是什么呢?对于那些终于想要治愈,而不是要加剧这种创伤的爱国者,难道不值得称许吗?当你们一旦也乐于这样做,你们就有了做好事的主动权,因为管理国家的全部权力都掌握在你们的手里。执政官公民们!为人民而进行管理吧!这就是爱国者向你们提出的全部要求。我在替他们说话,我相信他们绝不会打断我的话,我相信他们绝不会反驳我的话。我看唯一明智的解决办法是:宣布根本不存在什么严重的密谋事件。现在,五个表现出宽宏大量的人,就能够拯救祖国。我还可以向你们担保,爱国者们将会挺起胸膛来保卫你们,而你们根本没有必要用重兵来保护自己。爱国者们并不恨你们,他们所恨的是你们反对人民的行径。到时候,还将以个人名义向你们提出一项跟我一贯的胸襟坦白相一致的广泛的保证。你们知道,我在这个阶级的人们当中有多么大的影响,我是指那些爱国者们,我将运用我的影响来说服他们:一旦你们跟人民站在一起,他们也将跟你们行动一致。

如果这封普普通通的信件能够对法国内部起到安定的作用的话,那倒不错。你们如果能够防止这个针对着法国的案件公开宣扬出去,你们不也就能够防止欧洲的安宁受到破坏吗?”

格·巴贝夫(签字)

政府的顽固不化

很久以来就已经清楚,而密谋的败露则再一次证明这样一点:对民主学说的压制,在过去的革命朋友之间引起巨大的分歧,并使人民捍卫革命的热情日渐消失。

这种局面,给受到外国人支持的保王党以更大的可乘之机。这本来应当使新贵族的头头们的骄横跋扈之风有所收敛,并促使他们对立法进行修改,借此跟民主派进行联系,并通过后者跟人民发生联系。这样一来,就可以使共和国避免如此不幸的斗争,而他们自己也可以免于遭受最终使他们惊讶的灾难。这就是巴贝夫所提出的建议,他的建议既为了保全他的朋友的性命,又旨在使正在衰退的共和精神恢复活力。然而,在惊恐万状的骄横情绪的支配下,又怎么能够听得进明智的劝告?新政府目光短浅,不认为明智地后退一步,以博得它从未享有的人民的爱戴是必要的,而贸然陷入盲目的愤怒,置情理与舆论于罔闻,以致把保王意图强加在那些为保王党所痛恨的公民的头上,并迫害这些唯一能够对共和国真正效忠的人士。

那些已经蜕变为贵族的革命者,一心只想从他们以可耻的叛变换来的胜利中得到眼前的好处,以便把那个谴责他们篡夺民权的党派镇压下去。对德鲁埃提出了起诉,他要被交付特别最高法庭审判,该法庭设在旺多姆。

违 背 宪 法

共和三年宪法宣称:“除先前法律规定者外,不得另立任何委员会和法规来更换法律为任何人指定的审判员。”然而,在密谋被破获后颁布的一道法令却规定,议员应与其同谋者一道接受特别最高法庭的审判,可是特别最高法庭并不是法律为后者规定的法庭。

这个宪法还宣称:“在全共和国范围内设有一个最高法院,对一切法院的最后判决作出决定。”然而,上述法令则规定,特别最高法庭的判决不受最高法院的审理,尽管这个法庭无疑也是个法院。

以上这些与宪法条文相抵触的规定,据德鲁埃案件的同案者看来,实出于政府害怕在巴黎人民面前公开进行辩论,他们还认为,这是在讨论这个案子时所表露出来的那种敌意情绪所带来的结果;一位怒气冲冲的立法者说:“对暴乱者不该那么客气!”另一位同样盛气凌人的立法者说:“如果在对付暴乱者时拘泥于一切形式的话,那就要占太多的时间了。”

起　诉

在巴黎，对59名公民进行起诉，其中包括17名缺席者；对许多人的起诉是以一种不可饶恕的轻率方式提出的。同时，在整个共和国寻找微不足道的借口来扩大被告的人数，而当权者以最高法庭能成为残害这些被告的场所而引以为荣。从瑟堡、阿腊斯、罗什福尔·布尔和桑特等地解押来被告，跟案情显然无关，以致无法对他们提出任何指控。

越　狱

正当人们在巴黎排练那幕要在旺多姆上演的悲剧的时候，巴黎民主派为搭救自己的伙伴而行动起来：在一名共和派的监狱看守人的帮助之下，德鲁埃从拉拜依监狱里逃出来；然而，被关在坦普尔的囚犯，虽然已经跟看守他们的士兵们串通好了，但由于没有配合好，他们越狱宣告失败。

在监狱外面，只有帕希[100]一个人在文章里公开赞同被告人的观点和事业。某些在期刊上发表作品的作家们，则用一道松垮垮的堤坝抵挡人家对被告进行倾盆大雨的污蔑的激流；而且，他们在那样做的时候还显得笨手笨脚、畏畏缩缩，他们时而对显而易见的事实加以否认，时而又暗示这次密谋是政府暗地挑动起来的，他们从来不敢触及密谋家的所作所为是合法的问题，并为他们的真正意图进行辩护。[101]

犯人被转押到旺多姆

从共和四年果月9日夜到10日，所有被关在巴黎的被告们都被押往旺多姆；监狱长小心翼翼地令人当面搜查人犯，并亲自把他们像野兽那样关进专为这次押运而定做的铁笼里，围观者有那些反对平等的人，以及在他们的煽动下而受蒙蔽的人。囚车队在大批军队簇拥之下穿越巴黎，一路上有大队宪兵和骑兵押送。被告的妻女和姊妹们步行尾随在后，一再受到恶劣气氛的折磨和贵族分子的嘲笑。至于那些被告本人，则饱受那些押送官的粗暴对待，以致他们想对夏尔特尔和登堡的市政当局给予他们的充满同情的款待称赞几句都不允许。

在旺多姆已经特意准备好一个法庭和一所大型拘留所，果月13日晚，所有押解来的被告都关在那里。安东尼尔和菲昂是在被控告后旋即被捕，此外，从罗什福尔·瑟堡和阿腊斯押来的被告，也都关在那里。

监狱的通道和市内的交通要道都由全副武装的军队守卫，戒备森严，并临时颁布一道法令把方圆十里约[①]划为禁区。这表明人们有意不让这次审判有任何公开的机会。

在被告押到和开庭之前这段时间里，最高法庭已经组成，它利用这段时间来进行预审、查询一些被告缺席的原因、组成陪审团以及审理被告所提出的要求和异议。被告则利用这段时间来提出抗

① 里约——法国古里，约合四公里。——译者

议、行使他们对陪审员名单提出异议的权利，以及协商并拟定他们的辩护词。

抗　议

上面提到过的那些跟宪法大相径庭的法令，使被告有充分的可能提出抗议。他们当中许多人拒不承认最高法庭的权限，他们以为这样一来就有可能引起立法议会和该法庭之间的争论，从而使事态朝着有利于人民的事业方面发展。这个希望落空了！最高法庭宣布自己有审理权。

异　议

由各省的选举会议派来的全部陪审员当中，被告可以对其中三十名提出异议，而无须说明理由。这个程序对于被告当中许多人的命运来说，关系极为重大。

在从外省收集到的不完全而且往往还不准确的资料的基础上，被告们经过共同磋商，对应予否定的人选取得一致意见。这些人选分摊给三十名被告，以便每个人能够否定一名。

可是，在许多地方，共和四年的选举是在共和派被迫害或被强行逐出会议而未能参加的情况下举行的，而且这个选举是在革命敌人的影响之下进行的，因此也就不可能在陪审员的名单上出现多少真正的自由之友。只能尽量做到差强人意罢了。在他们予以充分信任的陪审员当中，一些人被法庭以流亡者亲属为理由被除名；另一些人出于恐惧而称病并获准告退；只有三个人出庭参加辩论。[102]

巴贝夫大义凛然的供词

从巴贝夫失去自由时起，他的第一个想法就是对密谋直认不讳并坚持它的合法性。这从他对警务大臣的审问所作的回答中可以看出。当问到他是否蓄谋推翻政府以及为此目的跟几个人同谋时，他的回答是："我从内心深信现政府是压迫者，我准备竭尽全力把它推翻。我跟共和国所有的民主派联系，我没有责任列举他们任何一个人的名字。"当那位大臣问他打算采取什么手段的时候，他回答："一切反对暴君的合法手段"；接着又说："我不想讲所要采取的手段的详细情况。况且，这也不单单由我来决定；我在惩治暴君的委员会中只不过享有自己的一票而已。"

几天以后，陪审团主席对他进行了审问，他在回答他被指控为密谋的首领这点时说："我认为，给我安上密谋首领这一称号，对我是太过誉了。我宣布，我在那里面只起次要的作用，并且仅仅局限于我以下要讲的这些：我支持这个密谋，因为我认为它是合法的；因为我无论过去和现在都认为，现政府罪大恶极，它是篡权者，是一切民权的蹂躏者，它把人民弄得赤贫如洗，使他们沦为悲惨的奴隶，而它的最大的罪恶莫过于渎辱国家；因为我无论过去和现在都相信一个神圣的原则，根据这一原则，举行密谋来反对这样一个政府，乃是一切自由人的义不容辞的责任。这就是为什么我心甘情愿地竭尽所能来帮助策划这样一种密谋的首领和头目们。"在阐明自己在密谋中所起的作用以后，他又补充说："这些详细情况无疑将推翻那种认为我是密谋首领的荒谬设想；这种设想的唯一根据是，在我被捕的时候，从我那里抄获一部分密谋者的文件。我重申，我这样说绝不是想开脱自己的罪责；我只不过想为人要光明磊落，我绝不想扮演自己配不上的光彩角色，更不想贪天之功为己有。尽管如此，事后我却甘心为谋反压迫者之罪承受最沉重的刑罚，因为我再一次承认，在反对这些压迫者的密谋中，没有任何人的意图比我更为坚决。我深信，这是全体法国人民所犯的共同罪行，至少也是一切有良心的法国人、一切反对把少数人的幸福建立在大众的屈辱和赤贫之上的恐怖制度的人们所犯的共同罪行。我宣布我完全犯有这种罪行并且证据确凿，我宣布这就是我跟一切密谋者一样为之尽力的罪行。"

在陪审团主席进行长时间侦讯的过程中，所有主犯一直处于彼此隔离的状态。由于不可能跟被认为最了解内情的巴贝夫进行串供，其他被告担心他们的供词相互矛盾或彼此牵连，于是只好让巴贝夫自行去辩解，而他们自己则小心翼翼，严防失言。有的人否认自己的手迹，有的人编造假供。达尔蒂则不断地对这次审讯的合法性提出抗议。

如果不是由于那位跟巴贝夫和邦纳罗蒂一道被捕的皮埃[103]的软弱，巴贝夫和其他一些被告的字迹本来不至于被识别出来。作为起义委员会的秘书，皮埃十分害怕自己替该委员会誊抄的许多法令副本，会使自己招致积极参与制定这些方案之嫌，于是他急忙招认自己的所作所为和所闻所见，并且把他所誊抄的手稿出于谁人之手一一供出。这位以自己懦弱行为给事业带来严重后果的被告，在监狱里和法庭上都精彩地扮演了低能儿的角色。他在最高法庭面前宣称，一种罪恶的思想把他推到巴贝夫那里；他断言，为了得到庇护和损害某个人，可以跟魔鬼达成协议，他还要求发言——这是他的原话——以便提供细节。在那些真正地跟案子有牵连的被告当中，却没有一个人为面临的死亡危险而战栗。所有的人都对他们所捍卫的学说坚定不移，并且决心要以自己的鲜血来巩固它。他们的供词从不牵连任何人。

被告们的坚定态度

在来到旺多姆的时候，他们已经商量好：绝不吞吞吐吐、躲躲闪闪、矢口抵赖，而要直截了当承认自己参加密谋，并把整个辩护放在阐明这个密谋的合法性上。他们认为有责任在证词中最后一次论证自己事业的正义性，替祖国树立一种坚贞不屈的范例。然而，其他一些牵连较少和比较谨慎的被告。对这种辩护方案则大吃一惊，认为自己有责任加以劝阻。他们对那些伙伴们说："你们如果自己承认密谋是真的，那么陪审团能够宣告此案查无实据吗？在我们的陪审员当中，是否可能哪怕有四个人敢于替你们的观点作辩护，或是用一些遁词把向他们提出的有关事实的问题搪塞过去？抱这种期望的话，就未免把这些在贪污腐化成风的时候选出来的人估计过高了。但如果宣称密谋属实，那么我们作为你们的朋友，以及许许多多已经成为诽谤与迫害的目标的共和分子，岂不受到牵连而跟你们一起完蛋？不要让我们的陪审员的德行受到过于严峻的考验，至少应当给他们提供一种替你们开脱的借口。"

改变辩护方式

不知道是由于上述劝告使得主要被告人担心在审讯过程中会发生可怕的分裂呢？还是由于他们想到自己那样做会连累朋友、危害祖国而却步？或是最终由于他们内心产生要自我保全的感觉？总之，原先的方案被否定了。他们商定，要否认有过正式的密谋，要用一种假定的说法来为自己的目的辩护，并且应当尽量对被抄获的文件和有人证的事实作似是而非的解释。

可是，那位检举人的见证是如此的详细和确凿，因此，尽管这些作为起诉依据的见证是由一个人提出来的，但由于拥有大量的对被告不利的文字证据，这使得任何一个诚实的人，只要不抱任何政治成见，一经对本案稍加审理，看来都不可能否认密谋确实存在。

于是，那些有重大牵连的被告们便打算这样来替自己辩护，即一口咬定人们企图证实的合谋并不存在，即使有的话，那也构不成任何罪行，理由是没有实行的手段，或者在山穷水尽的情况下，声称自己的被指控的目的是合法的，是以行使权利为基础的。

安东尼尔

开庭之前，安东尼尔已经公开作好了辩护的准备。这位豪爽的公民，当时难能可贵地运用了自己的才能与财产。尽管对他本人没有提出任何法律推定，但却公开地赞同自己的难友的事业。

他写了许多东西[104]，制造舆论来替他们辩护。他从自己的囚室中毫不留情地指责政府，赞扬1793年宪法，替密谋家的目的申辩，大胆到差一点宣布自己是他们的同伙。

在那不幸的时期，共和派的全部力量几乎都被关在旺多姆监狱中。在那里，被告们互相鼓舞，誓以坚贞不屈的范例来报效人民；他们生活在最民主的友爱之中。在平等派和前国民议会成员[105]之间所存在的若干差异并不妨碍他们之间完全和谐相处。随着他们的观点的接近和每个人在法庭上赤诚相见，这种和谐也就与日俱增。

到了晚上，全体狱友齐声合唱的共和歌曲，声震遐迩。旺多姆地区的居民们，出于兴趣或好奇而被吸引到附近的山冈上，他们往往跟着唱起来，还不时传来阵阵掌声。

对于这些为了他们所忠于的事业而如此敢作敢为的人们来说，共和国的命运势必成为他们的经常的话题，并经常引起他们的焦虑不安。一次可怖的不幸事件，都会引起这个或那个话题。这些被告们刚到旺多姆不久，他们就了解到格雷涅尔营的致命性的事件，在那里，由于一个可耻的阴谋诡计，许多真诚的民主派丧失了生命，他们本想劫狱并恢复人民的权利。由于这场令人发指的屠杀，大大地增强了贵族阶级从民主派手里夺走的权力。

不久以后，一些保皇派阴谋家，即那个罪行确凿并已被依法废除的王朝的密使们，竟然得到袒护他们的大多数立法议员和审判他们的军事法庭的令人不能容忍的宽容。

大约在同一时候，负责对葡月13日事件的被告进行缺席审判的法庭，竟宣布这个血染巴黎的日子的阴谋查无实据。

司法部门的这种破格宽容的态度，引起政府的不悦；它的一个成员说："我担心这样做会不会给旺多姆的被告们开个先例。"因为政府想要除掉的，首先是这些被告们。

法庭辩论开始

终于在共和五年风月 2 日开庭审判；出庭的被告共 47 人；缺席审判的被告有 18 人①。巴贝夫、达尔蒂、邦纳罗蒂、热尔明、卡森、克罗德、费盖、布恩、菲昂、里科尔、德鲁埃、兰代、阿马尔、安东尼尔、罗西诺尔以及其他 10 个人，是真正积极地参加了密谋；有 5 个人是间接地参加[106]；至于所有其他的人，则纯属局外人；他们其所以被传到最高法庭上来，只不过是那个想利用该法庭来扼杀民主的党派的狂怒所使然。

法庭有大批军队守卫；每一个被告都由两名宪兵看押。审判厅很大，公众旁听席经常挤满了老百姓。他们往往向被告鼓掌，而从不向起诉人鼓掌。

有几个辩护人，他们挑起许多枝节问题拖延辩论，时而发表跟

---

① 出庭的被告有：巴贝夫、达尔蒂、热尔明、勃朗多、科尔达、弗洛沙尔、慕纳尔寡妇、邦纳罗蒂、索菲、拉比埃尔、古拉尔、慕尼埃、马沙尔、雷布瓦、菲昂、科舍、奈耶、布丁、燕妮 · 布雷顿、瓦迪埃、兰涅罗、土洛特、兰贝尔、兰贝尔代、波托弗厄、莫莱尔、杜弗尔、莫鲁阿、克雷莱、阿马尔、菲力蒲、卡森、尼科尔 · 马丁、塔富鲁、德鲁因、鲁阿 · 皮埃、布雷顿、迪第埃、安东尼尔、安东 · 费盖、里科尔、蒂叶里、阿代拉依德 · 兰贝尔、维尔纽、老杜布雷依、小杜布雷依、克雷平。

缺席的被告有：德鲁埃、兰代、瓦克列、克罗德 · 费盖、基莱姆、施雷提安、蒙尼埃、雷依斯、曼涅斯埃、慕纳尔、波德、布恩、巴伦、波德松、勒佩尔蒂埃、罗西诺尔、若里、科德巴尔。

被告的观点格格不入的言论，对于被告的主张，他们从不敢作辩护[107]。真正替他们的事业作辩护的人是巴贝夫、热尔明、安东尼尔和邦纳罗蒂。

追随被告前来的无畏的妇女们，自始至终出席所有的审判会。

达　尔　蒂

在有重大牵连的被告当中，唯独达尔蒂比其他所有的人更坚持不断地提出抗议。他从不承认最高法庭有审判他的权利；他经常拒绝回答问题，拒绝进行解释，任其定罪而不作辩护。在他又一次向法庭提出抗议后，陈词如下："对于我来说，如果天意注定要在这个时候终结我的一生的话，那我将会光荣地结束它，既不害怕，又不遗憾。唉！我有什么好遗憾的呢？……当自由趋于毁灭；当共和国这座大厦片片瓦解；当共和国这个名字本身变得令人闻而生厌；当平等制度的朋友和信奉者遭受迫害，无处藏身，听任杀人凶手的淫威摆布或陷于赤贫的焦虑惶恐之中；当受尽饥饿和贫穷的种种恐怖的人民已被剥夺一切权利，他们被迫堕落，受人歧视并在枷锁之下备受煎熬；当崇高的革命——被压迫民族的希望和慰藉——不过成为一种幻影；当祖国的保卫者到处饱受凌辱，衣不蔽体，待遇恶劣，屈身于万恶的专制制度的桎梏之下，他们为捍卫共同事业所付出的流血牺牲的代价，换来的却是恶棍、杀人犯、强盗的名声，他们的桂冠被换成荆条；当王党分子到处作威作福，受到包庇、得到尊重，甚至得以穷人的血泪来一雪旧恨；当狂热之徒倍加疯狂地重新拿起凶器；当迫害和死亡盘旋在一切为了我们的

复兴而多少作出伟大和崇高的努力的有道德的人和有理性的朋友们头上；当坏蛋们为了大肆制造恐怖而带来痛苦、失望和死亡，但这一切却是盗用人世间最神圣、最可敬的事物的名义，以圣洁友谊、崇高德行、廉洁可嘉、主持正义、讲求人道为名以至把上帝请出来干的；当沦丧的道德、可怕的叛变、可恶的告密、可耻的背信以及抢劫谋杀都公然受到尊重并被冠以圣洁之名；当一切社会联系都宣告中断；当法国蒙上了丧礼的黑纱；当她在旅游者的惊骇的眼中只不过呈现一堆堆的尸骸和烟雾弥漫的荒漠；当祖国已不复存在，那么死亡就是一件幸事。

我身后绝不会给我的亲友们留下坏名恶誉；他们会怀着骄傲的心情看到我将名列于人类崇高事业的捍卫者和烈士们之中。我可以满怀信心地证明，我在整个革命历程中没有留下污点；我的心灵从来没有被罪恶和卑鄙的念头玷污过。我还在年青时代就投身革命，历尽艰辛，出生入死，从不气馁；生平乐事，唯寄望于有朝一日得以目睹平等自由王国之牢固奠立。由于全心全意致力于这个崇高的人类事业，我完全把自身置之度外；个人利益，家庭琐事，统统忘记，不加考虑；我的心脏永远为自己的同胞和正义事业的胜利而跳动”。

公诉人的反革命情绪

从一开始，公诉人就力图掀起一种疯狂的仇恨，这不仅是针对被告，而且针对一切在革命过程中赞同过民主制的人。他们首先肯定确实存在着一个集团，这个想象的集团的成员，都是一些作恶多端之徒，一些前所未见的怪物，一些生性虚伪、不信神明、野心勃勃、好报私仇、性情狂暴、诽谤他人、杀害同类的家伙，他们是无政府主义的产儿，自小在它怀里长大，除它之外不认识别人，只是叫它叫个不停，只是对它笑容可掬；公诉人把所有的运动和革命行动归咎于这个集团，并且在被告们还没有在最高法庭受到任何审判之前，就把他们列为该集团的成员。

按照公诉人的说法，该集团的影响是如此之大，以致听信他们的人简直弄不清楚自己所赞同的革命事件究竟是什么。从这些公诉人对一个合法的起义所下的定义来看，他们在内心深处对所有伟大的民族运动都加以咒骂，甚至对那个他们唯一在表面上加以赞扬的 7 月 14 日运动也不例外。

公诉人利用从被告那里查获的大批文件，毫不费劲地证明了那个被他们称为罪恶阴谋的存在。但是，他们对于被告的意图——定罪的主要因素，却极力避免加以讨论。他们在这个问题上发表的寥寥无几的言论，不是妄加推断，就是胡乱引申。他们的目的始终是要把被告描绘得可鄙可憎，并阻挠他们向法国说明自己的观点是对的，反对共和三年宪法是合法的，以及自己的意图是正当的和符合公共利益的。这些公诉人假借共和国的名义迫害一个未执行计划的制定者，但却一心一意替共和四年葡月 13 日使数以千计的巴黎人流血并以复辟帝制为最终目标的武装叛乱阴谋开脱，对于他们应作何感想？

给辩护设置障碍

跟公诉人互相配合,法官们极力使辩论限于就事论事,他们一再利用职权来制止被告对密谋的实质进行哪怕是泛泛的讨论,并且不让他们对自己写的东西进行任何检验,尽管这些文字材料在起诉时是作为密谋参与者的主要的甚至是唯一的罪证提出来的。

由此可见,这个表面上要以维护民权、抑制豪强为己任的法庭,实际上不过是掌握在那些无视人民主权并通过巧取豪夺来篡夺最高权力的人们手中的工具。

被告们为革命辩护

尽管这些有重大牵连的被告们不正式承认有密谋活动,但他们一直坚持捍卫密谋的原则。在他们心目中,革命是神圣的事业;他们自觉地对人民主权和确立这种主权的 1793 年宪法保持忠诚;他们为自己对此有所建树而感到骄傲,并以自己身陷囹圄、危在旦夕的处境引以为荣。

由于公诉人和被告人之间观点和感情的对立,势必引起的强烈骚动接连爆发了好几次,起因或是由于检察官血口喷人,或是由于法庭偏袒地打断被告的发言,或是由于被告的强烈抗议。

被告们难道可以无动于衷地听任人家对共和国的奠基人进行污蔑,并承认平等制度的最坚决的支持者都是一些没有才能、没有勇气、没有道德的人吗?他们大多数人为了祖国的利益而千百次出生入死，远离宦海，清贫自如，难道他们能够默不作声地容忍别人把卑鄙龌龊、自私自利的念头强加在自己的头上吗？对于这些在那么长的审讯过程中别人找不到他们任何不检行为的人来说，这一切能够容忍吗？

在审讯过程中，被告始终坚贞不屈。一有机会，他们就旗帜鲜明地赞颂共和国与平等制；有好几次他们成功地驳斥了公诉人的政治诡辩，并且几乎在每一次审判会上都引吭高唱共和歌曲，声震屋宇。

叛　　徒

这个叛徒把他以讨好、感动和爱护的手段骗取了信任的人们给告发和出卖了……格里泽尔！他居然跟其他警察密探一道列在证人的名单上，但连后者也对他的鲜廉寡耻感到害怕因而经常拒绝与之并席而坐。

被告们自信能够不让这个证人出庭，因为按照法律规定，凡在审理告密者可依法获得金钱报酬，或告密者能够以其他各种方式从告密中得到好处的案件时，告密人不得出庭发言。

根据被告及其辩护人的意见，“能够”一词指的是一种不受限制的可能性，它包括密谋的告密人理所当然地期待从政府那里所能得到的奖励。

在被告据理力争之下，公诉人为了摆脱其尴尬处境而臆想出一种自圆其说的理由，引起了哄堂大笑；他们竟敢断言告密人这种身份并不适用于格里泽尔，理由是：格里泽尔第一次是向督政府打报告,而不是向一个警务官员打报告,因而只不过是一个普通的检举人而已。

他是证人

这个花招要得并不成功;然而,法庭断定"能够"一词的含义只应限于告密人通过告密所获得的权利,并在许多人议论纷纷的情况下,下令格里泽尔出庭作证。

在审判过程中提出了大约五百件旁证材料,好几次会议专门用来向被告出示这些文件,让他们招认,或是由专家来鉴定那些本人拒绝作答以及被认为属于缺席者的材料。

骚动

人们绞尽脑汁地推测一份公诉人认为十分重要的文件上巴贝夫写的几个字到底是什么[108],这几个字被一大块墨迹盖住,是巴贝夫在警署签供时弄的。在这个问题上所进行的冗长的讨论,引起了四座激烈的谩骂,并使这个讨论在惊人的骚动中结束。审判会在公诉人、辩护人和被告的呼喊声中突然宣告中止。被告们在退场时激动地高唱《马赛曲》中的一段:"暴君们,还有你们这些卖国贼们! 发抖吧!"法庭把所发生的一切都记到一份会议记录里,这份记录被列入立法议会的议程。

在被告对首席法官提出一项指责以后,公诉人就马上抱怨起来,说被告想要制造一个又一个的事端来把审判无休止地拖延下去。他们说:“有那么多的人反对最高法庭办案进展缓慢!……”“那么多人指的是谁?”巴贝夫喊了起来,——“人民的朋友们!你们不妨猜一猜。那些人都是属于那个不恰当地被称为正人君子的等级。这个等级跟人民群众比较起来十分渺小,但却厚颜无耻地自命代表一切;它无所事事,靠压榨人民大众的血汗生活;它视万能的民众如草芥,它压制他们,用饥饿来折磨他们,以此作为永久使用他们的双手、智慧和技艺的代价。共和党人!就那么一小撮吸血鬼,有人竟然说什么所有的人都反对那些蓄意置我们于死地的家伙办案进展缓慢。就是那些人有人想极力讨好他们。正人君子们!你们会心满意足的!读一读最高法庭头几次开庭的会议记录,你们就可以确信自己已经在那里立下了汗马功劳。而你们,人民的中坚分子,你们可以从他们怎样对付这些坚持你们的利益的人,来看看他们会怎样对待你们。朋友们,还有你们,辩护人,光荣的伙伴,你们都听到了;是金百万[①]要求你们活受罪。如果你们不能辨别一群强盗的狂叫,那也就无法辨别二千四百万被压迫者的呼声,后者的壮丽的事业实有赖于你们的支持。他们在默默地呻吟,披枷戴锁,一无所有,赤身裸体,在极端衰弱中倒下,向我们的先驱者——那些为公共谋幸福而光荣牺牲的烈士的忠魂致以自己的敬意和遗憾。先烈们给你们留下崇高的布道使命,你们同样将会把它传给其他真正的人,他们会跟你们一样地热心,也许会比你们和你们的先驱者更为幸福。美德是不朽的;暴君们迷信自己的

① 金百万(million doré),意指占人口百分之四的有钱有势、生活富裕的人。——译者

苛政；他们只能消灭人们的肉体，好人的灵魂只不过更换一个躯壳；在一个人消灭之后，它就会立即唤起另一个人，在他身上继续激发崇高的意念，使罪行累累的统治者永无喘息之机。

根据这些最后的想法，并且从我每天都为加速自己牺牲的到来而提出的种种新的办法来看，我是准备让我的压迫者采取任何他们所乐于采取的处置办法的；我对为我申辩的无谓细节不屑一顾；让他们马上对我打击吧！我将在美德的怀抱中安眠。”

叛徒的证词

格里泽尔在两次会议上发了言，详细地叙述了他结识、协助、欺骗和叛卖被告人的整个经过。除了有些地方由于虚荣心作祟而加油添醋并因此不时自相矛盾外，他讲的是真话。然而，尽管不能把他看成是一个骗子，但人们对他在炫耀其背信弃义行径和所玩弄的阴谋诡计时表现的厚颜无耻态度所产生的反感，丝毫不会有所减少。正是靠玩弄阴谋诡计，他才博得他蓄意加害的那些人的垂青。

出于内心的愤怒，安东尼尔把这个叛徒的虚伪嘴脸描绘得淋漓尽致，给他的额上盖下了一个永不磨灭的耻辱印记。

在谈到某些被告时，格里泽尔说道："我在这里看到的只是一些代理人，他们当中没有一个是密谋的真正领袖；有人在幕后指挥和操纵他们。"这使热尔明不禁脱口而出说了下面这样一段话："噢！如果还嫌我们这些人太少的话，你可以跑到奥德河边把我老婆的尸体从沙堆里挖出来，你可以跟比你不如的蛆虫去争吃尸肉，你可以像饿虎一样向我的老母猛扑过去，你可以把我的姊妹和他们的孩子都搭在这顿令人深恶痛绝的筵席上；你可以把我的孩子从他乳母软弱无力的手中夺过来，用你的野兽般的牙齿撕碎他的娇嫩的肢体。我们六十个家庭都向你提供这种令人呕心的猎物。走吧！把这些都夺到手吧！怎么啦？难道这些食饵对你还不够诱惑？看来你肯定还是在装模作样。”同样精彩的是热尔明在结束他的雄辩的辩护词时讲的几句话：“我等着你们的宣判，不管怎么判也罢，我既不害怕，也不软弱。我为什么要害怕？我为什么要示弱？事实上，如果我死去的话，我将是自由事业的最忠贞的烈士；如果我还能活着的话，我仍将是自由事业的最坚定的捍卫者。”

巴贝夫为牧月起义辩护

格里泽尔曾谈到共和三年牧月一日起义，说它是无政府主义者搞的。他模仿公诉人的腔调，把平等制度的一切真诚朋友都诬指为无政府主义者。“牧月！”——巴贝夫喊道，——“这是恐怖时期，苦难的日子，但又是神圣的和值得崇敬的日子。善良的法国人每一想起它们，没有不同情和惋惜的；这是对滔天罪行的回忆，对高尚活动的回忆，对人民的深重灾难的回忆……牧月！惨痛而又光荣的日子。在这些日子里，人民及其忠诚的代表们履行了自己的职责；在这些日子里，那些背信弃义的代表，那些粮食囤积者，那些杀人犯，那些篡夺人民最高权力及其一切权利的人，则犯下史无前例的累累暴行……只有你们，啊！格拉古兄弟！啊！永垂不朽的法国人！只有你们才是高尚的，只有你们敢于宣布自己是人民的支持者和捍卫者；只有依靠你们的无限忠诚来支持人民的十分正当的要求：面包和法律！古戎、杜鲁瓦、罗姆、苏布兰尼、杜肯努阿、布尔博特，光荣的牺牲者！你们流芳百世的名字曾经在这里回响过，而且还要一再地回响！你们的忠魂不断地在我们的家喻户晓的歌曲中被赞颂！你们在枷锁下、在法官和刽子手面前的坚贞不屈的表现给我们作出了榜样，使我们能够忍受最漫长、最严酷的铁窗生涯！最后，尽管坏蛋把你们杀害，但他们却连一天也不能使你们沮丧绝望！光荣的烈士！神圣的平等事业的大无畏的支持者！你们拯救自由、人民主权和一切保障人民幸福的原则，从而没有沾上不经过英勇抵抗就让这一切被人夺走的耻辱……我们有责任在你们倒下后接替你们；我们要像你们一样倒下，要效法你们，像你们一样在迫害者的面前坚贞不屈；每一个真正的共和派应当纪念你们被共和国最卑鄙的敌人杀害的时刻……"说到这里，法庭制止巴贝夫讲下去。

警探们出来作证，指控一些工人在巴贝夫被捕之后合谋营救他并实现他的计划。在这些警探当中有一个赝币制造犯，人们为了让他当暗探才故意把他从监狱里释放出来。这些无耻之徒的狼狈为奸的行径，只能激励他们所控告的人们的斗志。

仗义执言的两位证人

在那么多小人当中，有两个不幸的年轻人，以其不幸的遭遇与见义勇为的举止使观者莫不为之感泣。让－巴蒂斯特·默尼埃和让-诺埃尔·巴比埃，两人都是士兵，因在警备团起义中有牵连而被判十年徒刑。当军事法庭审判他们的时候，从他们那里套出一些不利于某些被告的口供，正是为了核实这些口供，才把他们传讯到旺多姆。

但是，大大出乎公诉人的意料，默尼埃和巴比埃矢口否认他们曾由于软弱而招供的一切，他们宁可为捏造假证而被罪加一等，却不愿意说一句对那些受审者不利的话。

不仅如此，他们还向被告们鞠躬，唱起共和歌曲来向他们致敬；他们称被告为人民之友，请求分享他们的荣誉。这样的美德，却是要以加刑来报偿的……噢！光阴呀！

辩　护

由于事先大家商定要否认密谋的存在，因此在所有被告的辩护中，没有人要比巴贝夫的处境更为困难了。所提出的大约五百件旁证材料，几乎全部是从他那里抄获的。这些白纸黑字的材料，把组织、计划、法令以及起义委员会书信往来的情况包罗无遗；其中有一百多件是出自他的手笔；控告完全是针对他而来，开了五次长会来对他进行审问。

对于这些旁证材料所提出并由控告人加以证实的大量事实，怎么才能解释得过去呢？主要的被告人力图试一试；他们有时候取得局部的成功，但总的说来，他们所取得的成就只不过使本来就同意他们的意见的陪审员松一口气。在这种情况下，他们的辩护只不过是一套不够周密的巧辩而已，这是违背他们的心愿的，他们只是为了照顾自己的难友们才不得已这样做。

这些被告们的真正的辩护，则充分体现在他们对自己所信仰的民主原则直认不讳，对1793年宪法倍加赞扬，以及采取一种假定方式来坚持论证密谋的目的的正确。

这次密谋的内容完全包含在一个关于建立起义督政府的文件里[①]，公诉人把这叫做篡夺最高权力；起诉主要是以该文件为依据。于是，巴贝夫便就密谋的动机、目的和手段展开辩护，他说：

“在这里进行的绝不是对个人的审判，而是对共和国的审判；不管所有持不同看法的人如何想，处理这样一个审判案，一定要光明磊落、严肃认真、大公无私，因为这牵涉到如此广泛的利益……”他接着又说：“这个法令出于若干共和党人之手，由于这个案件跟全体共和党人有牵连，因此，它又是属于共和国，属于革命，属于历史……我有责任替它辩护。”

随后，巴贝夫把自己的处境跟监狱外面的共和党人的处境进行一番对比，他厉声疾呼道：“自由之神呀！我该多么感激您把我置于一种比所有其他任何人都更为自由的境地，其原因正在于我被戴上镣铐！我的地位是何等令人满意呀！我的事业是何等美好崇高呀！这种处境使我能够对真理畅所欲言……尽管我镣铐在身，可是跟不能像我这样以监狱为家的无数被压迫者和不幸者比起来，我讲话却比他们当中每一个人都享有更多的特权。他们受苦受压、忧心如焚、灾难深重、备受凌辱，更有甚者，人家还不让他们诉苦……如果祖国注定要灭亡，而这种灭亡还要从她在本案中

① 见第四号文件。

受审的所有孩子身上体现出来的话，那么至少应当说在他们灭亡的时候，他们丝毫没有背叛，他们曾勇敢地宣传母亲的格言……我在向那些有德行的人讲话，只有他们才把我们看作忠义之士，如果没有这些人听我讲话，啊！那就毫无疑问，所剩下的只有架起断头台了。”

可是，当巴贝夫满怀深情地说到1793年宪法，当他刚提到人们采取什么样的暴力来从人民手里剥夺这个宪法的时候，公诉人便对被告进行谩骂，说他们还在阴谋反对政府。巴贝夫的发言便马上被制止了。

邦纳罗蒂也对上述文件进行辩护；他说，文件上所建立的机构，其目的无非是宣传民主学说；他坚持认为，在民怨沸腾，一触即发的时刻，即使该机构拟定一些立法草案供人民参考，这只能说是一种明智之举，跟法律毫无抵触之处。接着他又以一种假定的语气说，秘密督政府本想唤起民众去审查政府的形式问题，而这样做是每个公民的权利，这在一切具有类似共和三年宪法的国家里都是如此。这种宪法承认最高权力属于全体公民。

随后，巴贝夫又巧妙地回到这个问题上来，他先是讲了几句颇为得体的话，进而高声说道：“唤醒真正的人民，建立起幸福的王国，平等与自由的王国，人人丰衣足食，人人平等自由，人人生活幸福，——这就是在全法国面前被人描绘得凶神恶煞的那些所谓知名暴乱者的愿望。”

接着谈到手段问题，他说明在现实中这些手段只限于进行一种观点上的革命，只不过是一般的思想活动。他认为，那个创造性的法令的作者们夸大了这些手段的作用：“因为”，——他非常合乎情理地补充说，——“十分清楚，思想革命乃是绝大多数人洗心革面和摒弃他们受控的一切偏见的必然结果，它绝非单纯依靠宣扬美德所能实现的事情，这是显而易见的。自从各国出现启蒙者以来，这些高尚的人献身于宣扬至理名言，给人们指出真正的正义道路，但几乎从来未看到他们有所成就，所看到的只是他们几乎全都成为受害者。”

此外，他还证明，在人民受压迫的时候，起义，即使是局部的起义也罢，也是正义的和必要的；他依靠自己的立论和马布里的权威论点，把公诉人的软弱无力的理论驳得体无完肤，后者说什么“起义只是在由全体公民参加的情况下，才是合法的”。他们倒不如说，起义从来不是合法的。

他们两次喝令巴贝夫交待其同谋者的姓名，巴贝夫对这两次挑衅都声色俱厉地断然拒绝。

同样，他愤怒地拒绝了某些被告和一个辩护人想要采取的捏造手法，也就是在辩论中把密谋的思想推诿于人，即把专制制度的代理人诬指为对该制度威胁最大的文件的策谋者。在涉及起义法令时里科尔高喊：“这是格里泽尔搞的！”“不！”——巴贝夫坚定地回答：“这不是他搞的！这绝不是一个使它的作者感到羞愧的文件，格里泽尔这个大坏蛋是不配搞这样一个文件的。”

所有作为物证的文件都由公诉人按着这些文件拟定的时间顺序先后提出，所以一旦把这些文件串在一起，自然就很容易揭出这次密谋的真面目了。

对于公诉人所串在一起的文件，由于被告人事先商量好要采取否认的办法，他们便极力把这些出于自己之手的文件一个个割裂开来，把他们说成是出于孤立的原因，在偶然的场合和不同的时间里拟定的。在分析这些文件时，他们从不放过任何机会去重申自己的民主原则，为这些原则进行辩护，并且论证当时在法国所实行的宪法跟法国人民所追求的那个宪法根本不是一个东西。

同样地，在解释告士兵书（见第二十三号文件[109]）这个文稿时，作者邦纳罗蒂讲到他为什么要积极地为法国革命服务；他不顾法庭一再打断他的话，进一步阐明了他其所以维护1793年宪法的理由；他控诉政府篡夺民权、实行暴政，并且对革命政府的意图和行动倍加赞扬。他高声说："我为捍卫一个伟大民族在其团结和光荣的日子里所一致通过的法典而立下的誓言，是不能从我的心中磨灭掉的；奴隶们把心献给自己的主子，而我则把心献给了一个高尚的民族，这个民族慷慨地接受我投入她的怀抱，并且在那些自由的日子里把她的庄严的意志传达给我。"

策谋搭救危在旦夕的被告们

旺多姆及其附近的一群公民怀着关注的心情出席最高法庭的审判会，是十分激动的。会场上一再出现的那些对政府所进行的猛烈抨击，那些往往使公诉人无法招架的有力论证，对那些最为深入人心的革命事件所作的公开辩护，对人民的权利和利益所表现的耿耿忠诚，使那些在押的证人非但拒绝发言，而且还向人家本想让他们出面揭发的被告们致敬，还有那些胆战心惊地等待结案的忠贞的家属们也投入战斗——这一切都使旁观者对被告产生深切的同情。对被告所表现的这种关切，还由于一家地方报纸[110]连日撰文作现场报道以及居民之间的谈话几乎完全以法庭上发生的事情为话题,更显得有增无已。

人们在对被告表现出这种关怀的倾向的同时,很快就产生一种愿望,即如何保证使那些当时生命危在旦夕的重要被告脱险。一方面,人们暗地策动一部分看守这些被告的士兵举行起义,但没有成功;另一方面,人们则寄望于一次秘密的越狱行动。

借助于几件偷偷带进监狱里去的工具,囚犯们不到几天工夫就挖好一个大缺口,那些危在旦夕的人,本可由此逃避杀身之祸,只是由于一个被告举止不慎,引起了狱方的警觉,使逃跑的希望全部落空。

公诉人的敌对言论

继法庭辩论之后,公诉人在所作的冗长发言中,提出要对大约三十名被告宣判死刑。被查获的文件是如此之多和如此有说服力,以致可以轻而易举地断定检举属实并证明确实有过密谋。可是他们仍然无法证明这次密谋构成罪行。

被告们几次三番地申辩说:即使假定有过密谋,但也不构成罪行,因为看来这次密谋所针对的那个宪法,是侵犯人民最高权力的,是不为人民所接受的,它不是真正的法律。对于这个主要的、具有决定意义的论点,公诉人不作任何答辩,他们一味咬定事实,极力回避就意图的正义与否展开任何讨论。他们把最有分量的反对意见撇在一边,而是把时间花在对那些据他们看来是最薄弱的见解进行攻击;他们特别注意对那些惶惶不安的人散布恐慌情绪,办法是对密谋的实行手段大肆渲染，对被告的意图进行污蔑，以及从他们的方案中胡乱引申出一些荒谬绝伦的结论来。实际上最荒唐不过的是他们竟用一种一本正经的腔调宣布这样一个结论：实行人民最高权力与平等就势必使法国生灵涂炭，荒无人烟，其结果是让国王一步步卷土重来。

至于被告们如何不得不对所提出的罪证进行解释，如何对检举人的指控加以否认，以及如何抓住后者由于记忆失误或想把自己打扮成足智多谋并有先见之明而陷入的小小矛盾，这一切如要加以细述的话，则不但没有什么用处，而且令人枯燥无味。

检举的材料总的说来是符合事实的，密谋也是确有其事，主要被告们其所以否认它的存在，只不过出于一种虔诚的动机而说了假话，他们对这种做法并不抱成功的奢望，而且从内心感到羞愧。

被告的答辩

然而，被告在总的辩护过程中就法国的公法原则展开争论而进行的那部分答辩，是不应当只字不提的。他们在答辩中认为，革命的正确性在于它具有追求平等和人民最高权力的最伟大的倾向。我们将对这部分答辩进行简单的概括，以便了解被告们贯彻始终的思想感情。

按照公诉人和法庭的规定程序，陪审员的职责仅限于审查是否的确存在触犯共和三年宪法的情事，至于该宪法的合法性，他们是极力不让被告加以讨论的。

可是，那些牵连最深的被告们始终坚持对他们所热情信奉的原则进行发挥和辩护，因为他们认为这些原则是正确的，是符合大众的利益的。据他们看来，只有这样做，才是在人民和人民陪审员面前替自己进行辩护的真正办法。

唤起陪审员的爱国心

首先，他们要启发陪审员注重自己的品德，以便唤起他们内在的独立行事的高尚感情；他们试图让陪审员认识到自己所担负的崇高使命，就是有责任弄清楚事物的来龙去脉，因此必须使自己凌驾于共和三年宪法之上，对该宪法的来源和本质进行严格的考察，从而使自己所作的决定能够以真正的民权为依据，而不是以实际上并非由人民缔造的现政权的无理要求为依据。

“对本案的审理”，——一个被告说，——“应当跟一般的案件有所不同”。“公诉人有权有势，而被告人则既无权无势，又默默无闻，这种情况应当引起最高法庭的陪审员的认真注意，注意进行一些跟通常审判程序迥然不同的考虑。公民们！被压迫者当着你们的面控诉压迫者惨无人道，这将不会是徒劳之举。圣洁的自由激情要求你们尊重并公正对待我们由于废除特权、推翻王位并使社会理智趋向权利平等而建立起来的神圣原则，这种要求也将不会是白费气力的。……人民责成你们明辨善恶，而不是让你们搬用那些言之无物的法律条例来成全野心家和笨蛋们的计划……人民代表们！成为人民的化身吧！要表述人民的意志，就必须跟人民一条心”。

在开始说明 1793 年宪法是法国人民真正的法律，而共和三年宪法只不过是一种巧取豪夺的法令之前，被告们首先就设法消除公诉人给这个民主法律和一直忠于该法律的人士所制造的恐怖印象，即把革命政府所采取的严厉措施进行夸大渲染，并别有用心地把它跟该宪法混为一谈。

为革命政府进行辩护

被告们说："你们一再提起1793年的措施，可是你们对于当时万不得已才采取这些措施的先决条件却只字不提。你们忘记向法国人提起当时使成千上万公民遭殃的那些层出不穷的叛变；你们忘记跟他们说起旺代方面战事的惊人的扩大、我们的前沿阵地如何拱手让人、迪穆里埃的叛变以及他如何令人愤慨地甚至从国民公会中找到袒护者；你们也忘记提起那些凶残的旺代人所犯下的旷古未闻的暴行，他们把祖国的保卫者和一切对共和国有所留恋的人都撕成碎块，或是让他们在受尽种种酷刑中死去。如果你们要把在祖国危急日益迫近眉睫的情况下而忍痛采取的严厉手段的牺牲者的阴魂召唤出来的话，那么我们就要把在蒙托邦[111]、南锡、马尔斯教场、旺代、里昂、马赛、土伦等地遭受反革命分子屠杀的法国人的尸体挖掘出来；我们将把被专制制度的支持者在边界杀害的百万共和主义者的忠魂唤醒，那些支持者至今仍不断替专制制度进行阴谋活动，甚至在法国内部；我们要把你们的朋友们出于冷酷无情的打算而使人们流的血，跟爱国者们在保卫祖国的高潮中和出于对自由的高度热爱而不得不忍痛造成的流血，两者放在天平上衡量一下……公诉人难道不是要以迫害我们或扼杀自由

为己任吗？……他们的倒行逆施对于我们来说也不会没有好处的；从他们充满偏见的描绘中，从他们热衷于歪曲历史并把莫须有的罪名强加在被告头上这种表现中，最高法庭的陪审员们无疑可以识别那些远比我们老练的共和国的敌人是如何通过他们的肆无忌惮的心腹之友来泄私愤的。”

被告们商量好，要对控告他们的如下两条主要罪状进行辩护：图谋推翻共和三年宪法并以1793年宪法取而代之；图谋建立起财产公有制以侵犯财产所有权。

他们说：“毫无疑问，我们热爱1793年宪法；我们其所以热爱它，是因为它保障人民享有审议法律的不可剥夺的权利；我们其所以热爱它，是因为它几乎被法国人民所一致地、庄严地接受。”

对1793年宪法的赞扬

“毫无疑问，——他们补充说，——我们还把这个宪法看作是法国的真正的基本法，这是因为共和三年宪法实际上剥夺了人民的最高权力，说它被人民所接受是不真实的。”

被告们为陈述自己的论断的正确性而展开的理由和想法是如此有说服力，以致从不同方面进行长时间的交锋后，公诉人维叶阿尔也认输了，他说：“那么，我让步了。”

被告们坚持认为密谋合法

被告们接着说：“你们想说我们把人民的注意力引向对他们

的权力的这种骇人听闻的侵犯吗？在这方面，我们所做的只不过是行使共和三年宪法为保障全体法国人的言论与出版自由的权利而已。

你们还想说我们联合起来，以便不顾一切地恢复那个被我们视为公众自由的保障的神圣的1793年宪法吗？首先，我们所否认的这种联合行动查无实据，况且也不存在执行的手段，仅仅这一点就足以排除一切认为密谋是危险的和犯罪的臆测。但是，即使我们曾经真的为恢复1793年宪法而进行过密谋的话，我们也只不过是在纯真的良知的推动下行事而已，我们只不过按照真正的法律去做，我们只不过做了一切真正的公民所应当做的事情，我们只不过履行了要忠于自由、忠于维护人民的最高权力和忠于共和国的誓言而已。"

公诉人和法庭要求陪审员只限于确定是否有人图谋侵犯共和三年宪法，这时候，被告们便指出：如果人们要不惜一切代价把他们定为从事密谋的话，那么他们的密谋并不是犯罪行为，因为这个密谋看起来所针对的那个政权并不是合法的，因为它不为人民所接受。正是在该政权缺乏合法性这一点上，被告们极力要求陪审团加以讨论。

巴贝夫为财产公有制辩护

在图谋建立财产公有制这个问题上，被告们是没有必要详加争辩的，因为那些有待逐步实施的立法草案的文件没有被查获，告密者在这方面提不出任何东西来，所以这部分控告是软弱无力的。

可是，经常在他的《人民保护官》报上就公有制这个题目做文章的巴贝夫，并不放过说话的机会；他阐明了自己在这个问题上的民主观点，通过对必然危害社会的祸害进行分析和描绘，并且引证了权威人士的话来论证自己的观点。他说："财产是世上万恶之源。我宣传这个早就为先贤圣哲所宣布过的理论，是想让在历次革命中弄得筋疲力尽、由于遭受种种不幸而心灰意懒，以及由于自由的敌人的阴谋诡计而几乎感染了王党情绪的巴黎人民，重新倾向于共和制。"

巴贝夫的结束语

巴贝夫的长篇辩护词是这样结束的：

"一旦刀斧架在我的脖子上，行刑队将会发现我准备从容就义；为高尚的事业而死是光荣的……陪审团的裁决将会决定这样一个问题：法国仍将是一个共和国呢？[①] 还是将成为那伙宰割她的匪徒的牺牲品？或是再退回到帝制去？……陪审员公民们！难道你们要给仅仅为了热爱正义的人们判刑吗？难道你们愿意替反革命推波助澜并加紧使爱国者死于获胜的保皇分子的屠刀下吗？……然而，如果我们的死期已定，如果我的丧钟已经敲响，这对我来说，则是早已置之度外了。由于在这场漫长的革命中经常遭受迫害，我对于种种折磨已安之若素。塔尔佩亚悬崖时刻呈现在我眼前。格拉古·巴贝夫非常乐意为祖国而捐躯。唉！经过再

① 经过四年以后，连共和国一点痕迹都没有了。

三循思,我还有什么放不下呢?难道我还能盼望有比这更为光荣的美好时刻来结束我的人生征途吗?……在我死前,我有一种对于那些已为人类牺牲的人们来说也是少有的心情……强权虽然能够长期压迫我们,但却丝毫不能玷污我们。我们已经看到有人妙笔生花地描绘了真理,以致在我们有生之年就已经把我们所引以为荣的事件刻画出来,并让迫害我们的人遗臭万年。我们将会名垂青史。跟我一样被看作罪犯的人还有谁呢?有德鲁埃、有勒佩尔蒂埃!……这些名字对共和国是何等珍贵呀!可是他们却成为我的同谋犯!……朋友们!你们都坐在我跟前,你们又是什么人呢?……我认识你们:你们几乎所有的人都是这个共和国的奠基者和坚定的支持者;一旦判决你们,一旦判决我——噢!这点我是看到的——那么我们将是最后一些法国人,我们将是最后一批刚毅有力的共和派……王党穷凶极恶地到处挥舞他们的屠刀!……不甘忍受奴役制,而愿为保全自己的同胞而死,难道不是宁可享有这样的荣誉吗?……噢!我的孩子们(眼泪夺眶而出),我只有一件令人伤心的憾事要向你们透露:我热切希望给你们留下自由这笔遗产,这是一切财富之源,可是我现在看到在我身后,只能是奴役制,而我把你们丢下受种种苦难的折磨。我没有任何东西遗留给你们!!!我甚至不想把自己的公民美德,自己对专制制度的深刻仇恨,对平等和自由事业的赤胆忠心,以及对人民的无比热爱遗留给你们,因为那将会给你们一笔不吉利的礼物。在不可避免地要建立起来的王朝统治的压迫下,你们又该怎样处理这笔礼物呢?我抛下你们,让你们受奴役,在我生命的最后时刻,只要每念及此,我就肝肠寸断。在这种情况下,我本应建议你们究竟采取什么办

法来更加耐心地忍受自己身上的枷锁，可是我感到自己对此无能为力。”

有关事实确定问题

在提请陪审员审议的第一批有关确定密谋事实和每个被告的参与情况的问题中，法庭根据陪审团主席的要求，又追加了另一些问题，即关于以书面或口头方式煽动①恢复 1793 年宪法的问题。这项补充使诉讼程序改变，而且是非法的，以至于突然呈交陪审员们审议的文件是从来没有让原告被告双方解释过的。在这个问题上，一些被告提出申诉，公诉人也对此表示支持，然而法庭却不予理会。

有关意图问题

被告们就有关意图问题的提出方式表示激烈反对，他们从中看到一种充满仇恨的偏见的明证，但无济于事。按照法律规定，陪审员在宣布被告罪证确凿之后，应当补充说：“我认为或不认为被告是恶意地和存心地犯罪的[112]”，否则的话，他的宣判将属无效。被告们所坚持的，正是要保留恶意地这个副词，因为据他们看来，这样就可以引导陪审团去审查他们采取一种假定方式来替密谋进

① 事后塞纳省刑事法庭作出决定，郑重其事地承认最高法庭所提出的上述有关煽动的问题，是跟法律抵触的。

行辩护的那些动机的合法性。

被告们就有关意图的问题向陪审员发表了如下一席话："你们只要扪心自问，就可以听到有一种隐约可闻的声音在向你们呼唤：这些人所梦寐以求的只不过是自己的同胞的幸福……革命并非对于所有的人都是一种关系到私利的赌博。公民们！你们要清楚地看到，有这样一些人，他们把革命看作是对全人类具有十分重要意义的事件；还要请你们相信，革命已经成为他们的新宗教，他们为革命而牺牲一切，牺牲自己的舒适、安逸、财产以致生命……打击自由之友，就是把手伸向王党……你们审判的是自由——依靠烈士及其复仇者来哺育的自由。当高尚的感情受到压制，当向往自由的人们所看到的却是那些为自由献身的人士的鲜血淋淋的头颅的时候，自由便在消亡……公诉人的意图是：尽管我们的论证是正确的，陪审员也不能够就那些对被告具有决定作用的动机进行讨论，而只能够一口咬定被告的意图是图谋颠覆 1795 年宪法。如果承认这种荒唐的要求的话，那么在法国既没有陪审制度，也没有祖国之可信。陪审员首先所要注意的不是颠覆现行宪法的问题，而是合法的政权被颠覆的问题；因为他们难道可以对那些在反对现政府的时候坚信自己是在维护真正的法律的人们判罪吗？如果那样的话，那么使陪审制度在纯洁的人们的心目中引以为贵的那种明辨善恶的感情，又跑到哪里去呢？如果那样的话，那么法律通过提出犯罪意图和减缓刑罚的问题藉以调和自然法和现行法的戒律之间所经常出现的矛盾，这种考虑又表现何在呢？如果那样的话，那么体现人民利益的最高法律要求人民的代理人应当把被

告们内心中对祖国的忠诚和热爱作为考虑问题的主要方面，这一点还算数吗？”

有几个陪审员同意被告所提出的要求，即有关意图的问题应按法律所规定的方式提出；但这无济于事。最高法庭坚持自己的一套做法，把这些问题归结为：“被告曾否参加或煽动密谋？有否参加或煽动密谋的意图？”这样一来，就排除了从道义方面进行任何审查。

陪审团的声明

陪审员一共有十六名；要免刑的话，只需四名表示赞同即可；可是始终同情被告者只有三人，其中有哥迪埃·比奥查[113]，我们其所以在这里指名道姓，是因为知道他已不在人世；这个人始终忠于人民，然而他没有办法替任何人开脱。

然而，一切有关密谋的问题都被否定了。不过不幸的是，有关以口头和书面方式煽动恢复1793年宪法一事却被十三名陪审员所确认，他们还确认巴贝夫、达尔蒂、邦纳罗蒂、热尔明、卡森、莫鲁阿、勃朗多、曼涅斯埃以及布恩参与其事，并根据情节决定前两人的罪行不能减轻，而其他的人则可减刑。

共和五年牧月七日，从黎明起，鼓声咚咚，大炮轰鸣，再加上部队的不寻常的行动，这一切都向旺多姆的居民预告，他们所亲眼目睹的这一幕悲剧已经濒临悲惨的结局。

宣　判

至对于上述在场的七名被告来说，一切都预兆着他们末日的来临。这是他们最后一次出庭，法庭上笼罩着一种令人沉闷的肃静。大厅里挤满了为数众多焦急不安的群众，所有通道都有重兵把守。

在陪审团主席以一种激动的声调宣读了那个决定命运的决定以后，紧接着公诉人便要求对两名被告处以死刑，对其余被告判处流放。

这时候进行了最后一次努力：一名被告在其辩护人的支持下要求法庭宣布全体被告无罪开释，理由是公诉人所援引的共和四年芽月27日有关禁止言论自由的法令，是没有效力的，因为根据宪法上一个条文规定，任何类似的法律的有效期不得超过一年。

法庭对此根本不予理睬，它对巴贝夫和达尔蒂说：“你们死去吧！”并对其他七个人说：“你们到远离祖国的地方去，在酷热致命的气候条件下过一种悲惨的生活吧！”

巴贝夫和达尔蒂自杀未遂。骚乱

这时候出现一场大骚乱。巴贝夫和达尔蒂自尽未遂；周围人们呼喊：“他们是被谋害的！”邦纳罗蒂向法庭提出抗议，并且号召人民也这样做。旁观者开始行动起来，马上数以百计的刺刀包围了他们，行动旋被制止。宪兵们抓住那些被判处流放的被告们，后者在刀剑的胁持下，跟他们奄奄待毙的伙伴们一道在众目睽睽之下被带走。

由于所使用的匕首折断，两名被判处死刑的被告自杀未遂。他们带着自己所造成的创伤，熬过了痛苦的一夜。巴贝夫的伤口是在心脏附近，折断的匕首一直深深地留在伤口里。

血腥的行刑

他们的勇气丝毫不减，他们大义凛然地走向刑场，如同走向胜利。临刑之前，巴贝夫表达自己对人民的热爱，并把自己的家庭托付给人民。

当这两位平等制度的高贵的捍卫者慷慨就义的时候，整个旺多姆陷于哀痛之中；他们的尸体被那些残酷的人肢解后扔在垃圾堆里，但却被附近的农民满怀敬意地掩埋起来。

瓦 迪 埃

五十六名被告宣判无罪，其中包括过去的国民公会成员瓦迪埃；对于他，最高法庭曾采取一种显然不公正的措施，这事情是值得一提的。这位不幸的老人，由于在灾难深重的热月之前，刚直不阿地履行其救国委员会主席的艰巨的职责，招致革命和正义的敌人的疯狂的仇恨；在他好不容易逃脱血腥的迫害以后，人们便立即寻找新的借口来陷害他。尽管他对这次密谋毫不知情并且没有任何可疑之处，他还是被逮捕了，从土鲁斯押解到巴黎，沿途历尽艰险。在向他提出起诉后，便转解到旺多姆。在审讯过程中，他徒劳地为自己的公务活动进行辩护，他的发言被制止了。然而法庭不得不宣判他无罪。但是，尽管宣判他无罪，却决定把他继续关在监狱里，为此竟援引了这样一条理由，即国民公会曾颁布过一道关于把他流放的法令。这难道足以凭信吗？那道法令早已取消，不复存在。这种违背事实的错误，本来是很容易证实的，可是那些被法律断定为具有正确无误的才能的最高法庭的成员们，却不经过对有关方面进行质询，专断地对他判处重刑。这个判决将维持很长一段时间，甚至会延续终身，如果不是发生了雾月18日这一滔天罪行才使它结束的话。

圣洛市议会的宽宏大量

不久以后，五名流放者跟瓦迪埃一道被放逐到一个建不在毛之岛的堡垒上，该岛位于歇尔堡停泊场的入口处。在那漫长的过程中，他们戴着镣铐，关在铁栅笼里，时而遭到辱骂和威胁，时而又受到十分动人的爱戴和尊敬。在法累斯·卡昂和瓦隆，一路上处境险恶；而在梅勒卢、阿尔让当和圣洛，则受到友好的接待和欢迎。在圣洛这个城市里，市长率领市议会的成员前来欢迎他们，跟他们拥抱，把他们称为“我们不幸的兄弟”。他说：“你们捍卫人民的权利，一切善良的公民应当对你们表示爱戴和感激。”市议会决定把他们安置在会议厅里，在那里他们受到盛情的款待和慰问。

善良的旺多姆居民

在以后很长一段时间里,善良的旺多姆居民满怀深情地向旅游者介绍为平等而牺牲的烈士们安葬的地方。

附　　件

第一号文件　法兰西共和国宪法

国民公会于1793年通过

人权与公民权宣言

法国人民,实有鉴于对人的自然权利的忽略和蔑视乃是世上一切不幸的唯一原因,因而决定在这个庄严的宣言中阐明这些神圣的、不可剥夺的权利,以便使全体公民能够不断地把政府的行为跟整个社会制度的目的进行对比,使自己永远不受专制制度的压迫和欺凌;从而使人民心目中永远保持其自由与幸福的基准,使公职人员心目中永远保持其义务的尺度,使立法者的心目中永远保持其使命的目标。

第一条　社会的目的是谋求共同幸福。

建立政府是为了保障人享有其不可剥夺的自然权利。

第二条　这些权利是:平等、自由、安全与财产。

第三条　人人天生平等,人人在法律面前平等。

第四条　法律是公共意志的自由的和庄严的表现;法律对任

何人都同样地实行保护或惩治;法律只能扶持正义的和对社会有利的事物,法律只能禁止那些对社会有害的事物。

第五条　所有公民均可担任公职。自由的人民在进行选举时只能把德才作为优先考虑的条件。

第六条　自由是一个人能够做一切不妨碍他人权利的事情的权力。它以自然为原则,以正义为准绳,以法律为保障;它的道德规范寓于如下格言中:

"己所不欲,勿施于人"。

第七条　表达自己思想和意见的权利——通过报刊或其他任何方式,和平集会的权利,以及自由信仰的权利,均不得受禁止。

伸张这种权利,无论在出现专制制度或对这种制度记忆犹新的地方,都是必要的。

第八条　安全就是社会为其每个成员所提供的保护,保护其人身、权利和财产。

第九条　法律应保护公共自由与个人自由免受统治者的压制。

第十条　除了法律所限定的场合及其所规定的方式外,任何人都不应受到控告、逮捕和监禁。任何公民在受到法律机关的传讯和拘留时应立即服从;反抗便是有罪。

第十一条　凡超越法律所规定的场合和方式而对一个人采取的任何行动,都是专横和暴虐的;任何被强行施加这种行动的人,都有用暴力进行反抗的权利。

第十二条　凡策动、协助、签准、执行或使人执行专横行动者,都是有罪的并应受到惩罚。

第十三条 任何人在被判罪之前,都被推定为无罪。如果认为有必要将其逮捕,那么除了保护其人身所必需者外,法律应严禁对其采取任何严厉措施。

第十四条 对任何人的审判和惩罚,都应当事先听取他们的申诉或依法传讯他们出庭,并以犯罪之前颁布的法律为依据。法律对在它颁布之前所犯的罪行进行惩罚,乃是一种暴虐行为;赋予法律以追溯效力,就是一种罪行。

第十五条 法律只应规定严格地和明显地需要的刑罚。刑罚应与罪行大小相称并对社会有利。

第十六条 财产权是全体公民享受并随意支配其产业、收入、劳动果实和企业果实的权利。

第十七条 不得禁止任何公民以务农、经商或从事任何一种劳动为业。

第十八条 任何人可以受雇而提供自己的服务和时间,但不得出卖自身或被人贩卖。他的人身是不可割让的财产。法律绝不承认蓄奴制;在雇佣者和劳动者之间,只能存在一种效劳和酬答的契约关系。

第十九条 除非出于合法规定的公益需要并在事先作出公正的赔偿的条件下,对任何人都不得不经其同意而剥夺其即使是最小一部分财产。

第二十条 捐税只能为满足公共的需要而建立。所有公民都有权参加制定捐税,监督其使用并要求公布账目。

第二十一条 社会救济是一项神圣的义务。社会应当保障贫苦公民的生活,给他们提供工作,或是对那些失去工作能力的人提供生活资料。

第二十二条　教育是人人的需要。社会应当尽一切力量促进公理的进步,并使全体公民都能受到教育。

第二十三条　社会保障也就是所有的人在行动上保证每个人享受并维护其权利;这种保障是以国民享有最高权力为其基础。

第二十四条　如果法律不对公职的职权范围作出明确规定的话,如果全体公职人员的职责没有受到保障的话,那也就没有社会保障之可言。

第二十五条　最高权力属于人民。这种权力是不失时效、不可剥夺、不可分割的统一体。

第二十六条　任何一部分人民都不能行使属于全体人民的权力;然而,享有最高权力的人民的每一部分,都应享有在其会议上充分自由地表达其意志的权利。

第二十七条　任何篡夺最高权力的个人,应被自由的人们立即处死。

第二十八条　人民永远享有重审、修订、更改其宪法的权利;一代人不能将其法律强加给后代。

第二十九条　每个公民在参加制定法律和委任其代表或代理人方面享有平等的权利。

第三十条　一切公职都是有时限的;公职不能被视为荣誉或奖赏,而应视为义务。

第三十一条　人民代表和代理人的违法行为一律予以惩治。任何人都没有权利要求比其他公民享有更多的豁免权。

第三十二条　向国家权力机关的掌权者所提出的请愿,在任何场合下都不应受到禁止、阻难或限制。

第三十三条 对压迫进行反抗，乃是人享有其他权利的必然结果。

第三十四条 当社会组织的一个成员受到压迫，也就是对整个社会组织的压迫。

当整个社会组织受到压迫，也就是对其每个成员的压迫。

第三十五条 当政府侵犯人民的权利的时候，起义对于人民和每一部分人民来说，是最神圣的权利和最必要的义务。

签署：

科洛·德布瓦（主席）

杜朗－梅扬纳

杜科

美奥

沙·德拉克鲁瓦

哥絮恩

拉卢瓦（秘书）[114]

共和国宪法

共　和　国

第一条 法兰西共和国是统一的和不可分割的。人民的组合。

第二条 为了行使其最高权力，法国人民组合在初级会议和区会议中。

第三条 在行政和司法方面，他们则按省、区、市进行组合。

公 民 身 份

第四条　下列人准予享受法国公民权利：

任何在法国出生、居住并年满二十一岁的人；

任何年满二十一岁、在法国居住满一年的外国人，但他们必须是：

靠自己的劳动为生，

或拥有一份财产，

或娶一个法国人为妻，

或过继一个孩子，

或赡养一位老人，

最后，一切经立法议会评定为对人类有所贡献的外国人。

第五条　在下列情况下丧失公民权：

加入外国国籍；

在非源自于人民的政府中供职或接受它的恩惠；

判有加辱刑或身刑而尚未撤销者。

第六条　在下列情况下暂停行使公民权：

被起诉；

被缺席判刑而尚未撤销者。

人民的最高权力

第七条　全体法国公民乃是享有最高权力的人民。

第八条　他们直接任命其代表。

第九条　他们授权选举人遴选行政官员、仲裁人、刑事法官和高级法官。

第十条　人民参加制定法律。

初 级 会 议

第十一条　初级会议由在每一个区中居住满六个月之公民组成。

第十二条　初级会议由享有选举权的公民组成，人数至少为200人，最多不得超过600人。

第十三条　初级会议在组成时，应任命主席一名，秘书和监票人若干人。

第十四条　初级会议的秩序由它们自行维持。

第十五条　任何人不得携带武器进入会场。

第十六条　选举可采取投票或口头表决的方式，视每个参加选举的人的意愿而定。

第十七条　初级会议在任何场合下都不得采取同一种表决方式。

第十八条　对于不会书写而又愿意采取投票方式的公民，其投票结果由监票人负责确定。

第十九条　在通过法律时，应采取投赞成票或反对票的办法进行表决。

第二十条　初级会议的公意通过下述方式来表达：参加……初级会议之公民，投票人数……大多数人……投票赞成或反对……

国 民 代 表

第二十一条　居民人数乃是产生国民代表的唯一基础。

第二十二条　每四万人产生代表一名。

第二十三条　初级会议的联合会议，其总人数在39 000至41 000人之间者，直接产生代表一名。

第二十四条　代表应通过绝对多数票产生。

第二十五条　每个初级会议应统计其票数，并派一名专员到指定的中心地点参加票数汇总工作。

第二十六条　如果第一次统计并没有达到绝对多数票的话，那么进行第二次投票，在两名得票最多的公民当中选出一名。

第二十七条　在票数相当的情况下，则无论是决选或当选，都应优先照顾年长者。如果年龄又相当，则抽签决定之。

第二十八条　凡享有公民权的法国人，在共和国全境均有被选举资格。

第二十九条　每个代表都是属于全国的。

第三十条　在代表拒绝上任、辞职、革职和死亡的情况下，其接替人应由任命该代表的初级会议负责委任。

第三十一条　凡提出辞职的代表，在接任者没有来到之前，不得离开岗位。

第三十二条　法国人民定于每年五月一日集会，进行选举。

第三十三条　不论有多少享有表决权的公民参加集会，选举都要进行。

第三十四条　在五分之一享有表决权的公民的要求之下，可召开非常的初级会议。

第三十五条　在这种情况下，会议应由在例会地点的市府负责召集。

第三十六条　这种非常会议只有在享有表决权的公民的半数零一个出席的情况下，方可进行议事。

选　举　会　议

第三十七条　参加初级会议的公民，按每 200 公民——不论出席与否——选出选举人一名；按 301—400 公民选出选举人两名；按 501—600 公民选出选举人三名。

第三十八条　选举会议的召开与选举办法和初级会议相同。

立　法　会　议

第三十九条　立法会议是统一的、不可分割的、常设的会议。

第四十条　立法会议的会期为一年。

第四十一条　立法会议于七月一日开会。

第四十二条　国民会议至少应有半数零一个代表参加才能成立。

第四十三条　代表们不能因其在立法会议上发表自己的见解而受到传讯、起诉和审判。

第四十四条　代表们如犯法可被当场扣留；然而他们的逮捕证和传票只有经立法会议核准后方可执行。

立法会议的开会程序

第四十五条　国民议会的会议是公开的。

第四十六条　会议记录应予付印。

第四十七条　国民议会至少应有200名成员方得开会讨论。

第四十八条　国民议会不得拒绝其代表按程序提出的发言要求。

第四十九条　国民议会应在到会的多数人通过之下才能作出决定。

第五十条　在五十名代表要求之下，应进行点名。

第五十一条　国民议会有权对其成员的表现提出批评。

第五十二条　国民议会负责维持其会场及其所规定的周围地带的秩序。

立法会议的职能

第五十三条　立法会议提出法案并颁布法令。

第五十四条　立法会议颁布之法规统称为法律者，其内容涉及：

民法与刑法；

共和国一般收支管理总则；

国家财产；

货币的成色、重量、造型、名称的厘定；

税收的性质、数额与征收办法；

宣战；

法国领土的重新划分；

国民教育；

为纪念伟人而授予的社会荣誉。

第五十五条　立法会议颁布之法规特称为法令者，其内容涉及：

每年确定的海陆军兵力；

准许或不准外国军队通过法国国境；

允许外国海军进入共和国口岸；

一般公安与治安措施；

社会救济与公共工程的年度调配和临时调配；

铸造各种货币的规定；

各种非预见的与非常的支出；

有关某一行政部门、某一公社、某种公共工程的地方性的特殊措施；

保卫领土；

批准条约；

任命与撤免军队的将领；

追究议员与国家公职人员的责任；

对阴谋危害共和国安全的被告提出起诉；

法国领土的局部变更；

国家奖赏。

法 律 的 制 定

第五十六条　在提出法案之前，应先作报告。

第五十七条　只有在作出报告的十五天以后,才能对法案进行讨论并临时通过。

第五十八条　法案应印发到共和国的所有公社,并注明:法律提案。

第五十九条　在法律提案发出四十天以后,如在半数零一个的省份中,每个省份提出异议的初级会议不到十分之一,法案便被通过并成为法律。

第六十条　遇有异议,立法会议应召开初级会议。

法律和法令的前言

第六十一条　法律、法令、判决书和一切国家条例均须冠以前言如下:法兰西共和国……年,以法国人民的名义……

第六十二条　设置执行委员会,由二十四名委员组成。

第六十三条　每个省的选举大会提出一名候选人,由立法会议根据总的名单选拔执行委员会委员。

第六十四条　在每届立法会议任期内,执行委员会委员应更换半数,此项工作在该届立法会议最后几个月内进行。

第六十五条　执行委员会负责对整个行政工作实行领导和监督。它的作用只限于实施立法会议颁布的法律和法令。

第六十六条　执行委员会任命负责共和国整个行政工作的总代表若干人,但此项人选不从该委员会内部遴选。

第六十七条　立法会议应决定这些总代表的人数和职能。

第六十八条　这些总代表不再组成委员会。他们分散工作,彼此间不发生直接关系,他们不享有任何个人权力。

第六十九条　执行委员会任命共和国对外代表若干人，但此项人选不从该委员会内部遴选。

第七十条　执行委员会负责签订条约。

第七十一条　执行委员会委员如有失职情事，由立法会议提出弹劾。

第七十二条　凡法律和法令没有贯彻执行，对于滥用职权行径不加揭发，则唯执行委员会的职责是问。

第七十三条　执行委员会撤换由其任命之代表。

第七十四条　必要时，它应向司法机关告发他们。

执行委员会和立法会议的关系

第七十五条　执行委员会应设在立法会议附近。它有权列席立法会议并在会场上占有专席。

第七十六条　执行委员会出席一切它应听取情况的会议。

第七十七条　立法会议可视情况的需要，让执行委员会全体人员或部分人员列席其会议。

行政机关与市政机关

第七十八条　在共和国的每个公社内设置一个市政机关；

在每个地区内设置一个中层行政机关；

在每个省份内设置一个中心行政机关。

第七十九条　市政官员由公社大会选举产生；

第八十条　行政官员则由各区和各省的选民大会委任。

第八十一条　市政机关和行政机关的官员每年更新半数。

第八十二条　行政人员和市政官员绝不具有代表的性质。

在任何场合下，他们既不得修改立法会议的法令，也不得阻止其执行。

第八十三条　立法会议制定市政官员与行政人员的职权，其从属关系的条例与惩罚办法。

第八十四条　市政机关与行政机关的会议是公开的。

民　　法

第八十五条　民法典和刑法典在整个共和国是统一的。

第八十六条　公民们有权通过他们所选定的仲裁人来解决他们之间的争端，这种权利绝不容受到任何侵犯。

第八十七条　如果这些公民不保留争议权的话，那么这些仲裁人的裁决便是决定性的。

第八十八条　设置治安法官，由各区公民依法选出。

第八十九条　他们免费进行调解和审判。

第九十条　他们的人数和权限由立法会议规定。

第九十一条　设置公共仲裁人，由选举会议选举产生。

第九十二条　他们的人数和权限由立法会议确定。

第九十三条　凡私人仲裁人和治安法官没有能够最后断讼的问题，由公共仲裁人审理之。

第九十四条　他们公开审理问题。

他们公开陈述自己的意见。

他们依据口头辩护和简单讼状作出终审判决，免除诉讼程序并且不收费用。

他们须说明自己判决的理由。

第九十五条　治安法官和公共仲裁人每年选举产生。

刑　法

第九十六条　只有依据陪审团或立法会议所收到的起诉书，才能对一个公民进行刑事审判。

被告有自己选定的或由官方委派的辩护人。

审判公开进行。

犯罪事实和意图由陪审法庭来确定。

判刑则由刑事法庭负责。

第九十七条　刑事法官由选举会议每年选举产生。

最高法院

第九十八条　整个共和国设置一个最高法院。

第九十九条　该法院不审理案件的具体情节。

它对违背法律形式并与法律明显相抵触的事情进行裁决。

第一百条　该法院的成员由选举会议每年选举产生。

公共税收

第一百零一条　任何公民都不能免除担负公共支出的光荣义务。

国　库

第一百零二条　国库是共和国的收入和支出的中心点。

第一百零三条　国库由执行委员会任命之财会人员进行管理。

第一百零四条　这些人员受立法会议委任的特派员的监督。这些特派员不得从立法会议成员中产生，他们应对自己没有揭发出来的贪污舞弊行为负责。

会 计 制 度

第一百零五条　国库会计人员与国家财政机关人员应每年向执行委员会委派的专责特派员报告账目。

第一百零六条　这些检查人员应受立法会议委派的特派员的监督，后者不从立法会议成员中产生，他们应对自己没有揭发出来的贪污和错误负责。

账目由立法会议通过。

共和国的武装力量

第一百零七条　共和国的武装力量由全体人民组成。

第一百零八条　共和国依靠自己的经费维持一支陆军和海军部队，即使和平时期也是如此。

第一百零九条　全体法国人民都是士兵；他们要训练使用武器。

第一百一十条　废除大元帅的称号。

第一百十一条　军阶军衔的差别及上下级从属关系仅在服役期间有效。

第一百十二条　用以维持国内秩序与安宁之共和国武装力

量，只能根据依法组成的政权机关的书面要求采取行动。

第一百十三条　用以对付外国敌人的武装力量，只能根据执行委员会的命令采取行动。

第一百十四条　任何武装团体都不能参与制定法律。

国民公会

第一百十五条　如在半数零一个的省份内，每个省按合法手续建立之初级会议有十分之一提出修改宪法或改动其中某些条文的要求，立法会议则应召集共和国所有初级会议开会，以了解召开国民公会之必要与否。

第一百十六条　国民公会的建立方式与立法机关相同，它兼使立法机关的权力。

第一百十七条　国民公会只能按它成立的理由来处理有关宪法的问题。

法兰西共和国与外国的关系

第一百十八条　法国人民是各自由民族的朋友和天然的同盟者。

第一百十九条　法国人民绝不干预其他国家的内政，但也不容忍其他国家干涉其内政。

第一百二十条　法国人民向那些由于维护自由事业而被驱逐出国的外国人提供避难场所，并拒绝把他们交给暴君们。

第一百二十一条　法国人民绝不跟侵占他们领土的敌人议和。

权 利 的 保 障

第一百二十二条　宪法保障全体法国人的平等、安全、财产、公债、信仰自由、公共教育、社会救济、不受限制的出版自由、请愿权、民众结社权以及享有一切人权。

第一百二十三条　法兰西共和国表彰忠诚、勇敢、敬老、孝顺和体恤不幸者的行为。她将宪法置于全体有道德的人们的保护之下。

第一百二十四条　人权宣言与宪法条款应刻成碑文，立于立法会议与公共场所内。

（签署）

科洛·德布瓦（主席）

杜朗——梅扬纳

杜科

美奥

沙·德拉克鲁瓦

哥絮恩

比·安·拉卢瓦

第二号文件　89 年的爱国者告诉人民的真理

7 月 14 日、8 月 10 日和葡月 13 日（先贤祠协会公布）

人民啊人民！人家时而奉承你们，时而威胁你们，时而抬高你们，时而贬低你们，这一切只不过决定于某些人的别有用心的打算而已；他们高谈你们的权利是为了践踏它们，高谈你们的最高权力是为了篡夺它们。所以请你们听一听千真万确的真理吧！认清一下从共和二年热月直至共和四年葡月这段期间你们所遭受的种种苦难的原因何在吧！

在一个伟大的革命中难免要出现一些滥用职权和专断行为，使共和国最初几年的伟大光荣事件沾上若干污点。纠正这些滥用职权的现象，结束一切临时统治，给人民一部能够保障其权利和最高权力的宪法，剥夺那些滥用职权的人们的权力，扑灭专制制度重新抬头的任何希望——这本来应当是热月革命所要实现的东西，如果那次革命是为人民的利益和公共的幸福而进行的话。可是它却带来灾难深重的后果，因为它是邪恶、纷争、仇恨、野心和报复的产物；它使一切都对王党分子有利；它是通过把纯洁勇敢的共和党人和被利用来陷害他们的人一道推入深渊而宣告结束。自从污蔑的毒汁喷射出来的时候，所有爱国者、所有人民之友和自由的奠基人，都统统被称为流氓、恶棍、恐怖主义者和吸血鬼。诸如此类的恶名俨然成为共和派的同义语；那些被收买的报纸便一呼百应，那些贪赃枉法的议员们也在议会讲坛上血口喷人。自从人们制造了饥饿、谋杀、指券[①]贬值和商品囤积的时候起，他们便把完成革命的人民看作随时准备在金百万面前匍匐下跪的群氓，而把他们自己当作至高无上的主人；他们对自称受恐怖之害的反革命分子的命运同情备至，为他们打开监狱的大门，接着就把被他们称为恐怖

① 1789—1796 年间法国资产阶级革命政府发行的纸币。——译者

分子的共和党人关满监狱；他们撤掉共和派人士的一切文武官职，并把这些职位委派给那些跑回来的叛逃者、贵族分子以及拒不宣誓的教士，这些人摇身一变而为坚贞的爱国者。于是我们的军队马上瓦解了，叛变层出不穷；我们的军火库不久前还是装得满满的，顿时变得空空如也；我们的军舰挨了打，被出卖给敌人，我们的海军全军覆没。他们不得不防范人民，以至不惜采取监视的手段，压制人民的抗议（这是自由人民所不容剥夺的权利）。所以，这些新的暴君们才迫不及待地把作为革命的前哨并成为皮特和科布尔的威胁的人民社团消灭掉，因为它们是迸发出使一切心灵灿烂生辉并使自由热忱持久不懈的火花的社会教育大熔炉，因为它们是防范阴谋和野心的强有力的堤坝，因为它们都是警告舵手们不要让自由之舟触没在暗礁上的光芒四射的灯塔。

为了实现和巩固反革命，什么样的手段没有采用过呀！在国民公会里，那个里通外国的集团，什么样的扼杀自由的法令没有强行通过呀！有多少叛逃者又以农民和工人的身份卷土重来！又有多少拒不宣誓的神父受到纵容并让他们自由自在地宣扬宗教狂热！被判决的王党分子的财产，原作为发行指券的可靠的抵押品，又交还给跟他们罪恶相当的亲属，从而使国家的信用一败涂地。对叛乱的朱安党人和旺岱分子提出了赦免，但却遭到拒绝，因为人家要求平起平坐地进行谈判。罪恶滔天啊！祖国的耻辱啊！跟沙列特、斯托费莱、科马丁、萨皮诺以及所有叛匪头目讲和！[115]让他们武装起来！付给他们报酬，为的是他们曾撕碎祖国的胸膛，吞噬了千千万万的共和党人！而且，通过秘密的协定，让他们重新恢复祭坛和王位！人民的代表们签订了一项如此臭名远扬的条约，从而在历史上留下污点斑斑的一页，而法国的议院却批准了这个世界一等国的耻辱！我们的后代啊！你们将不会相信这一切的！法国人民啊！如果你们不是亲眼看到的话，你们自己也会难以置信的。这是在你们取得辉煌胜利的两年之后，你们的代表签订了使你们蒙羞的协定，从而给你们的胜利蒙上了一层黑纱！正当你们的戴着桂冠的军队要在莱茵河彼岸，在阿尔卑斯和比利牛斯山峰上，在巴达维沼泽地当中种植自由之树的时刻，别人却盗用你们的名义批准了跟柏林和马德里的暴君们签订的可耻的条约。如果没有热月的反动的话，这些你们的手下败将，会跟他们的同盟者一道前来求和，乖乖地接受你们打算向他们提出的任何条件〔116〕！

然而，政府各委员会一变而为潘多拉的匣子，是不足为奇的；在那里面充斥了像罗维尔、布瓦西、萨拉丹、洛蒙、奥基、拉里维埃、朗热西、杜蒙……之流的人物〔117〕，这都是一些原形毕露的王党分子，为了报效他们昔日所追随的暴君，他们不惜扼杀自由，重新奴役人民，并大肆屠杀最杰出的民主人士。

可是，断头台上流的血还嫌不够，于是便在共和国各地组织起称为耶稣会和太阳会的谋杀团。他们派布瓦西分子到里昂和布尔；派卡德鲁瓦分子、尚姆邦分子、马里埃特分子、伊纳尔分子到埃克斯和马赛；正是由于他们的罪恶号召，在整个南方对爱国人士的谋杀成为司空见惯的事情〔118〕；那些杀人凶手们正是打着他们的旗号来行事，他们破门而入监狱，把关在那里的爱国人士杀得干干净净，然后满身血迹斑斑地跑出来；他们闯入私宅，满街横冲直撞，凡是看到他们认为是维护自由的人士，举刀便杀；杀死母亲怀里的婴儿，杀死妻子搂着的丈夫，杀死在儿子身边的老人。罗纳河的河水，冲卷着尸体，跟被共和党人鲜血染红了的地中海浪潮汇合成流。所有这些恐怖的景象，竟在那些自诩为人民代表的狼心狗肺的人们的眼皮底下不断延续！而国民公会，在那些被外国的黄金收买的人们的把持下，或是在一批娼妇的操纵下，在十个月的时间里，竟让法国披上丧服，沦为屠场！它连一个杀人犯都不惩办！而罗维尔却厚颜无耻地把这些谋杀誉为人民的制裁！

让杀人犯逍遥法外，使公德沦丧，毅力削弱，自由热情消沉，取缔那些曾经鼓舞我们战士取得胜利的歌曲，而代之以煽动对爱国者进行大屠杀的血腥曲调[119]，凡此种种，都还嫌不够；还要让人民走上绝路，只给他们二两臭面包，可是布瓦西却在国民公会讲坛上大言不惭地宣称:食品供应是有保障的。

是的，毫无疑问，对饱食终日的金百万来说，是不愁食品匮缺的，可是人民却样样都缺，活活饿死。

法国人民，你们的命运掌握在什么人手里啊！就是那些让你们挨饿，那些背叛、毁灭、屠杀你们的人，至今仍然坐在你们的议会里，而那些想要反对背信弃义的王党分子在国民公会中强行通过的镇压人民的法令的人，却在你们的眼皮底下被搜捕、迫害以至送上断头台；国民公会再也没有比在热月反动时期更受压抑了。是的，你们迫不得已曾见过那些死气沉沉、坏人当道的日子，也就是芽月和牧月的那些灾难深重的日子，当时你们连到国民公会的栅栏前，要求面包和你们曾经自由地、庄严地和一致地通过的宪法，但你们却被当作叛乱者来对待。

英勇的郊区居民们！你们记得，在统治者的命令之下，你们是怎样遭受黄金青年党徒追捕和迫害的，你们是怎样被关在家里，被缴了械，被投入监狱的，而你们当中最有魄力的弟兄们则被交付军事法庭审判，并被送上断头台——就是在这同一断头台上，流满了那些唯一敢于支持你们的要求而在议会上大声疾呼的代表们的鲜血！……德高望重的古戎、罗姆、杜鲁瓦、苏布兰尼、布尔博特和杜肯努阿，你们曾发誓要捍卫人民的利益，为人民为自由而死；你们实践了自己的诺言：你们大义凛然，使你们的刽子手也为之仓惶失色；你们这种献身精神为公共事业作了贡献，它已经铭刻在共和党人的心中；它将流传给子孙后代，并跟格拉古、库尔图斯、勒古鲁斯这样一些人的义举相媲美。法国人民！你们要记住这些可怖的日子，为的是让那些万恶的策动者被今人和后代所诅咒。你们将不会忘记，在共和二年热月以后的十五个月里，统治者让你们饱受欺凌、历尽苦难，这就连罗马贵族统治下的奴隶、波兰的显贵们属下的农奴以及那些在非洲海岸被作为可耻的商品来贩卖的不幸者，也从来没有经受过。

卑怯的人！他们大叫大嚷什么恐怖，而这种恐怖只不过为了对付罪恶而存在，他们才是采取残酷的恐怖来反对美德与共和主义呢！……邪恶的人！他们胡说什么推翻了一个由十执政官把持的专制制度，然而从来还没有一个专制制度像他们在这十五个月内所实行的那样沉重地压在你们的头上……虚伪的人！他们把自己一手给你们带来的灾难，统统推在那些已不在人世、只能由后人来评判其功过的人们的身上。他们没有能力继续他们所代替的人们的伟大事业，而是把一切事情弄得一团糟，四分五裂。他们想让你们怀念君主制度，可是这圈套实在太不高明了：你们能够很好地对他们和对事情作出判断，你们十分清楚强加给你们的苦难并非你们的朋友而是由统治者一手造成的,你们确信在共和头两年里,你们的权利受到尊重,你们的敌人受到钳制,工业和技艺受到鼓励,你们的军火库装满武器,你们的舰队装备精良,你们的旗帜飘扬在所有海洋上,你们的十四支军队无往而不胜,旺岱被摧毁了,你们的外敌溃败了,暴君们在他们摇摇欲坠的宝座上胆战心惊并准备向你们匍匐下跪,指券的行市稳固,农场主和投机商的贪欲受到限制,你们市场上粮食供应充足,你们为争取自由而作出的无数牺牲,换来了生活的富裕。

继这一切好景之后你们又看到什么呢?热月的反动统治给你们提供一幅多么惨痛的图景呀!你们的权利遭到蔑视,任人践踏;你们的朋友,你们的捍卫者,你们的兄弟们遭到污蔑、迫害、监禁和屠杀;置共和政体于死地的无比猖獗的投机倒把,代替了赋予它们以生命力的那种商业;你们的舰只被击沉,被出卖,向英国人投降了;你们的仓库,你们的军火库,变得空空如也;旺岱和朱安党人把兵力联合起来;共和主义士兵们的斗志一蹶不振;曾经指挥他们取得胜利的勇士们被赶走,接替他们的是一些贵族流亡者以及王党分子。你们看到三百亿的指券在十个月之内全都耗光;大财主、大商人、投机倒把者和囤积居奇者瓜分了你们的胜利果实,把你们的血一滴一滴地吮干。你们看到了在富裕中出现饥馑,看到了极端贫困与穷奢极欲的两相对照;公共道德沦丧了;谋杀按照命令进行,不受惩罚;罪恶战胜了美德,民主消灭了;王位的阶梯重建起来,一个新的塔克文[①]在登上宝座。最后你们看到,如果不是靠英

① 塔克文——传说中古罗马最后一个(第七个)皇帝。——译者

勇的共和党人的勇气，自由也就丧失了，而正是这些受尽污蔑和迫害的共和党人，阻止了对国民公会的打击摧毁，并在葡月 12、13、14 日这些难忘的日子里拯救了共和国。

然而，这些日子没有给共和国带来取得胜利的决定性结果，这是因为阴谋家们没有受到惩治，他们的策划谋杀、投机倒把、囤积居奇、贬低币值这一套活动仍在继续进行，而且甚至在议会内部找到了庇护者。但是，法国人民，对于你们来说，这些值得纪念的日子并不是白白地过去，因为政权已经从那些犯了累累罪行的脏手中夺了过来，因为共和党人得以从王党匪帮的绞架和屠刀下拯救出来并与家人团聚，因为在这期间决定要建立一个由廉正的人、由共和党人执政的政府。这些人已经替大家做了好事，他们还可以做得更多，如果他们博得坚持原则的爱国人士的信任的话，如果他们对不断策划反对共和政府的王党分子、叛逃分子和拒不宣誓的教士进行无情打击的话，如果他们采取有力的措施来保障市场的粮食供应和降低物价的话，如果他们只把那些廉洁奉公、富有魄力、见多识广、并在反革命抬头时能够跟他们生死与共的共和党人提拔到工作岗位上的话。

高尚的人民！你们只有无比坚定地反对你们的压迫者才能得救，千万不要放松对他们的监督。他们不断对你们的保卫者实行陷害，已经使你们对他们有足够的认识，从而可以不再受他们的装模作样的公民爱国心的迷惑了。拿出你们的威严仪态，满怀强烈的复仇之心，铲除胆敢侵犯你们的最高权力的现代泰坦[①]。要记

① 希腊神话中的恶神。——译者

住你们的胜利，如果在你们面前还有需要躲避的危险的话，那么你们也就还有可以夺取的胜利。

第三号文件　士兵，停下来读一读！[120]

一个阴险毒辣、腐化堕落、持其骄奢淫逸而蔑视民间疾苦的政府，终于撕下了它的假面具。它在对自由实行正面攻击的同时，胆敢放肆地查封爱国者的社团，并厚颜无耻地对它们进行污蔑。然而，正是从这些社团里，涌现出那些实现了7月14日、8月10日和葡月13日革命的刚毅不拔的人物，他们警惕地捍卫人民的权利，并在从监狱和王党分子屠刀下脱身之后，便又立即投身于革命。正是这些社团，揭穿了那些叛逃者纷纷回国的阴谋，这些人多不胜数，以至仅从名单上剔除的人数，就比列在名单上的他们那些不齿于人类并受到法律惩治的同伙们的数目还要多！这些社团大声疾呼，替你们的家属伸张正义，为他们争取法律义不容辞地给他们规定的救济；最后，它们还替你们伸张正义，要求你们获得由于你们在反对各国国王的斗争中流血牺牲而理应得到，而且也是那么多庄严的法律公正地规定赐给你们的国家财产。对于这些社团，督政府自己起初也表示支持，仿佛一个多行不义的专制政府也能够顺乎舆情、尊重事实、热爱真理似的；而光明磊落、易于轻信的爱国人士，则纷纷加入这些社团；可是罗网巧布，他们身陷其中，因为勇于献身、光明磊落的人是很少瞻前顾后的。爱国人士并不因此后悔，他们是作为自由人而行动的。把他们说成是无政府主义者是枉费心机的。甚至在今天，欧洲一些比较公正的地方都把这个称号

跟平等之友区别开来;我们的正直的后代将会肯定这种看法。

然而,那么几个风云一时的人物,为什么敢如此胆大妄为呢?士兵公民们!他们把自己罪行的成功希望寄托在你们的勇气上。他们扬言:我们的士兵保卫着我们……——你们竟成了他们的士兵!!……战胜暴君的人竟会支持起暴政来!!!……腐化堕落的暴君们,你们放清醒些吧!你们妄图利用别致的服饰、小恩小惠的赏赐以及香醇美酒来网罗党羽,来把我们的弟兄们引入歧途,然而,他们的心灵从来没有背叛祖国的念头,也从来没有违背过祖国的召唤。那种使卡佩的罪行败露并把这个暴君埋葬掉的手段,对你们是否同样可行呢?不!士兵公民们!你们不能把枪对准你们的弟兄们,像在热月和牧月那样……你们的子弹再也不能朝错误的方向射去!射向专制制度——这个光荣的胜利将仍然属于你们。就像被吸引加入薛西斯大军的亚洲希腊人一样,你们听从我们共同的祖国的召唤吧!请你们读一读你们的兄弟们在你们过路的地方给你们写的这几行字吧!如果正义复仇的一天终于来到,那么你们就会认清究竟什么人仍然反对你们返回家园去跟我们一道奠立平等与共同幸福!

平　等　　　　　　自　由

共同幸福

起义督政府宣告成立[121]

法国的民主派为他们的不幸的祖国所呈现的空前贫困和备受

压迫的状况而痛心疾首、义愤填膺。

他们深深记得,当一部民主宪法向人民提出并被人民所接受时,这个宪法便置于全体有道德的人的保护之下。

因此,当考虑到像今天这样,人民的权利被篡夺、人民的自由受蹂躏,以至人民的生存本身也遭到威胁的情况下,为人民复仇这一事业的倡导权,只能属于那些品德最高、最有勇气的人士。

他们认识到,指责人民软弱无能是不公道的,人民其所以迄今尚未伸张正义,只是由于缺少准备给他们领头的好领导人;

他们认识到,一个篡夺民权的政府所犯下的滔天罪行,使得发动一场革命的准备在所有人的心目中已经酝酿成熟到这样一种程度,以致为了使这场革命能够取得丰硕成果,为了保证它有条不紊地取得胜利,恐怕有必要控制自由人的革命热情,而不是去加速这种热情的爆发;

有鉴于此,他们通过决议如下:

第一条　从现在起他们组成一个起义督政府,其名称为救国秘密督政府。他们以该督政府成员的身份领导一切运动,以带领人民夺回自己的最高权力。

第二条　该督政府由四名委员组成。[122]

第三条　该督政府是秘密的;其成员姓名甚至应当对那些总代表实行保密。为了保持这些代表跟督政府成员之间的联系,则设置联络代表。

第四条　救国秘密督政府肩负起无愧于其伟大称号的重任。

第五条　凡签发给总代表的书面指令均盖有特殊印记,以防止由于伪造指令而引起的一切不测事故。凡从秘密督政府那里收到的文件，即使没有签署，而只要盖有这种印记，就足以证明是真的。

第五号文件　十二名总代表和联络代表的组成办法及其主要职能

救国秘密督政府决定：

第一条　委任革命总代表共十二名，巴黎公社每一个区产生一名。

第二条　每个代表负责在本区组织起一个或几个爱国者社团，在那里通过阅读民众报刊和对人民的权利及其现状展开讨论的办法，来对公德心加以培育和引导。

第三条　这些代表们将对公德心的状况作出每日的记录。通过这些记录，他们将能够对爱国者的思想状况的好坏进行汇报；将能够选拔出据他们看来最能胜任把有待指引的运动向前推进的人物；将能够按照每个人的能力来提出如何使用他们或给他们委派何种革命任务；他们将同样地能够揭露出企图钻进社团里来的阴谋家和假朋友；并且还能够对这些人如何阻碍和反对我们的力量的发展，如何阻碍和反对良好原则及新兴思想的传播作出汇报。

第四条　将设置联络代表若干人，以保持总代表与秘密督政府之间的联系。

第五条　十二名总代表只能把自己的每日观察报告送交联络代表。

第六条　联络代表应每天或每隔一天到每个总代表那里，甚至可以到他们的住处收取这些报告。

第七条 本组织条例和秘密督政府组织条例,将随同下列指令一道发给每个总代表。

第六号文件 秘密督政府向每个革命总代表发出的第一个指令

公民们:

危机时期是跟平时不一样的。当人民行使自己的权利,当自由的原则获胜的时候,没有任何人能够不经别人的同意而有权支配他们;也没有任何人能够不跟全体人民商量并取得他们的同意而做任何涉及公共利益的事情。理由是,当时确立起一种最好的秩序,而这种好秩序只能通过严格的原则来维持。在当时那种情况下,任何人以改善其同胞的处境为借口,主动地给自己争取某种头衔,以便毫不谦让地给自己谋取一官半职,这种人就会被看成是篡权者,即使假定最后证明他们的意图是十分忠诚也罢。还有一个明显的理由是,当人民获得自由和他们的意见能够受到尊重的时候,就不能设想其他任何人能够比人民自己更好地判断,什么东西对他们来说是好的,是有利的。

然而,当人民被束缚住手脚,当暴君使他们不可能在一切跟自己利益攸关的事情上表述自己的意志的时候;当由于更重要的原因,由人民下令采取镇压措施来对付其暴君已是行不通的时候;当人民不能够从暴君手里夺回被他们篡夺的权力,而后者正利用这种权力来使他们受苦受难,来不断加紧对他们进行奴役,以至达到

无以复加的地步的时候，情况就不一样了。

在这种情况下，把捍卫全体真正自由的法国人所永远忘记不了的人民宪法的任务，托付给一些最勇敢、最富有自我牺牲精神的人——那些自问具有头等的魄力、高度的热情、无匹的力量亦即具有胜任这项任务的高尚品质的人，是正当的和必要的；在这种情况下，这些人要深信，出于他们内心的启示，出于自由本身对他们发出的无比强烈和亲切的呼声的启示，让他们拥有足够的权力去支配一切，是正当的和必要的；在这种情况下，让他们在起义中享有主宰权，让他们掌握主动权，让他们获得争取自由的密谋家的光荣称号，让他们充当拯救自己的同胞的行政官员，是正当的和必要的。

据我们看来，这些就是论证我们的决议的正义性并使其具有伟大崇高的性质的理由。因此，我们认为由我们自己赋予自己以使命，这是非常合法的，因为形势决定这项为拯救自由所必须完成的使命不能由享有最高权力的人民委交给我们。除了认识到这点以外，我们还觉察到一个鼓舞人心的真理：有人指责人民软弱无能，这是纯粹的污蔑；从他们想要砸烂那个令人痛恨的桎梏而表现出来的普遍不满情绪中，就不难看出他们所以至今还没有把它打碎，其唯一原因应归诸他们感到无人领导；我们曾经指出，他们是抱着极其遗憾的心情来推延对他们犯下的累累罪行实行镇压。一切都向我们表明，他们本来是能够做到这点的，如果他们发现自己上面有完全可以信赖的领导者的话。

在这种想法的鼓舞下，我们立即把自己的注意力放在物色能够帮助我们从事这项极其光荣的事业的人选上。公民们，正是你们，由于一贯表现出共和党人的本色，由于在整个革命过程中出于纯洁的爱国心而作出大量的事迹，由于在所有爱国和坚贞的人士遭到迫害的那些日子里经受住严峻的考验，你们受到了首先挺身而出替被出卖的祖国复仇的人们的注目，你们首先受到他们的信任，他们委派你们担任各部行动的首席的和主要的代表。

秘密救国督政府要向你们透露的这部分机密，是宝贵的和重要的；保守这个机密，要求十分小心谨慎，要求高度的积极性以及对共同福利的热爱；它要求人的一切美德，而本督政府认为你们就是具备这些美德的人。

秘密督政府的基本组织以及跟你们往来关系的组织，都置于明智和审慎之上来加以权衡。

它认为，应当在巴黎公社十二个区设置十二名市政代表，它跟他们的联系是这样安排的：这种联系将几乎是直接的，但这十二名总代表都不得认识本督政府的成员。其所以采取这样的防范措施，是很容易理解的。大家感到，策划中的起义的秘密是最重要的部分，是决定整个行动成功的部分；大家感到，这部分最重要的秘密与其说是知道一个起义委员会的存在，毋宁说是认识这个委员会的成员。实际上，即使专制政权知道有这样一个委员会，但只要它不知道它的成员是谁，它就无法加害于他们；这也不会对祖国产生任何危害，只要专制制度没有得到通风报信而戒备起来的话；然而，它长期以来已处于戒备之中，因为它长期以来也知道，它所犯的罪行势必激起一切有良心的人倾向于搞密谋来反对它。由此可见，把存在一个一般的革命委员会这个秘密泄露出去，这并不会构成多大的危险；我们以后甚至还要探讨一下，在一定的时候把存在一个革命委员会这个事实半公开出去,借以大大地鼓舞那些急切想看到摆脱其受压迫处境的时机的大多数贫苦人,这样做是否明智。可是,如果首要的密谋家被人查获,那就一切都完了:在他们遭殃的同时,源自这个唯一的核心的全部分支网点也都会遭到破坏:此外,它还肯定会产生一种灾难性的副作用,也就是使那些最英勇的公民们陷入彷徨与恐怖之中。

共和党人!就是以上这些考虑决定了救国督政府的态度,尽管它对你们寄予最大的信任,因为它选拔你们当它的首要代表,这些考虑就使它决定甚至要向你们这样的成员实行保密。危险产生于一时的不慎,危险产生于优柔寡断,危险还产生于人的性格的弱点,具有这种弱点的人往往把保守重大机密视为一种负担,而一旦在向他的知己或他所认为的知己者透露了这种机密后,就有如释重负之感。凡此种种,秘密督政府都考虑到了,它不愿意使可能拯救祖国的大业蒙受这种偶然疏忽之害;况且,就忠诚的品质而言,也很难保作为这项极其重要的事业的维护者的这十二个人都能够同样地坚定不移。秘密督政府认为,它应当确定无疑地让你们亲自领会到对你们的这种完全的信任是出于挽救大局的要求,而从你们方面则会寄予它以同样的信任。它是怎样想的呢?它想你们会从肩负这项事业所需要的勇气、忠诚以及道德品质中,看到给它以这种信任的理由。

它还认为,可以作为你们方面进行考察的另一个保障,便是那些心怀叵测人从来也模仿不像的那种体现着真理和信心的风格,而这种风格你们将会从它的一切行动中感受到。

在我们采取一切预防措施来防止我们被捕并使我们的计划不

至于被打乱的同时,我们还想不让你们遭到任何突然袭击。因此,在我们的文件上有专门的记号,你们可以随时凭这些标记识别文件的真伪,尽管在这些文件上没有任何人的签名。

秘密督政府甚至谨慎到这种地步,就是不让这十二名总代表之间发生联系。这些代表将分别收到同样的指示,他们将负责完成同样的工作,为实现同一目标而协作,然而他们之间并不相识。我们考虑,这种相互认识毫无必要;它不会带来任何好处。因为显而易见,只要每个代表能够及时地从秘密督政府那里收到有关行动部署的指示,那就可以了。还有一点不容反驳的理由是,成功决定于精确地完成任务,而在这十二名代表之间进行磋商,势必相互牵制,贻误时机,或许还会使从事调度的督政府的意图和计划走了样。这就可能造成极大的危害。因为这是出现在这样一种场合下,即在我们之间无疑已远远不存在任何怀疑,这只要从我们在选择总代表时已经下的认真仔细的工夫就不难想象(不过,当关系到如此重大的事情时,一切应当格外当心,凡事应考虑到最坏的情况,样样都要事先打算)。我们要说,秘密督政府的总代表之间互相认识,相互联系,是可能造成极大的危害的:在他们当中有一个人泄密或背叛的这种极端不幸的情况下,也许就会把所有其他代表置于死地;相反地,如果他不认识他们,那么叛逆者的蠢举和不忠所造成的后果,只不过使他自己完蛋而已;他的变节不会牵连任何人,也不会瓦解我们的事业并危及自由的命运。

这种互相隔离的防范措施也对联络代表实行;联络代表同样是经过认真选拔的。然而,除了在这方面注意之外,在跟他们的关系方面还作了妥善安排,以便万一出事只能牵连他一个人,或者牺

牲他一个人,而不是密谋家全党。同时,他还不知道自己在起什么样的实际作用,也不知道他所接触的总代表所起的作用,他只不过是总代表和秘密督政府之间进行联络的一个枢纽而已。这样,他将会认为自己所从事的完全是另一回事。他不是把信件直接送交秘密督政府,然而,所有的信件都会送到本督政府,而不需要让任何一个联络代表了解真情。因此,总代表们不必担心自己会被其他代表出卖,也不必担心会被联络代表出卖,因为无论前者或后者,都不认识他们是谁。只有秘密督政府的四位成员认识总代表。毫无疑问,对于总代表来说,无论发生了什么事情,都不应该对这四个人产生怀疑。

总之,秘密督政府采用了一种完全隔离、切断一切联系的特殊的办法,它把它的整个组织纳入这种安排,这样可以使它所直接或间接任用的每一个人,都不会由于背叛而危害任何人,也不会由于个人遭殃而牵连其他革命者。毫无疑问,制定这种每个人都要加以提防的方案,为的是确保同心协力地促进事业胜利的全体人员的安全。

为了防止从你们那里收到的报告和情报发生差错,在我们方面对你们始终采取了极端慎重的防范措施,这是我们要考虑的事情。在保证这些报告的真实性方面,我们既不要求制作专门的印鉴,也不要求任何签署;但是我们可以根据一些记号和证据,正确无误地判断它们的真伪。

公民们! 在根据我们的看法同你们讲清楚我们事业的合法性并让你们一一放心大胆地进行协作以后,就能够向你们指明秘密督政府认为你们在开始的时候该做什么事情。

关于这点，我们在本指示之前向你们发出的组织条例的第二、三条，已经向你们指出了：

"在你们区里组织起一个或几个爱国者社团，在那里通过阅读民众报刊和对人民的权利及其现状展开讨论的办法来对公德心加以培育和引导。

对公德心的状况作出每日的记录，通过这些记录，对爱国者思想状态的好坏和起伏进行汇报；选拔出据你们看来最能胜任把有待发动的运动向前推进的人物；根据你们所了解的他们每个人的能力来指明如何使用他们或给他们委派何种革命任务；揭露企图钻进社团里来的阴谋家和假朋友；并对这些人如何阻碍和反对我们的力量的发展，如何阻碍和反对良好原则及新兴思想的传播作出汇报[①]"。

同一组织条例的第四条和第五条，对秘密督政府有待你们呈送给它的记录、情报或报告的转达办法作了规定。

你们把这些材料交给联络代表，他们会到你们那里直接从你们手里收取来件，同样地他们将把秘密督政府认为必须下达给你们的最近指示转交给你们。

公民们！这就是目前在开始的时候给你们规定的任务。我们只能给你们提供若干细致的想法，你们可以酌情加以变通。

在号召你们在你们区里建立一个或几个爱国者社团的时候，你们要懂得，此事不宜过于声张。要尽可能做到：这些社团由你们来成立，让你们的思想成为它们的思想，但绝不要摆出一副自己是

① 本段引文中个别词与原文件有出入。——译者

创始者和领导者的架势。只有戒绝想出风头的虚荣心,才有利于踏踏实实地做些事情。只有意识到自己是发动伟大的原动力的一件看不见的工具,才能保证取得巨大的、真正的胜利,才能使内心感到无上的满足。在这时候我们要予以应有的尊重的是我们的才赋,而远远不是那些急不可耐地想要扮演政治舞台上主角的人们的狂妄秉性。当我们把自己的同胞拯救出来的时候,我们还有足够的时间来聆听他们的掌声。

因此,据我们看来,让总代表们去建立、组织和领导我们所要求的俱乐部,而不摆出一副创建者、组织者和领导者的架势,是完全可行的。然而,即使在谈到组织的时候,我们也始终是从慎重考虑出发,认为与其去创立新的组织,毋宁把我们的机构建立在原有的人员和原先已经存在的基础上。在许多区里都有一些爱国者经常聚会的咖啡馆,你们只要设法吸引更多的人更经常地到那里就可以了。然而,你们宁可多设集会的地点,而不要在那里纠集过多的人,否则不仅使与会者难以相识,而且还引起当局的怀疑。你们要对每个地点挨次进行访问;另外,在咖啡馆里集会还不如在私人住宅里为好,在后一种场合爱国人士会感到更加自由自在,他们可以不那么容易受到警探的注目,他们还可以有较大可能只让自己信得过的伙伴参加会。总之,要避免使这些集会具有公开和外露的性质,不要把它们叫作俱乐部、社团和集会,要避免使用一切浮夸的名称,把它们直截了当地称为某某咖啡馆,某某住宅即可;你们到那里去活动,就说是去散步、去串门即可;要紧的是事实,而不是字眼。

在谈了建立集会的地点以后,我们还要跟你们谈谈另外一项

任务,那就是利用那些地方来对公德心加以培育和引导的任务。在这方面,我们已经规定要对人民的权利及其目前的困难处境进行讨论,同时要阅读民众报刊,这样做就够了。是啊!首先是要阅读报刊,秘密督政府把这个办法当作一个最有力的杠杆来推荐给你们。选择这些报刊对你们来说并不困难,你们将会很容易地熟悉它们。秘密督政府要把报刊发送给你们,不仅让你们把报纸带到你们的集会上,而且特别要你们传递给所有最优秀的爱国者。除了文章以外,将视情况的需要,给你们提供其他各种能够起影响作用的资料。我们所提到的报纸,将会在很大程度上成为你们的指南并随后成为总的指导方针:它们迄今为止都在宣传我们的原则和一切真正的民主派的原则。我们认为它们今后还会继续这样做,而你们始终可以从它们所宣传的学说中了解我们的学说。赞成这种学说,支持这种学说,这就几乎是你们从表面上看来所起的全部作用。为此,你们的表现绝对不要超出限度,要让别人看起来你们也都跟所有其他的人一样,不过是普通的演员、普通的听众、普通的参加者而已。此外,那部分只能在绝密情况下整理的记录和报告,也属于你们的秘密任务之列。对于你们这部分任务,我们不打算在这里作任何详细的说明;这项任务的执行办法,在组织条例第三条和本指示以上所谈到的有关地方,都已作了相当明确的规定。

当我们告诉你们,发给你们的民众报刊可以作为你们的指南并且原则上可以补充我们给你们的最近指示(除非你们从我们那里收到相反的指示)的时候,这已经相当清楚地告诉你们,你们所要显示的力量不应当超出这些报刊所表现的程度;这个意见已经包含在本督政府的成立法令中，它是这样说的："一个篡夺民权的政府所犯下的滔天罪行，使得发动一场革命的准备在所有人的心目中已经酝酿成熟到这样一种程度，以致为了使这场革命能够取得丰硕成果，为了保证它有条不紊地取得胜利，恐怕有必要控制自由人的革命热情，而不是去加速这种热情的爆发"。

由此可见，保持旺盛的士气是非常重要的，但同样地，过早地把气势使尽，则是毫无用处甚至是危险的。应当看到，如果说人民已有定见，那么士兵还没有定见。士兵受到政府的虚情假意关怀的蒙蔽，这个政府不仅想利用他们来镇压公民，而且还要利用他们去镇压士兵本身。要想唤醒我们的武装弟兄，是需要时间的。因此应当理智，使我们头脑的热度跟秘密政府随时加以调节的温度计的度数恰好保持一致。

公民们！以上几乎是我们在事情开头的时候要向你们讲的全部东西。我们在交待这个如此重大的任务的计划时可能遗漏的一切，将会由你们的热情、你们的才智、你们的爱国心加以补充。由于首先对你们的公民品质有充分的认识，这也就省得我们采取拐弯抹角的办法来调动你们的力量。对事业的正义性的认识，在你们和我们的心里都是清楚的，看来，只需要把事情一点出来，就足以使你们深信我们要求你们协助的事业是十分必要的。法国人！这事情关系到你们的得救和我们的得救，关系到拯救我们这一代和子孙后代，关系到拯救我们的共和国和全世界。让我们的英勇气概成为人民真正觉醒的信号吧！让人民在我们的激励之下最后从梦魇中苏醒过来吧！让幸福、自由、平等的统治永奠根基吧！一切都已经准备好……等到那座象征着奴役、压迫、死亡的巨碑一倒塌，一座保证人人富裕、自由、平等的立法大厦便会光辉灿烂地出现在它原来的地方。让我们准备迎接这个幸福的巨变吧！我们所确立的法典，最终将是持久牢固的……因为它将保障所有人的幸福。它绝不是为了抬高某一个人，而是为了造福它所要造福的一切人。现在已经到了摆脱所有沽名钓誉者、消灭人的狂妄品性的时候了！同时，也是到了在实践上最终解决那个美好的问题的时候了，它就是：让我们每个人仅仅依靠制度和法律，让我们每个人不依赖于他人。

第七号文件　平等派宣言[123]

事实上的平等，乃是社会艺术的最终目的。——孔多塞：《人类精神境界》，第329页。

法国人民！

你们过奴隶般的生活达十五个世纪之久，因而是不幸的。六年来，你们凝神屏息地等待着独立、幸福和平等的到来。

平等！这是自然的最高意愿，人的第一需要，一切立法团体的主要准绳。法国人民！你们的处境并不比在这个不幸的地球上苟且偷生的其他民族更好一些！在任何时候和任何地方，可怜的人种都受大大小小奸诈的吃人者的支配，成为所有野心家的玩偶，沦为一切专制制度的俎肉。在任何时候和任何地方，人们总是听到花言巧语，可是不论何时何地这些话从来也没有付诸实施。自古以来人们就伪善地向我们喋喋不休地说：人是平等的。然而，从古时候起，最屈辱、最畸形的不平等已经强加给人类。从出现公民社会的时候起，人的福分毫无异议地得到承认，但却没有一次获得实现：平等只不过是法律的一种华而不实的虚构而已。今天，当要求平等的呼声愈益强烈的时候，人们却这样回答我们："住嘴，可怜虫！事实上的平等只不过是一种幻想；满足于有条件的平等吧！你们大家在法律面前都是平等的。无赖汉！你们还要怎么样？"我们还要怎么样？立法者、统治者和财主们，那你们就听一听吧！

我们所有的人都是平等的，难道不是吗？这个原则始终是不容争议的，因为除非是白痴，才会煞有介事地把白天说成黑夜。

这就好了！正如我们生来是平等的，我们要求此后生而平等，死而平等。我们宁死也要真正的平等，这就是我们想要的。

我们将得到这种真正的平等，不论要付出什么样的代价也罢。让那些要阻挡我们平等的人灾难临头吧！让那些要反抗如此鲜明的意志的人灾难临头吧！

法国革命只不过是另一次更为伟大、更为庄严的革命的先驱，而那将是最后一次革命。

人民已经把联合起来反对他们的国王和教士踩倒在地，他们也将以同样的办法来对付盘踞在旧位上的新暴君和新政治骗子手。

除了要求权利平等以外，我们还想要什么呢？

我们还要使这种平等不仅写在人权与公民权的宣言上，而且要它存在于我们当中，出现在我们的屋顶之下。为了它，我们什么都能够答应；只要保住它，我们什么都可以抛弃。如果必要的话，让一切工艺都消灭吧，只要把真正的平等留给我们就行！

无才缺德的立法者和统治者们，没心没肝的财主们，你们枉费心机地想要遏制我们的神圣事业，竟胡说什么：“他们无非是重新炮制那个早在他们之前就不止一次地提出的农业法而已。”

诽谤者，现在该你们住嘴了！你们在狼狈不堪的沉默中，听一听我们的顺乎自然、基于正义的要求吧！

农业法或者是瓜分耕地，这是一些无原则的士兵、一些凭本能而非靠理智行事的部族的一刹那的愿望。我们所追求的则是一种最崇高、最公道的事物：**公有财产或财产公有**！不再有私人土地占有制，**土地不属于任何人**。我们所要求和所希望的是共同享受土地的果实，**这些果实属于所有的人**。

我们宣布，我们再也不能容忍让绝大多数人为了极少数人的享乐而流汗劳动了。

由不到一百万人来支配属于应跟他们一律平等的两千多万人的一切，这段时间实在是太长了。

让这种我们子孙后代难以想象的奇耻大辱最终结束吧！让富人和穷人、大人物和小人物、主人和奴仆、**统治者和被统治者**这种令人厌恶的划分最终消失吧！

让人与人之间除了年龄和性别的差别外，再也不存在其他差别吧！既然所有的人都有同样的要求和同样的才能，那就让他们享受同样的教育和同样的食物。他们所有的人都满足于同样的阳光和同样的空气，那为什么他们每个人就不能满足于同样一份质量相同的食物？

然而，对这种可以想象的最合乎自然的秩序抱敌对态度的人，却已经起来对我们大肆攻击了。

他们对我们说：破坏者和捣乱者！你们只不过想进行屠杀和

掠夺而已。

法国人民！

我们不屑浪费我们的时间来回答他们；可是我们要对你们说：我们所从事的神圣的事业，其唯一目的在于结束公民的纷争和人民的贫困。

像这样一种宏图，是从来也没有设想和实现过的。只不过不时有几个天才人物和若干圣哲之辈，用一种低不可闻的颤抖音调来谈起它。他们当中没有一个人有勇气把全部真相说出来。

采取伟大的措施的时刻已经来到。罪恶已登峰造极，布满大地。多少世纪来，大地上笼罩着美其名曰政治的那种混乱。让一切都秩序井然，各得其所吧！在平等的召唤下，让正义和幸福的因素组合起来吧！成立一个广庇所有的人的大收容所——平等派共和国的时刻已经来临。普遍地正本清源的日子已经来到。痛苦呻吟的家庭，请你们坐到大自然为其全体孩子们摆设的共同餐桌周围吧！

法国人民！

可见，在所有的荣誉中，最纯真的荣誉是留给你们的！是的，正是你们首先应当向全世界显示这个动人的场面！

旧习惯和旧偏见，想重新阻碍平等派共和国的成立。真正平等的组织，是唯一能够符合一切需要的，而且不会造成受害者，不需要以牺牲为代价，但它在开头的时候，也许并非所有的人都喜欢。利己主义者和野心家将会暴跳如雷；那些占有不义之财的人会大叫大喊不公道；对别人的痛苦麻木不仁的个别人会为丧失其独占的享受，荒淫的癖好和个人的安逸而深感痛惜；权力至上的膜拜者和专制政权的卑鄙走卒们，很难容忍让他们高傲的尊长就范于真正的平等。他们的短浅的眼光将难以洞察近在咫尺的共同幸福。可是，区区数千名不满分子，怎么能够跟由于长期寻找的幸福送到手上而喜出望外的人民大众相抗衡呢？

从这场真正的革命发生的第二天开始，他们就会十分惊诧地说：什么！共同幸福只要那么一点点代价？这正是我们所想要的。哎呀！为什么我们不早点要呢？难道这还非得要跟我们讲上那么多遍不成？是的，毫无疑问，只要在大地上有一个人比他的同胞、比跟他平等的人更加有钱有势，平衡就会遭到破坏，罪行和不幸就会出现在人间。

法国人民！

你们今后究竟应当根据什么标志来识别一部宪法的优点呢？……一部完全基于事实上平等的宪法，才是唯一能够使你满意并满足你的一切愿望的。

1791 年和 1795 年的贵族宪章，是给你们加上了镣铐，而不是打碎它们。1793 年宪法是朝着真正的平等迈出一大步，人们从来还没有这样地接近过平等；然而这个宪法依然没有触及最终目的，也根本达不到共同幸福，尽管它庄严地致力于这个伟大的原则。

法国人民！

张开你们的眼睛，打开你们的心灵，去迎接完全的幸福：承认并和我们一道宣告平等派共和国的成立！

第八号文件　对由于讲真话而受督政府迫害的巴贝夫的学说的剖析[124]

第一条　自然赋予每个人以享受一切财富的平等权利。

就本文件所进行的讨论中摘录的论据

1. 在人们最早相互接近之前，所有的人都同样地是大自然慷慨地布施在他们周围的产物的主人。

2. 究竟由于什么原因，人们一旦在荒地上相互接近之后，便在他们之间形成在享受上述权利方面的不平等呢？这是由于他们的天生的差别吗？可是他们所有的人都有着同样的器官和同样的需求。是由于一些人必须依赖另一些人吗？然而当时他们之中没有任何人强大到足以奴役其同胞，人们只要稍有不满即可四散而去；何况，互相帮助和共同幸福的好处，也使所有的人感到有必要尊重大自然赋予其他人的权利。是由于他们的心地冷酷吗？可是，同情心乃是他们组织起来的直接原因，心地冷酷则是产生于感情的压抑。是由于他们在生性爱好屈辱和奴役吗？然而，即使对于最野蛮的人来说，差别观念也是一种痛苦的感受和嫉妒、仇恨的根源。

3. 如果说家庭是社会的雏形的话，那么它同时也是我们所说的权利的确凿的证明。在家庭里，平等是父辈的慈爱与儿辈的融乐的保障。这种平等一旦破坏了呢？忧伤和嫉妒就会给家庭带来纠纷和暴虐。父母对孩子们所施与的一切，直至爱抚，都灌输给孩子们对偏私的痛恨，而做父母的如果自己偏私的话，那就难免会使家庭产生危险的感情。

4. 人们的最初的协定肯定要确立起最严格的平等;因为直到当时痛恨一切差别的人,怎么会同意缺吃少穿和低人一等呢?

5. 由于忘记了这种平等,在人当中产生了:

虚伪的幸福观;

邪恶的情欲;

人种的蜕化;

暴力、骚乱、战争;

一些人的专横和另一些人的受压;

非正义的民事、政治与宗教制度,在长期间把社会弄得四分五裂以后,终于使它瓦解了。

使民众受害匪浅的等级观念和奢侈淫逸之风,过去是将来也永远是使他们饱受折磨和无限烦恼的源泉。只有少数贤达之士才洁身自好,不受腐化。节俭是个宝,但它已不为背弃它的凡夫俗子所赏识。

难道不是有些公民在给自己创造新的需求和人民大众闻所未闻的非常讲究的享受吗?简朴已不再为人所喜爱,幸福已经不存在于勤快的生活方式和宁静的精神境界中,差别和享受成为至宝,没有任何人满足于自己的现状,所有的人都枉费心机地追求幸福,而幸福却已被不平等摈诸社会大门之外。

差别愈大,欲望愈多,嫉妒和贪婪也就愈深。多少荒唐的事情由此而来;对黄金和权力的如此罪恶的和贪得无厌的渴望由此而来;仇恨、暴力和谋杀由此而来;血腥的战争由此而来,这些战争是由于使不幸的人类片刻不得安宁的征服思想和商业竞争所引起的。

在这种思想混乱中，忧伤与无为使一部分人遭到毁灭，使另一部分人受到刺激，并给社会培养出对它没有保卫能力的一代又一代人。对差别的喜好，也就产生了用以维护这些差别的防范措施，尽管这些措施使嫉妒和不满情绪油然而生。这些措施就是野蛮的法律，专横的统治形式、无稽的宗教、奴化的道德，一句话，一方面是专制，另一方面是奴役。然而，自然的呼声是不可能完全被扼杀的；自然往往使其不肖的孩子们闻声色变。它以其雷霆万钧之势一雪人间的泪水恨；如果说它在恢复人类的权利方面还鲜有所成的话，那么它最后总是要把那些蔑视自然法的社会闹得天翻地覆。

由于财富平等乃是我们具有同样的器官和同等的需要的结果，由于社会与个人的灾难以及社会的瓦解乃是对这种平等实行侵犯的必然后果，由此可见，这种平等也就是自然法。

第二条　社会的目的在于捍卫这种在自然状态下经常遭受强者与恶人侵犯的平等，并使人人同心协力地去增进共同的享受。

论　证

1. 在这里，社会应理解为由协定加以调节的组织，自然状态应理解为在人类服从法律之前所必需经历过的那种偶然的、不完善的社会。

在这里没有探讨本件中所提到的那种侵犯行为是否可能在自然状态下发生，但显而易见，在那种状态下所产生的种种不便只能是在引起了对平等的破坏后，才会使人们决定去建立法律。不管怎么说，维护平等乃是结社的目的，因为只有平等才能使联合起来的人们得到幸福。

2. 人们把自己的力量联合起来，当然是想以尽可能少的劳动来取得他们所设想的尽可能多的享受。

然而，这种享受只能靠丰富的生活必需品来保障，而后者本身则必须靠联合起来的成员的劳动来保障，这种劳动只有在全体成员当中进行分配的情况下，才有可能让其每个成员担负起来。

第三条　自然责成每个人有从事劳动的义务，任何人逃避劳动，都是有罪的。

论　证

1. 劳动是自然对每个人的一种训令。

(1)因为孤立于沙漠中的人，不能够不经任何劳动而获得生存。

(2)因为适度的劳动所引起的活动，乃是人的健康和乐趣的源泉。

2. 社会不能减免这项义务，无论对于其全体成员或每个成员。

(1)因为社会要靠这项义务来维持。

(2)因为只有在社会全体成员都参加的情况下，每个成员的劳动才有减少到最低的可能。

第四条　劳动与享受应当是共同的。

说　明

这就是说，人人都应当担负同样一份劳动，从而获得同等数量的享受。

这个原则的正确性已从上述第一条与第三条的论据中得到说明。可是，应当怎样理解劳动的共同性呢？是否要求让所有的公民都从事同一种职业呢？不是的，只是要求通过分配各种不同的工作，不让任何一个有劳动能力的人游手好闲；只是要求劳动者人数的增加可以确保社会的富裕，并可同时减轻每个人的劳动；只是要求每个人从祖国那里领取可满足其自然需要的东西，以及少量的人人都可以享受的人为需要的东西。

可能有人会反驳道：那些作为时间与才能的果实的工艺品又怎么办呢？如果这种产品的报酬不高于其他的话，那么它们难道不会有消失之虞，从而有损于社会吗？诡辩！在任何时代里，天才的努力应归功于对荣誉的热爱，而不是对财富的渴望。既然数以百万计的可怜的士兵为了一个残酷的主子的虚荣和癖好而每日都甘愿去送死，那么，难道可以怀疑，在一种英明的政策的感召下，对幸福的感受，对平等和祖国的热爱，不就可以对人的心灵产生奇迹般的影响吗？况且，如果我们有幸生活在平等的法律之下，我们难道还需要光彩夺目的工艺和虚无缥缈的奢华吗？

第五条　当一个人劳动得筋疲力尽却一无所有，另一个人什么都不干却沉浸在富裕之中，这时候就有压迫。

论　证

1. 不平等和压迫乃是同义语：如果压迫一个人，那就是对这个人犯法，蒙受不平等待遇的人便是被压迫者，因为不平等侵犯了自然法，而用人为的法律来反对自然法是荒唐的。

2. 压迫意味着：要么压制某一个人的才能，要么加重他的负担。在加重一个人的义务的同时削减他的享受，这正是搞不平等。

第六条　任何人都不得将土地与工业的财富完全据为己有，否则便是犯罪。

说明与论证

如果我们已经说明不平等的原因就是这种把一切都据为己有的行为的话,那么我们还将说明那些作出我的和你的这种区分的人是有罪的。

从土地被瓜分时起,就出现了财产独占权。于是,每个人都成为从归他所有的土地上和他所经营的作坊中所获得的一切东西的绝对的主人。

有可能,从事日用必需品制造的人,由于没有时间耕耘土地,当时也就失去对土地的任何占有权。这样一来,一些人便一直是生活必需品的主人,另一些人只有权获得别人所愿意支付给他们的工钱。尽管如此,只要挣工钱者的人数不超过土地占有者的人数,这种交换并不引起在享受的分配方面的明显变化。然而,一旦由于自然的事故,加上一些人节约或善营,另一些人浪费或无能,使得地产落到少数的家族的手里,于是挣工钱者的人数便大大地超过了付工钱者的人数,这样前者便受后者的支配,后者恃其富足而把前者置于生活极其困苦的境地。

从这一突变开始,也就出现了在第一条中所阐明的不平等的恶果。从此以后,就可以看到游手好闲的人极不公正地依靠劳顿困苦的劳动人民的汗水过活;就可以看到把持国家大权的富人俨然以主子的姿态恣意将暴虐的法律强加在贫困、愚昧并受宗教蒙蔽的穷人的身上。

不幸与奴役源自于不平等,而后者则源自于财产。因此,财产乃是社会的最大灾殃;它是一种名副其实的公罪。

有人会告诉我们:财产是一种先于社会而存在的权利,而社会的建立则是为了保卫这种权利。可是,怎么能够设想,像这样一种权利的观念，竟可能先于所有者通过协定来保障其劳动果实而存在呢？社会又怎么能够把它的起源归功于一种极端背悖一切社会感情的制度呢？

最后，不能让他们这样说：富裕是对勤俭的人的奖励，贫困是对游手好闲者的惩罚，这是公正的。毫无疑问，一个完成了自己的义务的勤快的人，在无损于祖国利益的情况下向祖国领取她所能给予的东西，这是公平的；对他所得的奖赏予以社会公认，这也是公平的。然而，他并不能因此而获得损害自己的国家的权利，正如一个士兵绝不能由于他的英勇而有权奴役自己的祖国一样。

尽管会有一些莠民由于他们本身的恶习而陷入贫困，但是绝不能把所有的穷人都纳于这个阶级的行列。许多农夫和手工业者毫无怨言地过着含辛茹苦的生活，为的却是让某一个卑鄙的纵欲者安详地享受其毫无人性的父辈的遗产，为的却是让某一个家资百万的业主以低价将布匹和玩物运往那些给我们的公子哥儿们提供阿拉伯香水和科尔希达珍禽的国度。至于说到莠民，如果不是惩罚他们的社会制度对他们施以情欲的影响并促使这些情欲发展的话，如果不是社会制度使他们沾染恶习和干蠢事的话，那么难道他们本身还可能存在吗？

第七条　在一个真正的社会里，既不应该有富人，也不应该有穷人。

第八条　凡不愿将其多余物资献给贫民的富人，就是人民的敌人。

第九条　任何人都不得通过积累一切物质资料的办法来剥夺他人为其幸福而享受必要的教育：教育应当是公共的。

论证

1. 这种积累剥夺了劳动人民的一切,直至剥夺掉他们获得为一切良好的公民所必需的知识的可能性。

2. 即使人民没有必要受到高深的教育,那么他们为了不受奸诈狡猾之辈和负虚名的学者的宰割,也是需要受到一定的教育的。对于人民来说,认识自己的权利和义务,是很重要的。

第十条　革命的目的就是铲除不平等并建立共同的幸福。

论证

难道会有哪一个正直的人想把自己的同胞推进一场政治革命的动乱与灾难之中?难道这种政治革命的目的是为了使他们更加不幸或是把他们置于势必全部毁灭的境地?善于掌握改革的时机,这是一个德才兼备的政治家所绝不能小看的任务。

第十一条　革命还没有完成,因为富人侵吞了全部财富并且统治一切,而穷人却像真正的奴隶一般地劳动,在贫困中受煎熬,在国家中毫无地位之可言。

第十二条　1793 年宪法乃是法国的真正的法律,因为人民庄严地接受了它;因为国民公会没有权利修改它;因为国民公会为了要修改它而对要求实施它的民众开枪射击[①];因为国民公会对那些认为自己有义务捍卫它的代表们进行驱逐和杀害[②];因为在制定并装模作样地通过那个 1795 年宪法方面起主要作用的正是对

① 在共和三年牧月 1 日和以后的日子。

② 布尔博特、杜鲁瓦、杜肯努阿、古戎、罗姆、苏布兰尼尔被处死,比沙尔被流放,霍勒斯蒂埃被判拘禁。

人民所采取的恐怖手段和叛逃者所施加的影响作用①，而该宪法所得的票数却不及1793年宪法的四分之一；因为1793年宪法赋予每个公民以赞同法律、行使政治权、集会、提出自己认为有利的要求以及受教育、不饿死等项不可剥夺的权利，而这些权利是被1795年反革命法规所公开地和完全地侵犯的。

第十三条　每一个公民都有义务恢复并捍卫1793年宪法所规定的人民意志和幸福。

第十四条　凡源自所谓的1795年宪法的政治机关，都是非法的和反革命的。

第十五条　任何侵犯1793年宪法的人，都犯有侵害人民主权的滔天大罪。

第九号文件　自由法兰克人（巴黎地区部队一士兵）给他的朋友恐怖者（莱茵部队的一士兵）的信[125]

我的可怜的朋友恐怖者，我们是f②……是的，我们是f……如果我们一直忍气吞声、逆来顺受的话，那我们将毫无出路。我们曾经挥刀砍杀那些头戴王冠的豺狼们的一群小喽逻，那是白费劲；四年来，我们风餐露宿，流血流汗，进行战斗，消灭虱子和奴才，那都是白费劲；我们把枪口对准麻雀！而自由，那个符合我们愿望的东

① 一些孚有众望的人士被公开屠杀或被投入监狱；一大批逃亡者，特别是那些在5月31日革命后跑掉的人，在共和二年热月9日后又统统被召回。

② 本文删节号都是原有的，f可能是frères（兄弟）的缩写。——译者

西，那个我们劳动的神圣目标，还有甜蜜的平等，那个跟自由不可分离的伴侣，却只不过是印在C[126]……的后继人的厨房抹布上的空虚的形象，只不过像我们的烟斗喷出的烟雾一样虚无缥缈。在秩序和纪律的字眼下，我们还有我们所有的无套裤汉弟兄们，都像狗一样被拴在饲养场。所不同的只是，当狗叫的时候，人们还扔给它们一点东西吃，而对于我们，则把我们的嘴巴给缝上。

噢！那三个重坏蛋D①……的名字是什么玩意儿呀！我的勇敢的恐怖者，如果我们想到，我们这些f……正被叛逃者所啄食，正被国王所吞咽，那些金皮老虎要扼杀、撕碎，吞食我们的双亲，我们的朋友以及自由本身，那么我们难道还会背井离乡，抛弃妻儿父母，去消灭那些威胁我们祖国的坏蛋吗？是的，我的朋友，是的，我要告诉你，不管你会多么惊奇也罢，但这一点不假：一个像你那样的b②……，要比上百个统治我们的Jean-f③……值钱得多。只要把我十个月以来亲眼目睹的情景向你作一番描述，你就会相信的。但我不想为了让你们相信而起誓，因为自从1793年宪法效忠宣誓以后，我所看到的只不过是一些鲜廉寡耻的无赖汉的宣誓。

1. 王室和旧显贵的狂妄自大，迫使我们起来把王朝推翻。我们建立了一个人民政府，用拉图利普神父的话来说，那是一个人人有权把自己看作自由民的政府。而这时候，我们从四面八方把Jean-f……收罗在我们的周围，他们对于我们乐于自己做的事情吹毛求疵，那些我们委托他们办事的卑鄙的奴才们，在将他们当中愿

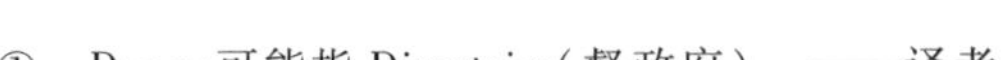

① D……可能指Directoire（督政府）。——译者

② b……可能指brave（勇士）。——译者

③ Jean-f……可能是Jean-foutre（低能儿）的缩写。——译者

为我们效忠的人杀害以后，便扶立起美其名曰督政府的五头狮子；他们把这五头狮子像普罗旺斯的骡子一样披彩带鞍，打扮一番，并由斯卡潘、斯卡拉姆齐、卡图斯之流的人物簇拥着，总起来说，他们把已故的 co[①]……他们无可愧对的先辈 C……的傲慢、无耻和专制提高了五倍。

2. 我们在 93 年遗留的那个政府，甚至能对利己主义加以利用，以建立起为拯救共和国所必需的物资与食品仓库；由我们的叛逆奴才用以取代它的那个政府，则除了建立起一个使共和主义者饿尸山积的克拉马尔停尸库外，什么公共仓库都没有建立。十八个月以来，成千上万具共和主义者的尸体，每时每刻都用大车运到那个可怕的库房。

3. 贵族们总是叛卖我们，而只有当我们把他们从我们的部队中驱逐以后，我们才能够真正地取得胜利；今天，那些曾经引导我们取得胜利的无畏的 b……平民的军官们，像我们一样遍体伤疤，却被无理地撤职并被出身于高贵阶层的朱安党人所取代。

4. 巴黎，那美好的 93 年的巴黎，在那里，自由、平等和富裕曾使全体人民形成一个最幸福的家庭，而如今，它只是一片可怖的森林，那里布满穷凶极恶的豺狼和奄奄一息的母羊；豺狼便是统治者和有钱人，母羊便是我们的父老和兄弟。

5. 我们在战斗中伤残的战友们，在这里饱受统治者及其卑鄙仆从的压榨和欺凌，饱受他们的诽谤和蔑视；他们当中大部分人沦为乞丐，并责怪他们曾为之流血牺牲的祖国无情无义。你们会说：

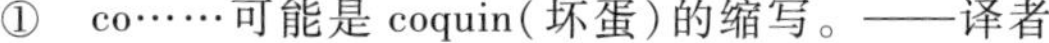

① co……可能是 coquin（坏蛋）的缩写。——译者

亲爱的同志，他们有过。不，我的朋友，他们毫无过错可言。当我们替他们报仇雪恨时，他们由于绝望而发出痛苦呻吟也就会随之中止；f……我想，这样日子很快就会到来。

6. 在这里统治着我们的军官们，是卑鄙的谄媚者，跟那五头打扮一新的骡子互相吹吹拍拍；他们把我们置于纪律的束缚之下，使我们处于最卑贱的奴隶地位。我们像一群毫不值钱的牲口一样被赶到军校里，在那里禁止我们跟自己的朋友、父母通信。唉！毫无疑问，他们唯恐亲人的眼泪会打动我们的心，使我们鼓起公正的复仇的勇气。可是，f……，他们失策了！暴君们很快就会知道，尽管他们把我们视为大体顺从的压迫机器，但我们仍不失为人与人道的权利的复仇者。

7. 我的亲爱的同志们，93 年的当权者曾保证我们剥夺祖国敌人的财产，作为我们赢得胜利的代价。而现政府则以物归原主为名，把我们从敌人手里夺得的财产，把作为共和国货币的保证的财产，一概归还给敌人。于是，那些统治我们的无赖汉，便把他们本来就想戴的红帽子踩在脚下，毫不知羞地把绿帽子戴到头上；同时，为了使他们的无耻勾当能够干到底，他们继续答应给我们十亿财产，而实际上他们留给我们作为补偿的，却是在三次战役里从我们那里夺走的帐篷，以便用它们给我们每一个人缝制一个乞讨袋！

我的亲爱的恐怖者，如果我把我周围所见到的令人发指的事情一桩桩地进行描述的话，那是永远也讲不完的。可是，我更习惯于战斗，而不惯于诉苦；我既能在痛苦中耐心等待，也同样能在复仇中令人生畏。我的亲爱的同志，我只是跟一千万被压迫的民主派一道，等待着这样一个时刻的到来，即跟国外敌人的和平的实现能够容许你以及你的战友们返回家园。那时候，我们将一道向法国和全世界证明：我们既善于怎样惩办卖国贼和实践 93 年的誓言，也善于如何战胜 r[①]……的鹰犬。

顺致

敬礼与博爱

你的兄弟

自由法兰克人

（签署）

未来民主共和国四年芽月 24 日　于巴黎

第十号文件　秘密督政府给每个军事总代表的第一个指令〔127〕

公民们！

危机时期是跟平时不一样的……（从本句开始，以下行文见本书第 76 和 77 页上第六号文件有关段落，直到“如果他们发现在自己上面有完全可以信赖的领导者的话”为止）。

在这种想法的鼓舞下，我们立即把自己的注意力放在物色能够帮助我们从事这项极其光荣的事业的人选上。公民们，正是你们，由于自己一贯的表现和在整个革命过程中出于纯洁的爱国心而作出大量的事迹，或是由于在所有爱国和坚贞的人士遭到迫害的那些日子里经受住严峻的考验，你们受到了首先挺身而出替被

① r……可能是 rois（国王）的缩写。——译者

出卖的祖国复仇的人们的注目，你们首先受到他们的信任，他们委派你们担任各路行动的首席的和主要的代表。

秘密救国督政府要向你们透露的这部分机密，是宝贵的和重要的。保守这个机密，要求十分小心谨慎，要求高度的积极性以及对共同福利的热爱；它要求人的一切美德，而本督政府认为你们就是具备这些美德的人。

秘密督政府的基本组织以及跟你们往来关系的组织，都置于明智和审慎之上来加以权衡。它认为，应当根据驻扎在巴黎公社内部和外围的不同的部队来设置总代表，它跟他们的联系是这样安排的：这种联系将几乎是直接的，但这些代表中的每一个人都不得认识本督政府的成员。

其所以采取这样的防范措施……（从本句开始，以下行文见本书第 78—79 页上第六号文件有关段落，直到“使那些最英勇的公民们陷入彷徨与恐怖之中”为止）。

共和党人们！就是以上这些考虑……（从本句开始，以下行文见本书第 79 页上第六号文件有关段落，直到同页上“这十二个人都能够同样地坚定不移”，其中“这十二个人”改为“那一些人”；接着一直到“你们将会从它的一切行动中感受到”为止）。

在我们采取一切预防措施……（从本句开始，以下行文见本书第 79—80 页上第六号文件有关段落，整段文字没有任何改动）。

秘密督政府甚至慎重到……（整段话，直到“危及自由的命运”为止，在这段话中有两处提到的“这十二名代表”均改为“这些代表”）。

这种互相隔离的防范措施……（从本句开始，以下行文见本书第 80—81 页上第六号文件有关段落，直到“你们在开始的时候该做什么事情”为止）。

关于这点，我们在本指示之前向你们发出的组织条例的第三、四、五条，已经向你们指出了：

“形成并引导一般士兵的公德心，特别是在那些你们受委派的部队里。”

“对军人的这种公德心加以促进和培育，在这方面首先利用报刊宣传与其他民众读物，然后对人民的权利、现状以及军队的状况进行经常的交谈和讨论。”

“对公德心的状况作出每日的记录，通过这些记录，对广大士兵思想状态的好坏和起伏进行汇报。选拔出据你们看来最能胜任把有待指引的运动向前推进的人物，根据你们所了解的他们每个人的能力来指明如何使用他们或给他们委派何种革命任务；揭露那些阴谋家、奴才和卑下的小暴君，对他们如何阻碍和反对我们的力量的发展，如何阻碍和反对良好原则及新兴思想的传播作出汇报。”

同一组织条例第六、七、八条，对秘密督政府有待你们呈送给它的记录、情报或报告的转达办法作出规定。

“你们把这些材料交给联络代表，他们会到你们那里直接从你们手里收取来件，同样地他们将把秘密督政府认为必须下达给你们的最近指示转交给你们”。

公民们！这就是在目前开始的时候给你们规定的任务。我们只能给你们提供若干细致的想法，你们可以酌情加以变通。

在号召你们通过对人民的权利、现状以及军队的状况进行宣讲和讨论的办法来促进、培育和引导军人的公德心的时候,你们要意识到,为了事业的利益和你们本身的利益,此事不宜过于声张。要尽可能做到:你们是一大群勇士的领导者,要立即让他们的思想跟你们的思想一样,但不要让他们发现他们的想法从何而来。如果让他们的军官和一切从利益上跟我们所要灌输的原则对立的人们,对你们在他们跟前所起的作用有所察觉的话,那就要危险得多。因此,你们自己应当谨慎从事,千万注意不要对任何人吐露真情和加以轻信。这绝不是能够允许你们尽情地自我陶醉的场合。只有戒绝出风头的虚荣心,才有利于踏踏实实做些事情。只有意识到自己是发动伟大的原动力的一种看不见的工具,才能保证巨大的、真正的胜利,才能使内心感到无上的满足;在这时候我们要予以尊重的是我们的才赋,而远远不是那些急不可耐地想要扮演政治舞台上的主角的人们的狂妄秉性;当我们把自己的同胞拯救出来的时候,我们还有足够的时间来聆听他们的掌声。因此,据我们看来,让总代表们去促进、培养和领导士兵的力量,而不摆出一副架势,是完全可行的。理由是,要紧的只是把士兵的注意力引到对人民的一切权利的侵犯以及公民和士兵目前的悲惨的处境上,而在这个重要的问题上你们所要发起的、我们在上面已经提到的那种经常的交谈和讨论,只能借助于报纸和其他的民众读物来进行。你们只有在任何地方以普通观众的身份出现,才能够毫无困难将这些读物直接地或间接地进行传递,而不至于留下痕迹和引人注目。

可见,散发这些读物乃是我们所指望的为争取士兵而开展的认真讨论的主要手段。这是我们向你们推荐的办法。选择这些读物对于你们来说并不困难，你们将会很容易地识别那些优秀的作品。况且，秘密救国督政府还将发送给你们足够的读物，以供分发之用。除了这些读物之外，将视情况的需要，给你们提供其他各种能够起影响作用的资料。我们已经跟你们谈到的那些报纸，将会在很大程度上成为你们的指南并随后成为总的指导方针。它们迄今为止都在宣传我们的原则和一切真正的民主派的原则；我们认为它们今后还会继续这样做，而你们始终可以从他们所宣传的学说中了解我们的学说。赞成这种学说，支持这种学说，这就几乎是你们从表面上看来所起的全部作用；为此，你们的表现绝对不要超出限度，要让别人看起来你们也都跟所有其他的人一样，不过是普通的演员、普通的听众、普通的参加者而已。此外，那部分只能在绝密情况下整理的记录和报告，也属于你们的秘密任务之列。对于你们这部分任务，我们不打算在这里作任何详细的说明；这项任务的执行办法，在组织条例第五条和本指示以上所谈到的有关地方，都已作了相当明确的规定。

当我们告诉你们，发给你们的民众报刊……（本段行文见本书第 84—85 页上第六号文件的相应段落，直到“不是去加速这种热情的爆发”）。

由此可见，保持旺盛的士气是非常重要的，但同样地，过早地把气势使尽，则是毫无用处甚至是危险的。我们确信人民已有定见，我们更不怀疑某些营队也已有定见，但是我们也知道在阴谋诡计的影响下，还有各种各样的部队至今仍陷在迷误之中。因此，为了最大限度地保障胜利，要紧的是让所有的人——公民们和士兵们——都步调一致。因此，不能弄成一些人在举事之前就把力量消耗殆尽,而另一些人的思想状况则远远跟不上。这样,我们就有必要用一段时间,至少把我们大多数同志从迷误中解救出来,以防他们上政府的不怀好意的关怀的当,后者只不过想采取这种手段先使他们就范,然后把他们跟人民一道镇压下去而已。所以,我们应当有理智,不要让我们头脑的热度在起义中猛升,而是要让它跟秘密督政府随时加以调节的温度计的度数恰好保持一致。

我们还一点没有向你们提供据我们看来是提高士兵的思想与勇气的最有力的杠杆,我们下面就向你们提供:一个很久以来就已经被认识的真理,就是人只能为了他们的利益而强有力地运动;共同的利益是由一切个人利益构成的。因此,为了实现真正的共同幸福,就必须满足个人的利益,要知道,正是这种利益成为使一切人行动起来的最强大的动力。结果是,当人们采取这个伟大的手段来工作的时候,他们所做的事情也就最正确,最能够确保成功。因此,让我们讲绝大多数人的利益吧!也就是说,让我们成为有道德和公正的人,并掌握保证成功的最可靠的手段。

正是为了绝大多数人的利益,才搞革命。这是因为在革命之前,绝大多数人处于困苦的社会境地,他们希望改变自己的处境,生活得好一些。只要绝大多数人一天具有改善其景况的愿望,他们的利益也就一天使他们倾向革命。如果绝大多数人看到革命的最近成果只不过使他们的处境每况愈下,他们的利益也就跟这个革命格格不入。正是绝大多数人的利益推动我们去开始另一次革命,我们希望它将是最后一次革命,而它的目的则是把最坏的事情变为最好的事情。让我们向绝大多数人证明这次最后的变革的可能性。此外,我们还要让他们确信——而我们自己也将看到——,

他们的利益将有力地激发其不可抗拒的意志与实力，从而保证上述变革的实现。

在跟保卫过祖国的人谈到他们的利益和理想时，可以而且应当从以下两个基本方面着眼：跟他们当前的命运相关联的利益，跟他们未来的命运相关联的利益。

当你们向士兵们描述他们的现状的时候，把他们说成跟人民同样的困苦、同样的赤贫、同样的饥饿、同样的屈辱，这难道不是很真实吗？我见过一位从前线回来的不幸的人，他的处境如何呢？我仅仅从他的外表就能猜到，他的上司就是他所斗争的暴君的莫逆之交。我看到，他正是由于把他们的狐朋狗党打得落花流水而受到了格外的惩罚。实际上，他瘦骨嶙峋，脸色苍白，不时昏厥。我问他是怎么回事，他告诉我说，如果我听一听他的解释，那我所观察到他的这种悲惨状况，就不足为奇了。这样我才知道，他的待遇比德国一个最低级的丘八还不如。每天是纸币三十个苏，再加上铸币二个苏，这点薪饷是不可能不让他饿死的。总的说来，他所受的虐待比日耳曼枪骑兵这种备受奴役的兵种还要厉害，比意大利的最愚昧、最下贱的警探还不如，他几乎被剥夺掉人的称号，他所参加的兵团几乎全被奥地利法朗索瓦收买了，而他的虚弱的神态勾起我对革命初期如此深重的灾难的回忆。今天，我国士兵不仅正在饿死，而且没有鞋穿，没有衣穿。他更不可能把衣服洗一洗，因为这要花三十法郎，他从哪里去弄这些钱呢？可是，事情不仅是缺衣缺食就完事，他还要在人们美其名曰军事纪律的一整套刑罚下饱受忧伤困扰与煎熬之苦，而这套东西实际上是比路易十六的达官贵人统治时期还要完善得多的专制制度。在这种制度

下，当兵的要呆板得多，要更容易受当官的摆布。他只不过是一架唯命是从的会说话机器而已。对于他，无论说理、讲话甚至思想，都是被禁止的。此外，对他们实行专制统治的，根本不是那些在战争中跟他们一道出生入死的人；被封官加爵的，完全不是那些最勇敢的人；受到嘉奖的，也完全不是那些在反对一切自由敌人的斗争中表现最突出的人。相反地，现在在发号施令的人，大都是些懦夫、阴谋家甚至是反革命分子，而真正立过军功的人却被遗忘并蒙受耻辱。这样一来，祖国的捍卫者便顿时灾难临头。他没有穿，没有吃，而且受可鄙的长官的残酷鞭笞；这些当官的从不为共和国而战，他们憎恨共和国，因而也憎恨曾为共和国的胜利而流血的人。如果说，对广大士兵的这种折磨和虐待有什么破例的话，这只是出于极端卑鄙的招降纳叛的诡计而已。他们收买一些人，为的是加强对所有的人的奴役。由于无时不在担心驻守在最革命的城市(巴黎)附近的营队会爆发出追求自由的力量，于是便赐给他们葡萄酒和烧酒。这种优厚而显眼的待遇，也提供给直接为政府守卫的精选连。所有这一切，只不过是沾在用来打击人民的棍棒上的蜜糖而已。如果接受这种施舍的可怜的人，愿意按照手捧这些施舍物的人们的要求，以盲从作为代价的话，那么就可以把他们看作是出卖祖国和自由的人。

当前士兵处境的真实状况，大致便是如此，您可以设法经常把这种情况向他们讲讲。您还应当将他们的现状跟他们的不难预卜的前景作一比较，这种前景将是更不美妙的。

要向士兵们指明，当他们返回家园后，等待着他们的是什么。他们将会得到什么呢？那将是无比的贫困，一种要比他们不幸的父辈所遭受的还要严重千百倍的贫困。为了保障胜利，革命曾经答应对他们的辉煌功绩予以正当的、合法的报偿；革命曾经答应把足够他们每个人维持生计的国家财产分配给他们。如果得到这种应得的酬劳的话，他们本可以光荣地退休，幸福而安详地度过余生；他们本可以建立起许多新的家庭，在灌输对祖国的热爱的气氛中培育起新的一代，而在这个祖国的土地上，他们可以自豪地认为自己已经亲手建立起了幸福的生活；他们本可以怀着一种新的喜悦和关怀的心情，向他们的听得出神的孩子们讲述他们是如何同心协力地采取一系列英勇行动来挣脱压迫者和有钱人的枷锁，并且为自己的独立奠定基础。然而，事情并非如此。那么，他们究竟将成为什么样子呢？那些曾经答应赠送给他们并且有一大堆法令作为凭据的财产，又是如何处理的呢？要知道，这些财产曾被用来作为十亿现金亦即相当于目前三千亿纸币的保证金的。如今，相当于那么一大笔钱的共和国资财，又跑到那里去了呢？人家把它们还给卖国贼了，然而，当初从他们的手里没收过来却是合情合理的。当祖国的保卫者回到自己茅屋以后，本不应该再受那些骄横的小贵族的主宰，后者由于占有了全部土地，已经让他们的父辈像奴隶般地半饥半饱、衣不蔽体地在他们的土地上干活。祖国的保卫者应当在被这些贪得无厌的恶魔霸占的辽阔的土地上找到足以维持其生计的一份土地。但事情却完全不是这样，他所找到的只是前所未见的凶残无情的吃人妖魔。这个妖魔从这位老兵的身上看到：就是这个人，过去曾跟他作过斗争，在他叛逃时曾渴望他彻底完蛋，如今还为他的这种期望未能如愿以偿而悻悻不平。于是，当老爷的人，就得让他对这样一种罪行长期吃苦头。而这位过去

的自由卫士，只能在沉重的奴役和惊人的贫困中度过其晚年。比起他的父辈更为苦恼、更为卑贱的是，他还要被叫花子、无赖汉、下流人这类不堪入耳的称呼所折磨。正如有一位真正的人民报纸的撰稿人所预见并恰如其分地所说的那样：“他还不得不在盛气凌人的富人的统治下俯首贴耳，充当他们的苦役犯，为微乎其微的工资而夜以继日地干活；只能靠自己的汗水来湿润那半片被烈日烤得干硬的黑面包……能够这样苟延残喘的人，已经算是幸运了，其余的人……只能去行丐。人们将看到那些支着拐杖的瘸子，那些缺下巴和缺胳膊之类的人，充满大街小巷，步履艰难地向富裕的人家低声下气地沿门乞讨，在他们求乞的每一百户人家中，有九十九家对他们厉声斥退，只会有一家肯施舍那么一枚小钱，其数额只相当于他们买一块早点面包的千分之一。”

以上还只不过是在最确凿无疑、最能令人感受到的方面对我们的保卫者面临的境遇所作的概述，他们应当竭尽全力来帮助他们自己去认识这点。

还要告诉他们，要避免这种可怕的前景，只能靠他们自己；在这方面，他们只有帮助人民和人民之友去重新争取一切人的权利这条路可走。对于那些你们信得过的人，以及那些据你们看来可以把我们跟你们讲的话及早予以透露的人，你们还可以向他们保证，从他们起来帮助人民夺回自己的权力这一天起，他们就什么都不会缺少：他们将会绰绰有余地得到人所必需的一切东西。还可以跟他们说，从那以后开始，全体士兵这一辈子将会保证过上富裕和无比幸福的日子。我们所下的这些诺言，绝不是信口开河和可望而不可即的，它将是随时和立即就可以实现的现实。

为了更好地把他们的思路引向仅仅对人民和对他们自己有利的方面,应当让他们想想看自己现在是什么人,而人家又想把他们变成什么样的人;想想看为什么人家要把他们弄到巴黎城下;想想看人家想利用他们的刺刀和双手干些什么缺德的事情;想想看他们反过来可以为实现他们自身的和同胞们的幸福起什么样的光荣作用。要让他们从我们在上面提到的那位人民报纸记者向他们所讲的大致差不多的角度去想想这一切,在这里我们还要引用他的一些话。

"为什么要在这个最美好的城市,革命的城市,自由的摇篮……的周围,布满重兵呢?为什么要把那么多的部队调到这里呢?……难道这座城市的居民都是叛乱者吗?是否要征服他们呢?……所有这些问题都不能不加澄清而漠然置之。

对于自由士兵来说,在巴黎城周围组成一个可怕的包围圈,绝不是为了保卫真正的人民。真正的人民是劳动人民,是工人……他们却在此饱受折磨、不让说话、受尽轻蔑、忍饥挨饿、倾家荡产!而这都是投机商和骗子这类人干的……正是这些败类在这里举行无所忌惮和罪孽深重的叛乱来反对良民;然而,是不是为了制服这些压迫者和保卫那些被压迫者,我们的战士们才用刺刀把整个巴黎重重围住呢?不,恰恰相反……人家是想借助他们的武器和力量来把被压迫者彻底置于压迫者的重轭之下,来维持压迫者令人发指的统治,使人民奄奄待毙!唉!如果人家要保卫的是人民的话,那就大可不必把那些以抵御外敌为己任的弟兄们给调走;再说,人民自己也有足够的力量。然而,当有人想用牺牲群众来讨好一部分人的时候,就要对外求援……这样他们就要在所谓能够基·

本上服从的人们当中寻得援助……政府以及那个专门受它庇护的作恶多端的等级已经丧尽廉耻了；这时候，它们无耻地、赤裸裸地通过最卑鄙下流的勾结，用一种它们胆敢称之为法律的酷典，来肯定各种各样的不公正现象、最骇人听闻的贫困状况和最令人愤慨的奴役状况；这时候，他们的罪孽深重已到了无以复加的地步，以致人民忍无可忍，也不再轻信了！……正是这个时候，他们看上了军队！他们把这些惩治国王的人们的双手武装起来，正是为了想维护并永远保存这样一种压迫制度！他们建立起军事统治，正是为了迫使人民不得不在一种没有吃、没有穿、没有自由……的制度下生活；他们正是想让那些当父亲的……当丈夫的……当孩子的、当兄弟的……当亲友的人……自己动手把这种制度强加在人民的头上，一旦需要的话，还要让他们亲手把自己的孩子、自己的妻子、自己的父母、自己的兄弟、自己的朋友、自己的亲戚置于死地！！！他们就这样利用这些来自人民，本身就是人民的士兵，去反对另一部分人民；他们正是要利用这些士兵去巩固那种奴役、卑屈和饥饿的状况……这种状况，要比六年前人们就那么理直气壮地举行起义去反抗的那种旧奴役制还要坏一千倍。

不！法国的士兵绝不是卑鄙的打手，绝不是人民的敌人手中的残暴和盲从的工具，因此也绝不会跟他们同流合污……只有在一个政权恶迹昭著而又不想改悔的情况下，它才会用刺刀把自己保起来……而当一个政权是公正的时候，它总是拥有相当强大的人民力量的。C……[①]在 7 月 14 日以前曾依靠一支军队来巩固自

① Cabet(卡佩，即路易十六)的缩写。——译者

己的统治；大家都知道他的居心何在，也都知道他想仗着这支军队来确保它所犯下的累累罪行不受惩罚……难道考察一下，那些由于跟他志同道合而步其后尘的人是否也干了同样的勾当，也算是有罪的吗？

我们的士兵将会记得，尽管C……的这支军队是从贯彻君主制纪律的学校中培训出来的，可是却表现得非常出色；它没有忘记自己来自人民；法国警卫团的士兵们向无套裤汉缴械投降[128]，这是一个将为世世代代所称颂的典范……

不！不！绝不能说共和国的保卫者还不如他们那么伟大，还不如他们那么高尚。绝不能说他们将会容忍下面这样的骇人听闻的言论：统治者们！一切民权的篡夺者们！镇静些，别害怕；不要理睬那些贱民和他们的放肆的保护官不约而同地向你们发出的叫嚣；堵上耳朵别听他们的种种抱怨，把他们旨在反对你们的压迫的无礼要求踩在脚下，因为压迫本来就是应该逆来顺受的。暴君们！我们是你们的士兵，我们要支持你们的专制统治和一切掠夺行径！我们要镇压，必要的话，还要枪杀自己的父老兄弟！！！我们还将拿自己的姊妹母亲开膛！！！把自己的子女斩尽杀绝……为的是维持你们这种史无前例、不可容忍的统治！！！我们有责任帮助你们加强对祖国的奴役！我们应当亲手铆紧自己身上的镣铐……

不，还不能说，共和国的保卫者将会同意当活机器、活玩偶和毫无知觉的傀儡，盲目地听从其操纵者的任何支配。不能说他们再也不能运用自己的判断力，或者说他们在虚情假意的关怀和低三下四的赏酒的迷惑之下，就会永远帮助一个篡夺民权、压迫成性的政府去加紧对其2400万同胞实行奴役。”

而你们，这些收到我们的最初指示的公民们，在向你们透露了据我们看来大致上应当采取什么方法来向我们的武装弟兄们进行宣传以后，我们就无需乎再就我们的原则的精神和我们委托给你们的任务的极端重要性方面，作任何补充说明了。同样地，我们也无需乎就你们在这方面应当采取什么手段来帮助我们再说些什么了。我们在交代这个如此重大的任务的计划时可能遗漏的一切，将会由你们的热情、你们的才智、你们的爱国心加以补充……（从本句开始，以下行文见本书第 85 和 86 页上第六号文件有关段落，直到全文结束。）

第十一号文件　应不应该服从1795 年宪法？[129]

当我们立誓保卫自由与平等的时候，我们所有的人都相互保证：除了人民的权力以外，绝不承认其他任何权力，对于企图用武力或诡计来违抗人民最高意志的人，定予严惩不贷。

这种庄严的保证，责成我们大家冷静地、细致地考察一下，今天统治法国的政府，是不是人民所想要的共和政府。

我们始终看到，那些在保卫自由的行列中战斗的人，都把1795 年宪法视为反革命法令而加以拒绝。相反地，那些据我们看来总是强调其个人利益的人，则把这个法令说成是杰出的法律，以至对前一种人审查该法令的权利也横加拒绝，并且要求我们像五年前有人在马尔斯教场上提出的对 1791 年王党宪法所保持的那种虔诚来对待这个宪法。

在一场关系到维护好人的良知的斗争中，高高举起通过深思熟虑并摒弃个人与党派偏见而得以发展和运用的原则的火炬，是最要紧的。因为，如果1795年宪法终于具备完全合法的法律性质，那么我们就应当服从并保卫它；如果它不具备那种性质，那么自由的人民就应当起来推翻它，并惩治那些奴役人民的家伙。

我知道，抱着一种毫不偏颇的态度去考察我们所如此急切地要了解事情，仅仅这样一种愿望，将会被称为无政府主义，被称为叛逆。这种谴责是1789年前后的宫廷所乐于使用的，也是拉法叶特、迪穆里埃、威尼斯元老院、罗马教皇以及土耳其苏丹所惯用的；这种谴责只能说明，那些掌权的人物希望不惜任何代价来保住自己的权力。然而我们，我们则以能够成为一切反人民政府的反抗者和叛逆者为荣；不论这些政权用的是什么行话，戴的是什么面具，我们要一如既往地奉劝自己的同胞运用自己的理智，对于任何跟源自于理智的原则相抵触的政权，都要坚决地举行起义来反对它。

在十一人委员会[130]提出那个众所周知的报告之前，我们已经有了1793年宪法①，它是大家所公认的属于法国人民的真正的法律，因为它得到代表着480万选民的意志的初级会议的正式承认，在这些会议上，8000名代表在1793年8月10日这个值得纪念的日子确认了这种意志。使这个法律和接受这个法律的人民在全人类的心目中受到尊重的，乃是保障每个法国人的权利平等，而不分贵贱，不问贫富；人民必须参与法律的制定和人民享有行动的自

① 凡是有思想感情的人都会感到恋恋不舍的这部宪法，是通过国家基本法来保障全体公民的福利与教育的第一个先例。

由,从而使人民的意见得到听取并受到尊重。不管我们的当政者怎么说也罢,由于这些情况根除了人民的最高意志与其代表者意志之间的任何对立,从而也就铲除了一切动乱的根源。看到二十分之一的人民没有任何震惊就足以制止他们的代表的罪行和过错,并唤起全体公民对此作出真正的裁决,这该是多么好呀!

当人们向现行制度的膜拜者宣讲1793年宪法的好处的时候,他们却假借一种事后表达的民意来加以反对,据他们说,这部分人民有修改宪法的权利,而其实际做法就是接受1795年宪法。

毫无疑问,如果法国人民自由地接受了这个宪法,那么他们就应该服从它,直到采纳另一个宪法为止;然而,正是事实本身难以服人,因而有严格地进行讨论的必要。

是不是人民或者是一部分人民要求修改上述宪法呢?完全不是。人民异口同声地高呼要实行1793年宪法。这有各公社、民众社团以及部队的大量发言为证;有牧月在巴黎以及几乎同时在共和国南北部出现的各种场面为证;还有国民公会颁布的一些法令为证。为了向人民的意志表示敬意和安抚民心起见,国民公会曾于当年芽月一日颁发一道法令,宣布对任何反对1793年宪法的人判处流放。

人民在该宪法第115条中明令规定,修改宪法的任何要求只能出自人民内部,而绝不能源自立法机构。然而,那个大名鼎鼎的十一人委员会,其权力本只限于提出1793年宪法的组织法,却公然在国民公会中反对民意,把它说成是人民专制;也就是这个国民公会,把自己的义务与誓言置诸脑后,不立即起来取消该委员会;看来,它是蓄意在不久之后向人民提出它的那个反人民的1795年杰作的。

再也清楚不过的是,十一人委员会以及投票赞成修改宪法的国民公会成员,公然违背庄严而明确表述的意志,从而擅越职权,背叛人民。

至于事后出现的被这些不法之徒美其名曰人民通过的事件、只不过是他们用来掩盖自己的手段,使他们的罪行合法化,藉以逃避他们显然要受到的惩罚。

的确,1795年宪法法案曾送到初级会议和军队中去过[①],从跟这件事情不无利害关系的人们所公布的会议记录来看,可以确定有90万公民投票通过该宪法。如果这种通过办法就算是人民的自由意志的反映的话,那么1795年宪法也就占了上风;但是,如果这只不过是一种暴力的行为的话……那就让我们看一看吧!

有480万公民投票赞成1793年宪法,只有90万人同意1795年宪法。那么剩下那390万人是什么情况呢?他们要么没有表达自己的意愿,要么就没有参加会议。如果第一个假设是对的话,那么1795年立宪者的罪行就昭然若揭;如果第二个假设可以成立的话,那就应当考察一下,这些以前发表过意见的人所表现的沉默,是否足以断定他们改变了自己的意愿而表示默认,还是由于反革命分子采取暴力而造成的后果?

然而,要把这种沉默看作是同意,那就必须依据一切法律准则,进行论证:

① 1793年宪法没有送到军队中去,然而它却获得了4 800 000票。对于这些假借唯长官之命是从的士兵的意志,以刺刀相胁来取得公民同意的立法者,人们怎么能够原谅他们呢?

(1)这 390 万公民能够参加会议,并且在发言反对 1795 年法案时不会招来任何危险;

(2)该法案没有侵犯公民的不可剥夺的自然权利,否则,无论它是多么郑重其事地被通过的话,都只能被看作是一种荒唐和盲从的举止,因而毫无约束力可言;在这种场合下,一些人表示赞同,就是对其他人实行明目张胆的压迫。

请大家回想一下,在巴黎、土伦和瓦朗西安,那些曾在共和三年牧月里要求实施 1793 年宪法的人遭到什么样的命运!请大家回想一下,国民公会是怎样把那些要求实施该宪法的人加以迫害和枪杀的!它是怎样无视自己制定的法律和程序,最粗暴地践踏法制,不顾廉耻,对那些不愿意跟它同流合污的成员加以驱逐和杀害!请大家回想一下,在内地和在军队里,对 1793 年宪法的维护者是如何不分青红皂白地进行长期的、残酷的迫害!然后再请大家判断一下:那些为了免遭新暴君在全法国进行的迫害而在初级会议中缄默不言的公民们,又享有什么样的自由①!

天呀!如果这种通过对人民的最亲热的朋友施行肉刑和监禁而使善良的人们在恐怖的绝对控制之下出现的沉默,来向我们证明 1795 年宪法的合法性的话,那么我们对于跟这种做法建立在完全相同基础之上的东方专制制度,也只好不加抨击并且再也不抨击了。

20 万公民在狱中奄奄待毙,还有 10 万公民为了躲避反革命分子的屠刀而逃亡,以及所有那些在初级会议中被迫放弃投票权

① 我们不妨提醒这些恐怖行为的受害者,在 1793 年宪法通过的时候,8 000名人民代表并没有乞灵于恐怖手段。

的人,难道你们也都说他们是表示默认吗?1795年法令剥夺了人民修改自己的宪法和批准法律的不可剥夺的权利,这难道不是事实吗?在法国人当中,凡是无力支付价值相当于其三天劳动收入的捐税的人或是充当仆役的人,都被剥夺了公民权[①],这难道不是事实吗?凡不能阅读书写的公民在五年之内都不能行使公民的权利,然而宪法却不向贫民阶级提供教育的手段,这难道不是事实吗?在城市里至少要支付相当于150个劳动日的房租的人,在农村里除非是农户或佃农,才能成为选民或担任陪审员[②],这难道不是事实吗?那些被看作是民意代表的人并不是由人民选举出来,他们的权力是由国内一个最富裕、最暴虐、最邪恶的阶级授予的,这难道不是事实吗?法国人,如果你们对此有怀疑的话,不妨打开1795年法令看看,你们就可以找到所有这些不公正的规定,它们是用去年牧月事件中由于贵族的狼子野心而牺牲的朋友们的鲜血浇铸成的。

暴君们,你们要把这种沉默赞誉为同意吗?那么你们是否还要说,2 400万这样被剥夺了一切权利的人,都同意他们被奴役呢?你们难道不是要说,为争取自由而流血牺牲的法国人,甘愿抛弃享有最高权力,而愿意像美洲黑奴一样在农场主的无情鞭笞之下匍匐下跪呢?那么,你们倒不如说,这是一小撮大权在握和穷奢极欲的人的意愿,而我们却要回答说:在每个结社的成员的平等权利遭到侵犯的地方,社会也就不存在,那里有的只是一方实行压迫,另

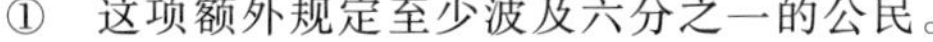

① 这项额外规定至少波及六分之一的公民。

② 这个条件将短工和雇工排除在外。

一方有义务进行反抗。

扼要说明

1793 年宪法获得 ………………………………… 480 万张票

1795 年宪法事后获得……………………………… 90 万票

对该宪法保持沉默者 ……………………………… 390 万公民

这种沉默并不等于默认:

(1)因为通过对爱国人士进行谋杀和监禁,长期笼罩着一种恐怖气氛。

(2)因为 1795 年宪法法规侵犯了人的自然权利,而这种权利是任何人所不能放弃的。

因此,这种沉默乃是一种正式的否认。

根据以上理由,我们对所有不平等的炮制者轻蔑地回答:

(1)1793 年宪法是法国人民的真正的、唯一的法律。

(2)1795 年宪法是暴力与专制的结果,维护它就是犯罪。

(3)任何人行使源自于该反革命法令的权力,都是对人民的背叛。

共和五年芽月 24 日于巴黎

第十二号文件 人民保护官告内地军书①[131]

士兵们!

---

① 录自《人民保护官》第 41 号。

从前有个共和国比现在我们的共和国更好些,那时的军队和人民有我们今天所没有的东西。罗马时代曾有人民的保护官和军队的保护官。这些行政官员是法律规定的人民和军队的永久保护者。人民的保护官由人民选举产生,他们应该自始至终保证人民的权利不受任何损害;他们应该自始至终注意遏制元老院、贵族或富人们的野心和不公正行为;他们还有权利反对在他们看来是违反了公众利益和普遍幸福的任何法律。同样地,军队的保护官也由士兵们选择,他们的职责同样是保护士兵、捍卫他们的权利,始终不渝地反对欺压、背叛或蒙骗他们的行径。

在法国,这种有权威的保护官职务并未从宪法上加以确立。本人感到这种职务有存在的必要,至少在道义上是如此。我借助于出版一种定期刊物,甘当人民的保护官。这种形式只不过是罗马人的保护官职务的一个小小缩影。我们所享有的权利(就连这点权利也还很有争议),只不过是监督政府的所作所为,并在我发现据我看来有损正义及违反我同胞的共同利益的行径时提醒同胞们加以注意。我没有反对权。我只能对舆论施展部分影响,而这部分影响的大小则取决于我所能取得的信任的程度。

如果我的判断是正确的话,那么我所提供的、跟我向人民所阐述的全部真理并列在一起的那些惊人的事实,已经把人民当中优秀的一部分吸引到我这方面来,这是为数众多、值得关注并有作为的一部分,你们就来自这部分人。士兵们！总之,这是被称为平民的部分。因此,不管宪法如何规定,在人民的赞同和批准之下,保护官这个称号已非虚幻的东西。这样,在法国也像罗马一样,人民实际上有了保护官。我敢断言,人民能真正得到保护官,如同罗马人在最好的保护官,诸如卢西乌斯-尤尼乌斯、韦塞里乌斯、阿尔萨、丹塔图斯、坎尼里乌斯、斯托仑、格拉古兄弟庇护之下。同他们一样,我以受到卖国贼的憎恨、赢得绝大多数同胞的信任和尊敬而自豪。

由于有了这种信任,我所不具备的反对权虽然缺少制度上的合法性,却仍然在相当大程度上为着人民的利益行使这种权力,因为人民广泛赞同我谴责我所揭发的那些违反其正当利益和权利的政府法令。人民由于身受到种种不公平待遇而醒悟起来,从而使他们的有渎职守的代表所作的决定无从生效;人民所表现出来的这种广泛而普遍的不满情绪相当于一种正式的反对权,因为即使是最诡计多端的专制政权也不可能长久地使全民族所拒绝的东西维持下去。

那么,为什么我虽具有跟罗马的保护官不相上下的优势,却并没有获得他们通常能取得的同样的成就呢?啊,弟兄们!你们想必已经感到这一点。通过刚才我所说的,你们会发现,要想达到罗马人的那种水平,我们还缺些什么。我只不过是人民的保护官。而你们还没有军队的保护官。

因此,只要引证一下某些人的说法,就很容易发现这一漏洞。如果相信他们的话,那么你们的公德心和革命智慧一般说来不能与其他公民的智慧和公德心相提并论……他们想把你们说成已经到了这样一种地步,即要用自己的行动来证实某些统治者信口开河讲的话:我们的士兵将保卫我们。然而据我所知,你们全体都远没有被这种狭隘、奴性的思想和舆论所禁锢。

然而,我仍不能不看到你们中间有很大一部分天真的人由于缺乏良好教育而被引入罪恶歧途。现在我正是要向你们提供这种良好教育,并且也自荐为你们的军队保护官。这个称号不是很自然就与人民保护官称号相联系吗?……你们难道不是人民吗?……你们的利益同你们的老百姓兄弟的利益又有什么区别呢?……能 得到他们信任的人,难道不能唤起你们的信任吗?那么请注意倾听他的话吧!听听他是如何坦率地为你们的事业辩护的!听听他是如何勇敢地支持你们最神圣的权利的!他还会告诉你们,为了你们自己,为了人民——你们也是其中一部分,并从属于它,应该做些什么……

你们那么多的人聚集在这个最美好的城市,革命的城市,自由的摇篮周围,究竟要干什么呢?……你们为什么被召集到这里来呢?……难道这座城市的居民都是些叛乱者吗?是否要征服他们呢?这些都是不能不加澄清而漠然置之的问题!!!

你们在我们的城墙周围组成一个可怕的包围圈,绝不是为了保卫真正的人民!真正的人民是劳动人民,是工人……他们却在此饱受折磨、不准说话、受尽轻蔑、忍饥挨饿、倾家荡产!而这都是投机商和骗子手这类人干的……正是这些败类在这里举行罪孽深重的叛乱来反对良民!!!然而,是不是为了制服这些压迫者和保卫那些被压迫者,你们才用刺刀把整个巴黎重重围住呢?不!恰恰相反……人家是想借助你们的武器和力量把被压迫者彻底置于压迫者的重轭之下,来维持压迫者令人发指的统治,使人民处于水深火热之中,奄奄待毙!唉!如果人家要保卫的是人民的话,那就大可不必把那些以抵御外敌为己任的弟兄们给调走!再说人民自己也有足够的力量!然而,当有人想用牺牲群众来讨好一部分人

的时候，他们就需要对外求援……这样他们就要在所谓能够基本上服从的人们当中寻得援助……政府以及那个专门受它庇护的作恶多端的等级已经丧尽廉耻了，他们无耻地、赤裸裸地、通过最卑鄙下流的勾结，用一种他们胆敢称之为法律的酷典来肯定各种各样的种种不公正的现象！于是出现最骇人听闻的贫困状况！最令人愤慨的奴役状况！……这时候，他们的罪孽深重已到了无以复加的地步，以致人民忍无可忍，也不再轻信了！……正是这个时候他们看上了你们！他们把你们的双手武装起来，正是为了想维护并永远保存这样一种压迫制度！他们建立起军事统治，正是为了迫使人民不得不在一种没有吃、没有穿、没有自由的制度下生活！他们正是想让那些当父亲的……当丈夫的……当孩子的、当兄弟的……当亲友的人，自己动手把这种制度强加在人民的头上，一旦需要的话，还要让他们亲手把自己的孩子、自己的妻子、自己的父母、自己的兄弟、自己的姐妹……自己的朋友、自己的亲戚置于死地！而你们正是人民呀！你们是共和国的士兵呀！就这样被人利用来反对另一部分人民！……他们正是要利用你们去巩固那种奴役、卑屈和饥饿的状况，这种状况比六年前我们就那么理直气壮地举行起义去反抗的那种旧奴役制度，还要坏一千倍！……

不！你们绝不是卑鄙的打手，绝不是人民的敌人手中残暴和盲从的工具！……因此也绝不会跟他们同流合污……我向你们重复一遍，只有在一个政权恶迹昭著而又不想改悔的情况下，它才会用刺刀把自己保起来……而当一个政权是公正的时候，它总是拥有相当强大的人民力量的！C……在 7 月 14 日以前依靠一支军队来巩固自己的统治……大家知道它的居心何在，也都知道它想仗着这支军队来确保它所犯下的累累罪行不受惩罚。……难道考察一下,那些由于跟他志同道合而步其后尘的人是否也干了同样的勾当,也算是有罪吗?

士兵们!你们还记得吧,尽管C……的这支军队是从贯彻君主制纪律的学校中培养起来的,却表现得非常出色!它没有忘记自己来自人民!法国警卫团的士兵们向无套裤汉缴械投降……这是一个将为世世代代所称颂的典范……

唉!为什么我们必须回忆一个距今不远而又不甚光彩的时期呢?那些伴随共和国而诞生的营队,曾在反对国王的仆从们的斗争中获得很大声誉。……但在芽月12日和牧月1日却由于听命于一个叫庇什格律[132],另一个叫曼鲁[133]的两个奴才,跟着他们攻击衣衫褴褛、饥不果腹的人民,因而玷污了自己的荣誉!啊!如果没有这场灾难性的和可耻的行动,我们的屈辱和贫困也许不会持续那么久!这场反人民之战给人民所造成的损害,要大大超过以人民的名义赢得的所有胜利给人民所带来的好处。为弥补这一损害,法国军队要作出很多努力,葡月13日,大家对军队表示满意。因为,一般来说,如果士兵应该总是在真正的人民面前低头的话,那么在那些镀了金的人民的面前则应例外。然而,葡月13日要为牧月那些可耻的日子付出多少代价呢?在葡月,你们胜利了,你们把贵族和王党分子打翻在地,这总是好的……对这两个大坏蛋进行打击,是有益的,也是它们罪有应得的。但是还应该知道打击的目的何在。胜利了就够了吗?不,还必须进一步利用胜利。这正是你们在葡月所完全没有做到的。在刚刚以内地军第一师的名义发表的索利尼亚克的贺词中,我们读到这句话:葡月13日的

人们为政府而战斗。这就是可悲的真理,而且也许是这篇令人轻蔑的文告中唯一的真理。也只有这个卑鄙的军官索利尼亚克才写得出这样的文告并敢盗用内地军的名义来装潢他这篇奴性十足的作品。是的,多么不幸!你们在葡月只不过是为政府而战斗、而取胜!……你们本可以为人民和为你们自己取得卓有成效的和决定性的胜利。你们替政府赢得胜利,可它非但不向你们表示感激,反而更变本加厉地压制人民和你们。如果将来再有机会出现,你们难道不能变得聪明些吗?那时你们是否会为人民而战斗呢?……我不能不相信你们会这样做。那个声名狼藉的索利尼亚克栽在你们身上那些卑鄙的言语、俯首贴耳的词句不能代表你们的情感!……什么!你们难道会说:"我们的刺刀就是由我们的长官来指挥!……我们的双手是为行使国家权力者而武装的!……我们是……政府的保护者!……"天啊!这种奴才的语言怎么会出自共和国士兵之口!他们的嘴巴怎能被这些扼杀自由、亵渎神明的胡言乱语所玷污!……你们竟可能说出这样的话:"统治者们!一切民权的篡夺者们!镇静些,别害怕!不要理睬那些贱民和他们的放肆的保护官不约而同地向你们发出的叫嚣!堵上耳朵别听他们的种种抱怨吧!把他们旨在反对你们的压迫的无理要求踩在脚下吧!因为压迫本来就是该逆来顺受的……暴君们!我们是你们的士兵!我们要支持你们的专制统治和一切掠夺行经。我们要镇压,必要的话,还要枪杀自己的父老兄弟!!!我们还将拿自己的姐妹母亲开膛!!!把自己的子女斩尽杀绝……为的是维持你们这种史无前例、不可容忍的统治!!!我们有责任帮助你们加强对祖国的奴役!我们应当亲手铆紧自己身上的镣铐!……怎么?难道我们不是活机器、活玩偶或毫无知觉的傀儡而应当听从操纵者任意摆布吗？是我们的长官们指挥我们的刺刀……我们是政府的保护者。再说，难道政府没有为此付给我们足够的报酬吗？我们还有什么可抱怨的呢？近来，难道我们不是得到两三倍之多的烧酒吗？还有什么东西能与此相比？要求我们以奴役同代人和后代作为得到这种不可估量的甜头的代价，这有什么关系呢？如果很快地，在一个月后、一周后或从明天起，我们的家庭和我们本人都将一无所有，又有什么关系呢？我们今朝有酒今朝醉！……过去还有人向我们许诺，甚至是保证要通过神圣的法令给我们以财产、土地、津贴……但是，难道我们生来是为了得到这些好处吗？相信革命是为了我们而进行的，难道不是愚蠢的吗？是我们的长官们交了好运。当看到督政府把 80 万法郎送给我们的波拿巴将军用来装饰他的住宅时，看到给我们的参谋长迪维诺一辆最漂亮的奥尔良火车以及诸如此类的事情时，难道我们不应该感到心满意足吗？① 这一切妙极了。这一切应该使士兵们大饱眼福，而且毫无疑问，在饱览这种情景之后他们也就知足了。此外，我们还需要什么呢？我们大部分是赤贫的农民，是工人和没受过教育的人之子。我们的父辈是一群下等人，他们极为有幸能够欣赏到他们的主子

① 有人说，对儒尔当[134]也施展过同样的腐蚀手段。有人还补充道，根据这位将军有可能推辞的预见，决定要使这种手段发挥效力，就要选择一种比对其他将军施展的更有诱惑力的方法。据说有六匹良种马，全副盔甲，还在贝内泽克[135]伯爵家举行盛大庆祝活动，并由督政府的这位受宠部长为北方军这位英雄的妻子举行了引人注目的舞会；还给予女公民儒尔当以支配卢森堡宫车辆的特殊荣誉。但是，有人证实，儒尔当对这样的谄媚几乎是无动于衷，并不因此而变节，仍然不失为自由的将军，所以他继续受到人民和士兵的信任。

老爷们的优雅风度。能允许他们当面注视有教养的人还是一种恩典呢。他们的幸福就是一个人干四个人的活,只混个半饥半饱;在得知自己的血汗果实被用以满足一小部分无恶不作的堕落懒汉的行乐和享受时,还感到心满意足。我们还能进一步要求什么呢?难道我们不正是这些群氓的后代吗?难道不正是他们让我们赤条条地来到世上吗?那么,我们只应该要求得到与他们同等的权利。不是有人谈到给土地、给养老金以酬报我们对革命的敌人作战的功绩吗?不,不,这些报酬完全不是为我们准备的。当为了驱逐那些要在法国各地点燃战火的人而需要我们参军的时候,许诺这些报酬是合乎时宜的。但是我们丝毫不应相信他们是认真地对我们许下这些诺言的。当我们回到穷苦的父老中间时,我们将像他们一样沦为乞丐的命运,像他们一样在盛气凌人的富人的统治下俯首贴耳!充当富人的苦役犯!为微乎其微的工资而夜以继日地干活,只能靠自己的汗水来湿润那半片被烈日烤得干硬的黑面包!……我们中间能够这样苟延残喘的人,已经算是幸运了!其余的人……只能去行乞,人们将看到那些支着拐杖的瘸子,那些缺下巴和断胳臂之类的人,充满大街小巷,步履艰难地向富裕的人家低声下气地沿门乞讨,在他们求乞的每一百户人家中,有九十九家对他们厉声斥退,只会有一家肯施舍那么一枚小钱,其数额只相当于买一块早点面包的千分之一……然而,共和国的士兵们,让我们对这一切都满不在乎。政府现在发给我们烧酒,就让我们自我麻醉吧!别考虑什么未来。我们甚至不必了解它为什么要给我们这些烧酒。摆脱这些讨厌的说教者吧!他们跑来对我们说,这都是为了骗取我们奴才般的驯服,以使革命得到跟它原来目的完全相反的结局。他们还说这是为了促使我们去遏制人民，因为人民期望夺回自己的以及我们的权利，并且反对篡夺这些权利的政府。他们说，在这以后就要专门来对付我们了；因为这是为了巩固和保证归还叛逃者和反革命分子被合法没收的财产，这些财产本来规定用于酬报我们的，而这些财产的收回和归还导致纸币亏损和人民破产……他们说，我们在促成革命之后又支持政府这一系列行动，就变成反革命，因为我们使革命向着有利于它的敌人的方面转变；因为我们帮助敌人收回本来已属于我们自己的财产；因此，我们所作所为正是自己放弃这些财产而保护那些从我们手中夺走这些财产的人……以上就是那些自命比别人更有洞察力的人所说的一切。但是，咱们别听他们的。有人给我们烧酒，那就是我们所需要的一切！咱们来压迫人民、亲人和自己吧！只盯着长官们，只听从他们；唯有他们应该指挥我们的刺刀。我们只不过是木头人、野蛮人和没有头脑、感觉和判断力的粗鲁人。向右看齐！向左看齐！这就是我们应该懂得的一切。瞄准！开火！而我们却不该问一问究竟是谁在我们面前。”

共和国的士兵们！这种既冷酷而又狂热的推论，有人认为就是你们的推论。但是，幸而这种推论不是你们的！不，你们不会是扼杀祖国的凶犯，也不是屠杀你们自己的刽子手。你们热爱人民一如人民热爱你们；你们将会永远保护人民正如人民保护你们一样。假使你们竟可能忘记了自己，对自己不容置疑的权利也不再坚持和要求的话，那么人民也会替你们坚持和要求的。你们早应该发现人民对你们的命运并不漠然置之，而是始终充满情同手足的关切。人民对你们的关怀爱护，对你们未来命运的焦虑不安，正像父亲对孩子那种慈爱的体现。啊！这难道不也是事实吗？而祖国，这位热情的母亲从来也没有忽略过你们，她那不安的目光和充满爱的灵魂，在你们的惊险而又光荣的生涯中始终伴着你们；当专制制度的邪恶压倒她的慈爱，而把你们置于缺衣少食的地位并使你们遭受种种很坏的待遇时，她会替你们操最后一份心，呻吟着为你们的处境抗争。因此我说，这位温柔的母亲始终关怀着你们。毫无疑问，她的孩子们也绝不会对她忘恩负义的。请听她通过人民作家向你们发出的呼声吧。再请听她在爱国者集会上发出的最强音吧，这些集会之所以被解散和禁止，主要因为它们为了你们而重提在 93 年共和国美好的日子里曾保证给予你们的要求！先贤祠协会其所以在专制主义者眼中罪大恶极，是因为它在一份致五百人院的请愿书中竟然声称：

“有人不加区别地把那些应该没收的财产交还给叛贼们的家庭，从而损害了公共财富；可以说，有人肆意把国家交给商人去宰割和掠夺，而只有富人才享有生存的特权……”

“立法机关颁发的所有法令都受上届会议体制的影响；这些法令使偏见和不信任感有增无减。在釐定金属硬币和指券之间的差价时，在确定本金以 100 和 150 比 1 的兑换比例时，你们自己就给指券以致命的打击……”

先贤祠啊！祖国的士兵们，……一听到这个词，一听到雅各宾派这个词，你们中间一些人由于受贵族阶级散布的偏见的感染，不禁产生某种恶感而退缩，但是那些判断力比较强的，不易受迷惑的人就知道，这两个名称正是人民良友的同义词。于是这些人便会寻思：这些雅各宾派，这些先贤祠的人都在哪里呢？请放心，朋友们，他们并没有死。一支在撤退的军队绝不会在溃逃。他们各自仍在秘密工作，既为了城镇人民也为了在军队中的人民。先贤祠不仅仅存在于巴黎。它也分布在共和国的不同地点。我们是这整个共和国的保护官，我们是所有这些纯粹的共和主义研究学会的荣誉成员和参加者，我们把它们的最好的研究成果收集起来，我们的义务是把这些成果向我们的弟兄们传播，向他们指出他们的最牢靠的支柱在什么地方。战士们！到北方去吧，去寻找你们的权利的真正支持者吧！这些地区的气候会使人培养起更为深沉的而不是浮华的特性，培养起更为坚定不移而不是见异思迁的特性；培养出更加襟怀坦白热心行善而不是口惠而实不至的人。去吧，到这个曾经诞生过民主的英雄、你们的保护官曾被流放过的城市[136]去吧。在阿腊斯，也有一个先贤祠，它的平民化的性质并不亚于在中央公社①被专制政权认为应夷为废墟的那个先贤祠。共和国的士兵们，就在那里，你们和人民都还有勇敢而坚定的朋友。请马上念一下他们替你们拟的请愿书，并且告诉我们他们为你们的效劳，是否至少在想法上跟你们自己所能做到的一样好：

阿腊斯爱国者联名致五百人院请愿书

“立法者们！

国民公会颁布了93年6月4日和16日法令、共和二年葡月16日法令、雪月5日法令、雨月21日法令、花月24日和牧月13日法令，毫无疑问旨在确保祖国的勇敢的保卫者们的家属能够得到

① 指巴黎。——译者

他们所迫切需要的接济！……食品过分昂贵，纸币完全失去信用！可是还要支付给他们纸币，他们缺少工作机会或者只能从工作中取得微薄的工资，所有这一切都理应一清二楚地向你们表明，迄今为止向他们提供的款项不仅微不足道，而且远远没有达到原先所提出的合理标准！立法者们！正是你们负有责任纠正这些既严重违反人道又败坏共和国声誉的弊病，……应当由你们保持执行不久前颁布的有利于自由的坚强勇敢的士兵们的各项法令的光荣！……有一个法令指出将要保留3亿国家财产并准备按份分配给每个从军队服役归来的人！你们最近所作的决定明文规定这些财产不予出售，并且保留10亿左右实际流通额[①]。这些条文无疑是好的，但是它们既不足以使士兵们，也不足以使平等之友对立法机关的动摇不定感到放心。为什么不从现在起下令执行能重新鼓舞我们在军队的弟兄们，并使他们能愉快地承受战争的疲劳和危险的那些措施呢？在等待他们服役归来之时，他们的家庭几乎都陷入最可怕的贫困之中，为什么这些家庭就不能享受有与周围的人相当的报酬呢？为什么他们就不能在这些土地上居住、耕耘呢？为了占有这些土地，那么多的英雄在各条边境线上洒下鲜血，至今每天仍在流血牺牲，……——立法者们！不瞒你们说，我们担心有人还企图剥夺他们付出昂贵代价换来的利益！那么请制止共和国敌人的污蔑吧！请你们尽快向民主派表明，对我们的战士所许的诺言不是一纸空文！请立刻下令分配这一部分你们用以奖赏他们

① 10亿实际流通额！按现在市价，300比1兑换率，这就是3 000亿纸券。这很值得提出异议。究竟值这个数额的保留国家财产在哪儿呢？

的英勇的国家财产吧！让他们不幸的亲属得以心满意足地优先享受他们由于勇敢而得到的果实吧！向他们全体提供在所分配的地皮上建筑住宅的工具资料吧，以便使他们在光荣的征战结束之时能在这些住宅受到接待！他们曾为永远保持国家的荣誉而作出巨大的贡献，让他只为国家的繁荣昌盛而起誓吧！”

签字

士兵们！这是真正的人民才这样替你们说话，但是现在某些人并不是为了这些真正的人民的利益才打算关心你们！这些人对你们虚情假意，向你们灌甜酒和烧酒；并不是为了激励你们效劳于人民，而是为了让你们下决心以同样的贱价出卖自己去反对人民，那些阴险狡诈之徒想腐蚀你们，那么他们对你们太不了解了。他们是以小人之心度君子之腹。因为他们已经签署一份如此可耻的协约，他们估计你们也会像他们一样堕落到屈从的地步。不，不，请永远做人民中的成员吧，请把手放在军刀上发誓吧——你们只为人民而死！你们过去看到，将来还能看到：人民跟你们站在一起，并同样地准备为你们而死。今天我要离开你们，如若不然，在表达了阿腊斯民主派的意愿之后，我还可以向你们提供反映人民的意愿的其他许多证据。这些下次还要继续阐述，为了永远防止专制制度出现，就要让自由和平等的呼声从各个角落升起，压倒一切残害人类的阴谋。让专制制度今天再试试借助充当它的喉舌的那些人的力量来压制这种呼声吧！……那些人受到苦难的教育，被那极度的、精心策划的、多次的背信弃义的行为所激怒，他们本身也正是这些行为的牺牲品；由于预先得知屈服会带来什么样的

后果，他们全都能够起来抵抗新的进攻，他们懂得应以计谋和力量反对那些胆敢再次向他们开战的人的所作所为。现在该轮到你们清醒了，高尚的战士们！你们同样既不是压迫制度拥护者的同谋，也不是他们的受骗者。统治者们施展种种诡计都是枉费心机的，他们是绝不会成功的。他们使用经常更新内地军的诡计；他们设法让你们跟我们疏远，因为他们能够想象到，一旦被我们唤醒，你们就不会再把我们看作是敌人了。包围我们的部队随时要被其他部队所替换。玩弄这套把戏对我们有什么影响呢？那就是使所有法兰西军队都依次来到我们的学校接受教育，阅读我们热情洋溢的文章，并且轮流地撕破妨碍他们认识真理和认清欺骗他们也欺骗我们的恶棍的那层面纱。

人民保护官格拉古·巴贝夫

巴黎　共和四年芽月 10 日

第十三号文件　M. V. 致人民保护官格拉古·巴贝夫的信件（雨月 30 日）[①]

我嘛，我也同样期望得到真正的平等。我是快六十岁的人了，一无所有，或者说几乎一无所有。我要负担六个孩子，他们太小还不能工作。不幸我对任何行业都一无所知，我既不是商人、经纪人，也不是投机商、银行家，甚至连办公室职员都不是，我有多少迫切的理由希望得到真正的平等啊！但是，这可能吗？在那阴暗的

① 文中有关的信件是对此信的回复。（见本卷第 138 页）

远方向我展示这种极乐世界又有什么用呢？我会因它永远可望而不可即而绝望。怎样才能使之存在呢？总是空话从来也没有兑现。

我从书中得知曾经均分过土地，但是此事并不能持久，为什么呢？这正是应该深入研究的问题。

因此，不仅仅是均分土地的问题，而且还应使这种制度持久。

并非只有土地应该均分，我在书中看到，某些地方在宗教团体还是类似组织中，都有人甚至试图均分精神和发明的成果。我们是否会分成小团体呢？假设如此，并假设我能绘制精美的图画，制作完善的机器，进行出色的创造，在物理学、化学、水利学、自然史方面也有各种发明，我写诗作曲，具有熟练演奏提琴、竖琴和羽管键琴的本领，歌声悦耳动听，等等，等等，我把这一切都带到实际平等的总商店去，并同我的邻居鞋匠一道去，我们领取同等的肉类、面包、饮料的票证等等，等等。这还没完；这一切还必须是持久的，必须不损害在工艺美术中追求美和完善而表现出的鉴赏力、才华和热情。但是，让我们假设，由于我具有最温和的见解和倾向，为了取得与我的邻居鞋匠的真正平等，我能够放弃修士称号，那么难道不应该放弃修道院长、隐修院长、神父、督政官等等称号吗？因为名称算不了什么。难道不应该放弃法律，也就是放弃相互间的协约吗？难道那些大公无私的领袖们不应该把正在起作用的一种平等力量置于必须永远算计，并且算计得很准确、如同烤肉铁叉的重量或手表发条一样准确无误的反作用中权衡吗？那么在这里要进行多么多的反复思考啊！

我想引用让·雅·卢梭和马布利的话，前者曾确切地说过：要

想在纯粹的民主之下生活,必须是半人半神。后者则很不相信在像我们国家这种幅员辽阔,人口众多的土地上有实现真正平等的可能性:当我一想到这些,而我却又经常想到这些,我就糊涂起来了。

保护官!给我们一个方案吧!向我们很明确地证实真正平等的可能性,证明它能够持久存在;同时也给我们很明确地指出达到这个目的的手段吧!也就是说,别让我们在无政府状态中过日子;而且,在经历许多痛苦和无谓的尝试和牺牲之后,别让我们看到比目前更糟的景况吧!

署名者　M.V.

共和四年雨月30日于巴黎

第十三号文件(续)　对雨月30日 M.V.致人民保护官格拉古·巴贝夫的信件的答复[137]

在一个真正的社会里,既不应该有富人,也不应该有穷人。
凡不愿将其多余物资献给贫民的富人,就是人民的敌人。
革命的目的就是铲除不平等并建立共同的幸福。

录自本芽月20日张贴公布的《对保护官的学说的剖析》中的第7、8、10条。

为回答雨月30日来信的作者而阐明如下的真理本应早些发表。一些特殊原因迫使我等到今日,不过我丝毫不因此感到遗憾。

本文所涉及的论题在今天比任何时候都更适宜提上议事日程,我自信现在我将会在所有令人感兴趣的题目中最重要的一个问题上引起人们应有的注意。

凡真正的共和党人都应该为 M. V. 公民对实行实际平等的可能性提出的怀疑感到高兴。如果这场为人类的新生这一崇高目的而进行的战斗得到自由之友的支持,而且他们能以过去跟封建与专制的联合政体作斗争的那种热情投入这次战斗,那么毫无疑问,特权阶级野蛮制度的垮台就可以马上给大地带来黄金时代和真正友爱的幸福,而这种幸福在我们的畸形的社会里已经完全被野心和贪婪赶跑了。

怀着对人类唯一的爱而投身革命征途的高贵灵魂啊,以理性的雷霆来轰击一切罪恶和一切暴政赖以永存的祸根即个人财富的时刻已经到来。我们所宣传的理论本身包含对人生哲学的冷静考虑以及古往今来伟人们的权威思想。唯有它能给革命定下一个合理的界限。如果革命只是改变压迫的形式,而使群众的苦难由于减轻痛苦的希望落空而加重,群众的奴役地位由于压迫者数量和恶行的增加而加固,那么这种革命就会成为一种罪恶。

在对实现真正平等制度的可能性、正确性以及吸引力的种种论据进行考察之前,为了解答 M. V. 公民的疑问,首先应当重新提起一个看来被他误解的问题。在谈过均分土地之后,他补充道:不仅仅关系到均分的问题,而且必须使之持久。

完全不对。平等制度排除任何均分;我们的社会产生的各种暴政和各种使我们受害的弊病正是源于这种均分制,这是我们父辈的贫困、偏激和无知造成的结果。

我们的任何一位祖先在要想说某一块土地是属于他的之前，就必须先有一道明文规定的或默许了的协定保证他对这块土地的使用收益权。如果这种有害的协定从未存在过的话，人们才幸运呢！因为正是它把暴力和狡诈这些不幸的后果引入社会，在自然状态下①，人们有许多理由对此抱怨不已。因为也正是这种协定把人与人隔离开来，激起他们的贪婪之心，并且在这种毁灭性的罪恶基础上来维持社会。正是它向暴徒、奸诈和邪恶之徒提供了摆脱社会公约中的自然条件约束的方法，同时却把弱者、纯朴和有德之人投入绝望与痛苦之中。也正是它使一切财富生产者受尽困苦折磨，但却使那些游手好闲者的种种享受得到尽情的满足。正是它使被强迫变成愚昧无知的群众陷入野心和狂热的罗网。最后，它也是种种暴政的根源：第一，因为如果没有沉浸在无所事事的快乐之中的希望，谁也不想成为君主、贵族和统治者；第二，因为最大阴险莫过于把那些被迫劳动直至精疲力竭、毫无享乐希望之人称为自由人，他们由于缺少时间、由于被我们的社会秩序禁锢在愚昧之中而不能使大家听到他们的呼声。

这就是为什么说再没有比私有财产或均分土地更加背离平等和幸福的了，而均分土地则是首要根源。

更有甚者，根据某些人的说法，我们社会幸福的极限可以归结为均分土地；然而，均分土地吓倒自私自利的财主，而今天所谓的社会繁荣恰好建立在这种自私自利的基础之上。因此，均分土地

① 自然权利从根本上与人们称之为自然状态的有区别。前者是经验和思考的结果；后者则是最初的感受和愚昧的产物。

只会加深弊病,并会让大家隐约感到混乱现象会很快地卷土重来,可有人却断言均分土地是整治这些混乱的良药。

现在咱们看看大家对真正平等的理解吧。真正平等是以两个基本条件为基础的:共同劳动;共同享受。

首先,因为劳动是一个必要的条件,没有这一条,合作也不存在,没有一个人能够心安理得地逃避这一条。逃避劳动的人只会使公共财富减少,或者把自己的责任推诿给旁人。

有两个强有力的理由可以作为这种制度依存的根据:第一,这种共同劳动能够增加社会财富,而在现阶段,社会只能依靠它的成员中一小部分人的有益劳动。第二,向所有有劳动能力的社会成员分派劳动,能够使那些被我们强迫专门从事繁重劳动的人从难以忍受的重压下解脱出来,而转移给其他人的只是很轻的一部分工作,这部分工作对于大家很快就能变成快乐和消遣的源泉。当广大人民群众的生活比在单纯自然状态中更悲惨的时候,我不能设想人们怎么可能真诚地认为我们的处境尽善尽美。请看看野蛮人:他打猎、捕鱼、种地,他用汗水换来的成果全都归他所有,他享受他所知道的一切幸福。而我们的雇工、农民则相反,他们不但享受不到自己的生产成果,尝不到我们的文明社会让他们所了解的那种幸福,他们还被迫把一切出卖给贪婪懒惰的财主,并且切身感受到饥饿、干渴和气候严酷之苦。

让每个人都为社会大家庭劳动吧!并且让每个人由此而得以生存、获得快乐和幸福吧!那就是自然的呼声,那就是平等不再成为幻想,每个人的自由都得到确实保障的状况。

M.V.公民,你谈到各种爱好和习性的牺牲,谈到一位艺术家与一位鞋匠得到同等的食品的问题,还谈到艺术的衰败,仿佛这一切都是真正平等的恶果,你企图由此而证实真正平等是荒谬绝伦的。提出这种异议证明你未能摆脱旧的偏见。认为恢复平等就等于变得野蛮和不开化,这是对平等本身不理解。当我们希望使大多数人摆脱无穷无尽的贫困时,当我们希望每个人的劳动能使他获得舒适满意的生存条件时,你却摆出一副忍痛牺牲的丑恶面目来反对我们。这样做,或者是不明事理,或者是跟那些由于怠惰和仇视劳动而变成平等之敌的人同流合污了。

M. V. 先生,如果您和一个鞋匠的面包、肉食、酒类和服装都出自同一个商店,有着同一式样,这真是一种前所未闻的可怕事情!然而同样地,为什么大自然竟敢把跟您一样的肠胃和感官赐予这个肮脏的家伙呢?卑鄙的人!当您的生活已经十分富裕,难道还需要拿别人的痛苦为您的幸福锦上添花吗?

所谓工艺和美术会衰败倒退,这也是那些才子们所提出的一种武断的反驳。他们企图使人相信,只要把他们骗取的荣誉、特权和尊敬剥夺了,那就会一切都完了。当然,如果这种衰败倒退必然出现,那些对美术的好处完全外行的人民群众也不会因此而感到发生不愉快的变化。但是,不必担心会出现这样一种结局;因为很显然,在我们的平等制度下,艺术可以得到普遍有益的发展,并且会打上与伟大的情感相符的高贵烙印,因为大批幸福者聚合一起必然会产生伟大的情感。公民们将吃得好,穿得好,玩得好,没有不平等现象,也没有奢侈现象:唯有共和国是富裕的、美好的、无比强大的。

的确,那些为一小撮寄生虫消愁解闷提供产品并且使他们挥金如土的工艺,将让位于其他能提高社会广大群众幸福的工艺。但是什么人才会因这种可喜的变化而感到遗憾呢?在使科学和美术从层出不穷、令人窘迫的贫困刺激中摆脱出来之后,有天才的人除了热爱荣誉外,别无其他指导思想,况且由于很快摆脱了吹吹捧捧以及梅谢尼[①]之流的利己主义桎梏,他的唯一目标将会是为全社会的幸福服务。

竞技场、庙宇和雄伟壮观的柱廊将会取代轻佻的诗歌、平庸的建筑物、毫无意义的绘画。在这个过程中,今天居住条件比畜牲还差的当家做主的人民,就会从这些纪念性建筑物和富有哲理的作品中吸取合理的养分、榜样力量和对智慧的热爱。

以上我只是对这幅动人的画面中的迷人之处略加指点而已,从这幅画面中,大家就可以找到解决问题的办法:达到一种能让每个人只需以最小的辛劳就能享有最舒适的生活的状况。

这样,全体人民所生产的丰富多彩的产品将属于群众所有,然后,他们为每个人的最大幸福而分配这些产品。M. V. 公民,你可以看到,问题并非是要迫使人作出牺牲,而恰恰相反,是要减轻群众的穷困。

你同样也应看到,在这种状况下,由于根除了贪婪,便使妒忌、奸诈和不信任也随之消除,人与人真正成为兄弟,并且一丝不苟地谋求保持一种能使所有人幸福的秩序。

法国大革命本应该实现人们不久以前还视为幻想的那些哲学

① Mécène:公元前 69—公元前 8 年,古罗马骑士,在奥古斯特统治下,他用金钱鼓励文学艺术的发展。——译者

概念。是我们开了头,也让我们来收尾吧。如果我们仍停留在我们现有阶段,那么人类将不会感谢我们的。

为了从我们这种恶劣状况过渡到我所主张的那种状况,必须做到:

一、把现有一切财富集中在共和国手中;

二、让每个有劳动能力的公民根据其能力和实际经验参加劳动;

三、利用劳动机会,促使那些相互协助的人关系密切起来,并给那些现在只起积压财富作用的人指出新的方向;

四、不断地把土地和工业的所有产品聚集到公共仓库里;

五、平均分配生产品和安排娱乐机会;

六、堵绝一切私有财产和私人贸易的源泉,并用委托公共权力机关考虑周全的分配方法取而代之;

七、建立公共教育院,在那里每个人将培训最适合于其体力和爱好的工作。

这样,个人主义将不再是个人的活动和工作的动力,无论其产品品种为何,用途为何,他们都只能得到同样的食品和衣物等作为报酬。

富人则从以上办法得出下面两种相反的意见:

一、饮食的需求以及改善现状的愿望是劳动和再生产的根源;一旦这种需求和愿望被摧毁,劳动就会中止,再生产就会停顿,从而社会也就会崩溃。

二、如果任何一种劳动都得到相同的报酬,那么就不再存在致力于有益社会的发明创造的科学研究活动的动机。

我的回答是:

(一)很容易就可以使所有人懂得,每天从事一种短时间工作就可以保证每个人过上一种比较舒适的、摆脱经常损害我们健康的种种烦恼的生活;那些今天劳动得精疲力竭,却所得甚少的人,一定能同意少劳多得的。

此外,这种异议完全建立在从劳动中形成的令人感到痛苦的思想之上。而在我们的制度下,劳动一旦能考虑周全地、普遍地进行分派,就会变成甜蜜有趣的工作,没有一个人会逃避它的。

(二)我相信,有足够的证据说明促进科学的进步,更大程度上依靠人对荣誉的热爱而不是对财产的贪得无厌;而且在这种情况下,我们这个真正富有哲理的社会由于拥有一切手段来对有贡献的人进行十分果断、毫不含糊的表彰,从而也就有权利比现在腐败社会更加倚重他们;而在现在这个社会里,有才能的和有道德的人受到蔑视,注定生活贫困,他们几乎总是看到愚昧和罪恶的人拥有大量的财富。

我谈得那么多,为的是使大家在读的时候能够真正感觉到构成我们现有一切制度基础的贪婪和自私的原则是可憎恶的;同时也为了结束动乱、灾祸以及分裂和压迫我们的暴政;应该把我们重新安置在一个真正的社会环境里,在那里每个人都能根据相同的股份取回相同的利润;经济学家的所有推理都无法说服那些通情达理的、心地善良的人,因为那些什么也不干的人不但得到一切,而且还奴役、凌辱、虐待那些什么事都干但却几乎一无所有的人,这简直成为天经地义的事情。

M.V.公民还以缺少一种管理制度,而共和国的领土又过于广衷作为反对我们的平等制度的理由。

回答并不困难：

一、负责维持这种结构极为简单的管理制度的人，应被视为建立共同幸福必不可少的劳动者；同时，由于其他公民非常热衷于对他们实行监督，他们永远不能获得比这些公民更多的享受，因此无须担心他们会无视人民的意志而维持自己的权力。

二、如果在一个小部落范围内，有偏见的人用以反对劳动和共同享受而制造的种种困难能够很容易得到克服的话，那么也没有什么东西可以妨碍在像法兰西这样一个大联盟里同样容易地克服这些困难。首先，谈到劳动，不难设想全体公民会怎样地在各自居住的地方，根据土壤的肥力致力于劳动。至于向共和国的所有公社平均分配消费物品，或对所有那些根据它们与不同地区的关系而能够参加分配的公社进行这种分配，那么，一个贤明的权力机构，既然摆脱了由于当今统治者和被统治者的贪婪自私而带到这些分配过程中的障碍，我看不出它有什么理由不能为那些目前尚受投机商盘剥而经常缺衣少食的公民进行更令人满意的分配。

依我看这样才合乎事理：

一、由于制度开明，艺术将处于更能发挥作用的位置上；同时由于向农村靠拢，可以消灭万恶丛生之地——大城市，并且使大量幸福居民居住的法兰西乡村子孙繁衍，任何东西都无法阻止这种繁衍。

二、受过公共教育而有教养并习惯于劳动的人他们对祖国的热爱更甚于今天对家庭的热爱；而且由于人们能够很了解情况地评议公众事物，从而将给全世界做出第一个讲民主讲道德的榜样，而这种民主和道德是由广大人民以雄狮般的勇气来维护的。

三、法兰西人因为没有金钱、没有贫困、没有忧烦和没有要为未来积蓄的欲望,就能心情舒畅地为祖国尽共同义务——劳动,因而能尝到大自然赋予的快乐,并且在公共节日中、在讨论法律和教育青年一代的过程中度过闲余的时间。

四、社会要从诉讼、仇恨、妒忌以及一切由于财产的恶果中解脱出来。

五、法律化为非常简单的原则,只成为增进社会知识和消遣的一门艺术。

六、当祖国在危机中,通过每天增加半小时的劳动,就能找到更多的士兵和今天欧洲所有金融家们无法提供的财源。

啊,我的同胞们!那就是自由、和平与幸福。那就是医治那么多的分裂和叛逆活动唯一的灵丹妙药!而这些活动要么最终导致奴役制的建立,要么最后随着共同幸福制度的确立而消灭!最后当我们恢复了理智而停止相互妒忌、相互斗争、相互损害的时候,究竟会遇上多大的阻力呢?一些人的愚蠢,另一些人的怠惰以及种种恶习都使得这些人内心充满骄傲,他们对自己的同胞的不幸漠然视之,而这种不幸正是由于他们为富不仁造成的。

祖国的朋友们!明智的爱国者们!该由你们来结束革命了。该靠你们的道理和著作来根除暴政和不幸的根源——个人主义了。该用真理来最终摧毁王权主义了,它正是骇人听闻的不平等的结果和起因。这种王权主义还将在不论什么样的政府形式下存在,直至实际平等和民主在各方面占了上风,摧毁了一切不公正现象,并且剥夺了某些人折磨、欺压、伤害和压迫其他人的反社会力量为止。

如果权贵们并不热衷于反对人们开展社交活动的话，那么我认为事情的成功已经十拿九稳了。因为，只要能真诚地向人民把事情讲清楚，我毫不怀疑人民会马上赞成平等的。但是，一旦事情跟权贵们的拙劣用心和胡思乱想发生抵触，那么那些勇于为群众竭尽己责的人就应该准备不仅仅要受百般折磨，而且会被说成是强盗、纵火犯和保王党，这种情况目前已屡见不鲜了。的确，说那些推翻了王位的人，那些不能容忍任何不平等，当然更不能容忍苦乐不均和财富不均的人会喜欢王权，这是令人难以置信的；因为王权就是不平等现象达到登峰造极时的体现。然而，到头来还总会有一些蠢货相信这一点的，因此爱国者们必须宽宏大量地忍受这种新的侮辱；除非他们为捍卫人人的幸福而献生，在后人的心目中，革命将会是哲学上的一个瑕疵，也是他们的一种罪过。

余下我还要消除 M. V. 公民最后的一个疑虑，他担心在从现存制度向平等制度过渡的时候会出现无政府状态。

爱国者们！同我一起高呼吧：哦！我们的同胞们！让我们把黄金投入大海，大家共同劳动，大家共同享乐，摈弃游手好闲的习惯和奢侈豪华的作风吧！这些豪言壮语是以明智的推理为依据的，它将会把大家似乎在担心的一切犹豫不决、左右为难的现象从改革中抛开。然而，如果在这个过程中真的会出现从未伴随我们的全国性伟大运动出现过的种种偏向，那么我要说这些偏向乃是垂死的无政府主义所起的最后的影响作用。严格地说，混乱和无政府状态实际上存在于欧洲当代所有的社会里，在这种状况下，人民被种种借口和手段剥夺了所有的权利。当然，很值得冒一下暂时会出现若干偏向的风险,以便结束那有组织并持续存在的极端无政府状况,从而重建一种幸福的制度;这种制度由于能实现哲学家们对革命所作的预言,所以从一切迹象来看它最终会震撼仍然使我们不得安宁的那些政府的统治。因为迄今为止,尽管我们曾作过大量的宣传,然而这些政府的臣属们尚未能从我们的变革中看到普遍幸福的清晰而明确的标记。

共和四年芽月 28 日于巴黎

第十三号文件(附件):

(一) 新歌——郊区工人之歌[①]

调寄:“这真令我悲伤。”[②]

一切权利被剥夺,
饥寒交迫的人民,
　　匍匐底层你多么悲伤:　　(重复)
昔日你宽宏大量,
富豪却厚颜无耻,
　　高踞上方他多么欢畅。　　(重复)

新贵们黄金满仓,

① 西尔文·马雷萨尔词。
② 〔“墓穴的钥匙”第 428 号〕

不劳不作无忧伤，
　　占巢吮蜜多么无耻。
而你，劳苦人民，
空羡鸵鸟吞沙石，
　　苦无此技多么悲怆。　　（重复）
召唤格拉古们的幽灵吧，
还有庇柏利柯拉[①]、布鲁图斯们[②]，
　　让他们护卫你吧！　　（重复）
勇敢的保护官哟，
快快写出神圣的平等法，
　　我们期待着你啊！　　（重复）

对呀，保护官，该结束了，
让你的笔锋吓煞
　　卢森堡宫和维罗纳宫[③]！　　（重复）
平等王国朴素无华，
它不需要
　　羽饰和王冠[④]！　　（重复）
在那悠悠岁月中，

① 庇柏利柯拉（Valerius Publicola），罗马共和国奠基人之一。——译者

② 布鲁图斯（Brutus Lucius Junius）曾把土耳其人驱逐罗马并创建共和国（公元前509年）。——译者

③ 象征王权与贵族，其头面人物居住在卢森堡宫。

④ 羽饰是督政府成员的装饰品。

富人只给人民猪食充饥，
　　这是千真万确！　　　（重复）
我们居住的城郊，
卢森堡的还是旺代的朱安党，
　　统统都不要！　　　（重复）

哦，你们这些制法机器，
把笨拙的财政计划付之一炬吧！
　　无须后悔懊恼；　　　（重复）
啊，让我们来吧，
平等定能带来富足充裕，
　　无须你们关照。　　　（重复）

一纸拙劣法令，
督政府禁止我们动笔，
　　咱们就不写！　　　（重复）
为了共同幸福，

让下层每个好兄弟，
　　都参加密谋！　　　（重复）

双议会缺才少智，
五督政终日惊颤，
　　唯仗长矛锋利，　　　（重复）
士兵受宠爱，

民主被扼杀，
　　这就是共和国！　　　（重复）

唤！战胜国王，同胞骄傲，
誉满天下的士兵呵，
　　却把良民逼上绝路！　　　（重复）
咳！再也认不得你们了，
哎，什么，你们要充当
　　深宫禁院的卫士吗？　　　（重复）

团结一致的人民和士兵，
曾把王位和巴士底
　　砸个稀巴烂。　　　（重复）

新暴君和政客们只害怕，
人民又和士兵
　　团结如一家。　　　（重复）

我清楚预见到
作歌的代价是坐牢
　　这真叫我悲伤！　　　（重复）
人民将熟悉我的歌，
还会为作者做祈祷，
　　这真叫我欢畅！　　　（重复）

(二)　外一首

人奴役人的卑鄙法典
过于长久地存在过,
强盗的统治垮台了!
我们终于自己当主人。

听到我们的呼唤,
醒来冲出茫茫黑夜!
民众们!夺回自己的权利,
阳光普照全世界。
}总叠句

大自然啊,仁慈的母亲!
你把我们造成平等人,
为何却把万恶的不平等,
带到财富和劳动之中?

(叠　句)

成千上万卑微的奴隶啊,
为何匍匐在四五个暴君旁?
为何有小人物又有大人物?
起来吧,勇敢的无套裤汉!

(叠　句)

童稚时代的人类啊,

没有金钱，没有战争，
没有等级，没有君王，
没有奢侈，没有贫困！
神圣美好的平等啊！
充满大地，滋润大地。
在这些极乐的日子里，
阳光普照全世界。

大家相亲相爱，
幸福生活，共享安逸；
懊恼沮丧，可耻争吵，
与此毫无关联。

（叠　句）

唤！瞬间野心出现，
招摇撞骗为术，
斗胆篡夺民权，
策划阴谋凌辱人民。

（叠　句）

王子和随从，
富豪和穷汉，
主子和仆役，
同样都是人。

(叠　句)

强盗行径多卑鄙,
披上法律教规的外衣;
罪恶被称为德行,
贫穷却成为抢劫的代词!

(叠　句)

唤!科尔耐莉亚[1]不朽之子,
用你们宽宏大度的计划,
对付杀人犯们的凶器,
也无法挽救你们的生命。

(叠　句)

哦,马拉!圣茹斯特!罗伯斯庇尔!
你们是法兰西人的莱喀古士[2]。
你们考虑周全的计划,
已使我们感到有益的效果;
富人和他们的祭坛,
重被沉沉黑夜笼罩,
人类又能反复歌唱:

① 科尔耐莉亚(Cornèlia)是格拉古兄弟之母。——译者

② 莱喀古士(Lycurgue)是公元前4世纪斯巴达的立法者,他周游数国之后,采取彻底改革的措施。——译者

阳光普照全世界。

你们高尚的工作
把我们带回大自然:
这要付出多少代价?
断头台,谋杀和拷打。

(叠　句)

庇特的金钱和安古拉的呼声,
打开了新的深渊:
俯首贴耳还是为非作歹,
选择死亡或犯罪。

(叠　句)

民众们啊,从深沉迷梦中醒来吧!
割舍对美妙远古的眷恋吧!
那最可怕的号角声唤起
对貌似幸福的罪恶的警觉。
仔细倾听我们的呼声呀,
你们冲出来吧!

(叠　句)

注:这些歌曲是在同一时期,在秘密督政府关照下传播的。

第十四号文件　向爱国者急进一言[138]

朋友们！今天我本来不想对你们讲话。我中断了一项旷日持久的工作,急忙赶来对你们说几句非常紧要的话。请你们听着:这些话跟你们有极为密切的关系。

真理胜利了。一切压迫者吓得面如土色。人民之友擦亮了人民的眼睛。军队也看清了形势。任何障碍也无法阻挡力量的洪流。我们的统治者看到这一切,为避免垮台,他们刚刚改变策略,因为垮台的结局只会使我们感到欢欣,使他们感到绝望。

十至十二天以来,他们断定迫害和凌辱那些最优秀的公民的做法已经不再是他们手中的有效武器。于是他们便代之以阴谋诡计和令人恶心的谄媚。凶恶的豺狼摇身一变而为能够随机应变、迎合人意的狐狸。别上当受骗,他们始终都是肉食动物;他们的本性丝毫没有改变,并且永远也不会改变。今天他们对你们笑里藏刀,明天他们就会吞食你们。

以下便是我要提醒你们注意的问题。

塔利安、勒让德尔、巴拉斯们的密使以及这些正人君子们本人都在频繁活动,他们做大量工作试图使你们落入最可怕的陷阱之中;他们利用你们的义愤去对付所有给你们创造苦难的罪人,其实在这些罪人中,他们就是首犯;可是他们却恬不知耻地假装与他们无关,或者起码装出他们今天已经同迫害者分道扬镳;其实那些迫害者只是按他们的指令和在他们授意下行事的;他们竟敢向你们表示他们现在准备成为原来由他们自己所犯的,或指使别人所犯的滔天罪行的复仇者。应该向你们指出他们的居心何在，指出他们在你们脚下挖了多深的新陷阱；不过在这之前，必须把他们施展阴谋的过程告诉你们。

他们把一些新的坏家伙与费某某[①]及从前的同伙串通一气，在此我们可以列举这些人的全部名单；不过我们今天只引其中两个人的名字，他们的行为是比较露骨的。李某某[②]和苏某某[③]（后者还自称文人），他们近几天来在土伊勒里宫随心所欲地拉帮结派。他们令人钦佩地完成了自己的使命——通过煽动而使民情沸腾达到顶点。他们向那些愿意听他们讲话的人说：两个议会都毫无例外地由恶棍组成；巴拉斯和卡尔诺都是出色的共和党人，他们有责任结束人民的痛苦并拯救祖国；正因为如此，所以存在一个谋杀他们的可耻阴谋；因此，必须和他们以及他们的朋友们联合起来，刻不容缓地武装起来并敲响警钟。

对于这些事实，我们还要补充下述情况：

近几天来李某某一直在土伊勒里宫平台上向一位真正的民主派开展工作，以便向他灌输这种串通联合的思想，当话题涉及有人似乎在那么重大的事情上操之过急的时候，这位民主派人士听到的却是李某某对这种见解的反对意见。这时候，他们被勒让德尔碰上，李某某向勒让德尔打听时事新闻。这个牧月屠夫回答道，他不理解爱国者们何以能听凭人民的保护官的驱使，这位保护官似乎更热衷于攻击最优秀的共和党人，如巴拉斯和卡尔诺；其实只应

① 原文为 Féx.——译者

② 原文为 Rich…——译者

③ 原文为 Soul…——译者

向那些他了若指掌的恶贯满盈的人，如伊纳尔和他的小集团猛扑过去；爱国者应该团结一致消灭这些人；而且大家都应该彼此忘记相互之间可能犯过的小错误，云云。

在相隔几步的地方，另一个告密者又向一位民主派打听：他是否见过这样一个人，这个人对巴黎某个区具有一定影响，有人要转告他来自塔利安的一些好消息；这个阴谋家又补充道："你是爱国者，你不是外人；几天之内，炸弹必须爆炸，警钟必须响起。我要找这样一个人，把消息告诉他。"

阴谋相当巧妙，所准备的诱饵并不比过去让你们受骗上当并成为牺牲品的那许许多多的诱饵来得差；但是难道你们还会成为这种诱饵的受骗者、牺牲者吗？

很清楚，那些从来没有停止谋杀你们、饿死你们，并用无数锁链绞杀你们的人正是怀着这种愿望的。

首先，他们要挽救自己的脑袋，因为他们看出人民大陪审团确认他们犯下空前绝后、不可胜数的罪行，已准备执行早已作出的严厉的判决。他们断定要达到挽救自己的目的，只能假装投入民主派的怀抱；他们认为，欺骗这些民主派要比说服他们容易得多，他们曾想象可以说服后者，让他们相信如果没有一些当权者的协助人民就无法得救。

但是，人民是怎样估计他们这种以保住自己的脑袋为目的的打算呢？难道爱国者竟会如此轻信，只有真诚地为民主效力就可以补偿过去用最卑鄙的手段摧残民主的罪过，并且由此而得到民主派的宽宏大量的原谅吗？难道爱国者竟会如此轻信，以至认为那些在革命运动之中或之后放弃了政权、最高权力和立法创议权的人，是为了使自己能够平静地生活在单纯的民主法律之下，并且得到一个宽宏大量的国家神圣的大赦的庇护吗？不，不，那绝不是他们的打算。压迫者看到民主原则占了上风，他们自己的宝座摇摇欲坠，人心丧尽，而人民的保卫者却赢得全部人心。[①] 他们自负，应当炮制一种新的运动，以便使他们有可能立即把所有还得到人民信任的人、人民利益的维护者以及所有那些还能够在人民的事业中起积极作用的人，吸引到这个运动中来。这是他们所要实现的整个大屠杀体系的最后一个环节；把剩余的爱国者一扫而光——这就是他们想要做的。他们说：我们要拍这些爱国者的马屁，讨好他们，对他们提出的一切要求都满口答应。那么事情会怎么样呢？由于我们所采取的这种态度，只要我们能够始终掌握运动的主动权，而这种运动将永远使我们摆脱他们以及我们所有其他敌人的控制。我们要防止他们采取任何敌对的行动；对于他们通过开展工作而对民意所起的任何有利于他们的事业的影响，我们要加以消除；我们要成为他们的首领并且不断巩固我们的权力。就是这样：我们，巴拉斯，弗雷隆，勒让德尔，还有塔利安，要当领导。不过，我们的已经败坏了的名声不能够把全体人民群众团结在我们的周围；大多数人会惶恐地退避并且拒绝在我们的旗帜之下行进。这也正是我们所需要的。我们只要把我们所收买的帮凶爪牙集合起来，同时把一群热情洋溢而却冒失轻率，因而我们的爪

---

① 在邦纳罗蒂原书中接着写道："在我们所利用的稿本中在这里有一大段空白，我们没有办法找到完整的稿本。"然而在 1963 年出版的俄文版下卷中，已根据巴贝夫发表在《人民保护官》第 42 号上的文章把这段空白填补起来；下面我们根据俄文版补译出空白段落（从本页到 164 页），以〔 〕号为志。——译者

牙得以把他们引入歧途的爱国者的中坚分子集合起来；这些中坚分子往往急不可待地想要投入据他们看来可以挽救他们的事业的任何行动，而很少考虑到是非曲直。这样的话，我们只会有局部的行动，而这也正是我们所需要的。这样的行动使我们不必担心自己会威信扫地，而且使我们有可能开展一个主要战役，以保障我们在其他一切方面取得成就。对于我们来说，这部分中坚分子就足以利用来对那些跟我们不是同一类型的王党分子进行致命的打击。像罗维尔、伊纳尔、朗热内、布瓦西之流的人物，需要的是老牌的国王，而我们则需要新牌的国王，我们想自己来当这种国王。这样，我们便可以跟那些没有头脑的鼓动家一道干掉路易十八的维护者，一旦这些头子们垮下来，那种跟我们对立的保王主义就不复存在，我们的政权也就会得到巩固。那些鼓动家们会像在葡月的时候一样，要求我们去实现我们的冒险计划的另一项成果；然而，像在葡月那时一样，我们会轻而易举地让他们闭上嘴巴，不再行动。我们会向他们宣布：够了！现在不需要再干什么了，你们先休息一下，等有时间再叫你们。但是，我们不会让他们长时间睡大觉，我们还有一个叛党要消灭，我们肯定要歼灭那个无政府主义的政党，而这个党只会比王党多活几天而已。我们要布置一次大屠杀，然后就可以肆无忌惮地对一群地地道道的奴隶实行统治。

朋友们！这就是他们的阴谋，这就是他们的充满恐怖的机密。在这种机密被揭露以后，还有什么人能够如此可悲地甘心受骗呢？

不，我们不需要局部行动！毫无疑问，为数众多的爱国者和人民群众，绝不会在什么巴拉斯和塔利安的阴谋号召之下离开原地半步。我满怀希望地认为，在我提醒大家警惕之后，他们甚至找不到两个甘受蒙骗的人。是的，是的，他们的反基督教者，他们的虚伪的预言家们，还会白费气力地瞎折腾。可怜的奴才！到处攻击共和党人吧！散步的时候在大街上拦截他们吧！到处用自己的恬不知耻的嘴脸去激怒他们吧！你们的杀人毒药将在我们的灵验的抗毒剂前失去作用。他们会推开你们，对你们和你们的花言巧语报以应有尽有的种种蔑视。我要对你们的主子说，今后他们能给你们的一切就是白白花钱罢了。

人民只能在真正的解放者的号召之下全体行动起来，他们能够根据可靠的标志来识别这些真正的解放者发出的信号；在得到后者的信号之前，他们一直安静地在等待，他们不愿意由于仓促从事而丧失一切。在经受那么多的苦难以后，为了保证自己的解放，他们宁可等得久一些；不论他们的朋友怎么说，他们会说服自己的朋友："拯救祖国的时机还没有来到。"

至于我们，我们也同样地希望摆脱保王主义的元凶们的有害影响，但是我们同时还希望摆脱假共和头目的影响。我们不想在两种专制制度之间进行选择。我们对路易十八的真正代表人物无比痛恨，然而我们对于在玫瑰花的掩盖下给我们套上重轭的那些伪善的压迫者则更加痛恨。赶快站在弗雷隆和勒让德尔、巴拉斯和塔利安一边吧！原谅这些人犯的小错误吧！他们事实上只不过犯了些微小的过错。塔利安所做的一切，只不过是开创了我们的苦难的伟大时代，不断地维护自己的罪行，热心地领导一切反动的勾当，从而使人民的权利一个接一个地完全丧失掉，使人民遭受无穷无尽的苦难；巴拉斯所做的一切，只不过是在热月、芽月、牧月和葡月的日子里当了独裁者；其间在葡月的日子里犯了较大的罪行，那就是把爱国者引入歧途，答应他们在他们拯救国民公会后将引导他们去争取自己的权利。勒让德尔所做的一切只不过是，在某种情况下他手持武器去反对人民，而在美好的反动时期来到以后，正当要不择手段地残杀和宰割人民的时候，他表现得特别残酷，是一个名副其实的刽子手；至于弗雷隆，这个人实在不值一提，他只不过把匕首交给一切凶杀者，他依仗一系列的官方命令，还借助于所发行的日报，组织和领导了对最有德行的爱国者的大量的屠杀，十八个月来这些爱国者的鲜血不断地洒在法兰西的土地上。在这一切发生之后，你们还应当拜倒在这些至高无上的正人君子的脚下，应当恳求他们来当你们的救世主，并且对他们表现出最充分的信任。当这些可怕的人物敲响集合鼓的时候，你们应当赶紧行动起来，以便让他们带领你们去歼灭他们的敌人，而事后他们会给你们安排一次牧月大屠杀来奖励你们。在革命期间人们做了不少令人悲痛的蠢事；这种蠢事不能再做，也不会再做。人民的保护官对此不能容忍。不！人民说什么也不能再起来在那些经常对他们施加暴行的人们的指挥下战斗。我禁止他们这样做！！……

现在有人在谈论联合，谈论和解，并且谈到忘掉错误和误解。说忘掉错误和误解，那倒可以，但是要忘掉不断犯下的罪行，那办不到！我们要把所有由于受蒙蔽而仅仅充当了工具的人，那些抱有真诚的愿望但犯了错误的人，以及那些想为祖国服务但反而打击了祖国的人，统统吸收到自己的队伍里来。但是，我们不会表现出丧失理智的卑躬屈节，我们不会同意让这些人现在来领导我们，目前的问题在于要医治他们给我们造成的创伤。当他们对我们说（但现在他们还没有对我们说），他们要弥补一切罪行，并亲自消除这些罪行造成的恶果时,我们不会愚蠢地相信他们的。我们甚至不应该容忍这些无耻之徒拿起枪,像普通士兵一样站到我们的队列中来。如果法兰西人民不对他们这样做,那就是最懦弱的民族:它再也不配得到任何一个坚强而明智的人的帮助来使自由获胜。

公民们,请好好听听这个真理,别那么害怕在元老院中的王党分子;他们不过是我们的奴仆。我们有能力对付他们蓄意伤害我们的行为;而他们同一个反对党的斗争对我们是有利的。如果所有的统治者都属于一个党派,他们就会有更大的力量来反对人民的政党。

人民的政党必须能够独自地——战胜把偶像分别设在维罗纳宫和卢森堡宫[139]的保王党,而无需借助其中任何一方的力量。如果以防止他们会提高警惕为借口,而对这两个王党隐瞒我们的敌对意图的话,那是荒唐的。他们很久以来就已经注意到我们的意图并且千方百计地进行破坏。现在再也不能利用武力或舆论来达到破坏目的了。所以才乞灵于阴谋诡计。对于他们这一绝招,我们仍然会制胜的。我要正大光明地用计谋来对付他们。谨慎派的傻瓜蠢货们也许还会说最好还是把自己隐蔽起来。我说让大量的无套裤汉的军队看到自己的军营是绝对必要的,也是时候了;况且这个军营的存在,这一次也是同样地瞒不过敌人的。我们要战胜他们,而且能够战胜他们,但再也不是靠出其不意的办法,而是采用一种跟人民的身份更为相称的办法,那就是公开的实力较量。远远抛开那种让我们相信自己无所作为,而永远需要有统治者和我们一起的懦夫之见吧!统治者进行革命,只是为了永远进行统治。而我们想最终进行一次革命，通过实现真正民主而永久保证人民获得幸福。无套裤汉们！让我们摆脱那种只是单纯地憎恨某几个人的思想吧！我们是为了面包、富裕和自由才行动起来的。我们不要把自己引入迷途，不要把我们的注意力从跟我们的利益息息相关的真正目标上转移开。我要对你们说，而且要反复说：那种认为你们单独干、自己干就会一事无成的想法是错误的。只有人民自己，只有在人民成为唯一的力量的地方，才会永远做出伟大的、无愧于人民的事业。因此，只有当你们看到来自人民群众的人物出头露面并行动起来的时候，你们再行动也不为迟。你们不要受骗上当，别乱找解放者，别认错了旗号。千万别被替我们的敌人进行种种蛊惑煽动的密探们的另一种诡辩所愚弄：他们说他们有自己的士兵。他们在撒谎，士兵们根本不属于他们，士兵都是我们的人，这是由于他们所接受的教育决定的；同时也是由于他们目前的意图所决定的。是的，士兵们只和我们一起前进，并且只为了我们而前进。如果那些欺压我们的坏蛋给我们派来一支庞大的军队，那就再好不过了。如果他们增加军队的数量，那就更好，我们会因此更加强大。事情就这样定了，我们灌输的思想已经在军队的弟兄中间扎下了根，他们和我们一样来自人民，他们和我们有着共同的事业；暴君们对他们采取频繁调动的办法，只不过是自我欺骗而已：新来者会接受他们前任们的教诲，而那些离开者则会把我们铭刻在他们心中的信条带到其他地方去，从而使我们的深得人心的毒素得以到处传播。不，不，无论是平民的或是军队的宗教裁判所，都再也不能阻碍向士兵、工人宣讲我们的信条，他们如饥似渴地倾听着，并且从中吸取传播民主的最活跃、最令人陶醉的酵

素。人民啊！这样，你们的人员是足够的，因为这里面不仅包括你们全体，并且还有很大一部分有人想把他们引入歧途来反对你们的无套裤汉士兵，这样，在人民的日子来到的时候，当来自人民的人物向我们指出这个幸福的日子的时候，我们要追随他们并且只在他们的领导之下，朝着必胜的方向共同前进。

人民保护官

格拉古·巴贝夫

第十五号文件　救国起义委员会告人民书

（起义法令）

平等　　　　自由

共同幸福

法国民主派有鉴于：人民所受的压迫和苦难已到了无以复加的地步，这种暴虐和悲惨的状态是现政府所造成的；

鉴于统治者的作恶多端激起了被统治者的怨诉，这些怨诉虽日有所闻但却无济于事；

鉴于人民在 1793 年宣过誓的宪法被人民置于一切有道德的人们的保护之下；

因此，当全体人民失去一切反抗专制政权的保障手段时，就要依靠有道德的人们当中的大无畏者来发动起义，并且领导群众的解放；

鉴于在1793年这同一时期所确认的人权向全体人民以及他们当中每一部分人指明：举行起义反对那个蹂躏他们的权利的政府，是最神圣的权利和最必不可少的义务之一；并且规定每个自由人可立即处死那些篡夺最高权力者；

鉴于一个阴谋集团篡夺了最高权力，以其集团意志取代了在1793年初级会议中曾自由地、平等地表达过的大众意志，并且在迫害和屠杀一切自由之友的前提下，把一个称之为1795年宪法的万恶法典强加到法兰西人民头上，取代了曾被热情地通过的1793年的民主协约；

鉴于1795年专制法典违反了人权中最可贵的部分，它在公民之间制造差别，禁止他们行使批准法律、修改宪法和集会的权力，限制他们在选择公职人员方面的自由，并且不给他们任何可以反对统治者篡权的保证；

鉴于这个十恶不赦的法典的炮制者无视人民的最高意志，窃取唯有全国人民才能委以他们的权力，不断地举行叛乱来反对人民；他们或是亲自出马，或是借助于一小撮乱党和人民公敌的力量来上台；一些人成为独立于人民的立法者；

鉴于这些压迫者在干尽一切坏事使人民离心离德之后，在侮辱、践踏并消灭自由与民主的标志和制度之后，在杀害共和国最好的朋友、召唤并保护共和国最残酷的敌人之后，掠夺并耗尽公共财富，攫取所有国家资源，使共和国货币完全失去信誉，出现最可耻的信用破产；他们满足了富人把穷苦人民的最后几件破衣烂衫都搜刮一空的贪婪之心，而后者近两年来每天都在饥饿死亡线上挣扎；然而，压迫者对犯下这么多的罪恶还不满足，还以一种经过精心策划的暴虐手段，巧取豪夺人民的一切，甚至他们的申诉的权利。

鉴于他们策划并赞助在西部各省内保持内战局面的阴谋，然而却装模作样地搞什么和谈来欺骗国民，这个和谈的秘密条款规定了违反法兰西人民的意志、尊严、安全和利益的条件；

鉴于他们就在最近还向一伙外国人求援，欧洲所有主要的阴谋家此时都聚集在巴黎，以完成反革命的最后行动；

鉴于他们刚刚以一种可耻的方式来遣散和对待军队中那些大义凛然地拒绝帮助他们实现反人民的残忍计划的士兵；他们竟敢审判那些最有力地反对压迫者的勇敢的士兵，更无耻的是把士兵们反抗暴君们的意志的高尚行为称为保王思想；

鉴于要了解并全部描述这个罪恶政府屠杀人民的过程，是很困难的，而且需要很长时间；这个政府的每种思想、每个行动都是对国家的犯罪；所有这些罪证已经在整个共和国以斑斑的血迹记录下来；鉴于在各省已经一致发出了镇压它的罪恶活动的呼声；而跟压迫者最接近的那部分公民实有义务转而对压迫制度进行攻击；这部分人对全国的自由负有责任，但是过久地保持沉默会使他们成为专制制度的同谋；

最后，鉴于所有的自由卫士都已做好准备；

在组成救国起义委员会之后，他们负责发动起义，并且颁布命令如下：

第一条　人民进入反抗暴政的起义状态。

第二条　起义的目的在于恢复 1793 年宪法，恢复自由、平等和普遍幸福。

第三条　今天,从此时此刻起,男女公民都应从各自所在的一切地点出动,不必结队成行,也不必等待邻近各区一致行动,各区都会随之前进的。一俟听到警钟号角响,立即在爱国者指挥下集合起来,起义委员会授给爱国者的军旗有下列字样为志:

1793 年宪法

平等　　　　自由

共同幸福

其他旗号写的是:

"当政府侵犯人民的权利时,那么起义对于人民以及每一部分人民来说,乃是最神圣的权利和最必要的义务。

"篡夺最高权力者应被自由人处以死刑。"

人民的将军的帽子应扎上显眼的三色绶带,以资识别。

第四条　全体公民携带武器,如无武器则携带一切其他进攻性工具,唯有在上述爱国者的指挥下,奔赴各自所在地区的中心地点。

第五条　起义者夺取他们在任何地方找到的各种武器。

第六条　认真把守城门和河道:如无起义委员会的正式的特别的命令,任何人不得离开巴黎;只允许邮差、食品运输人员入城,并保障他们的安全。

第七条　人民占领国家金库、邮政局、各部大楼和所有存放粮食或战备物资的公私仓库。

第八条　救国起义委员会命令驻扎在巴黎郊区那些曾立誓为平等而牺牲的神圣军团支持各地人民的力量。

第九条　号召从各省流亡到巴黎的爱国者和被撤职的勇敢的

军官们在这场神圣斗争中要表现突出。

第十条　两院和督政府都是人民权力的篡夺者,应予解散。其所有组成人员均应立即交付人民审判。

第十一条　任何政权在人民政权面前均停止行使权力,任何所谓的议员、伪政权的成员、督政官、行政官、法官、军官、国民自卫军士官或其他任何公职人员都不得行使任何权力或发布任何命令;违者立即处死。

如在街上发现任何一个所谓立法机构或督政府成员,应予以逮捕并立即押往其日常办公地点。

第十二条　一切反抗行为均将就地以武力镇压之。一切反抗者均将予以歼灭。

下述人员同样均应处死:

擅自敲响或令人敲响紧急集合的钟鼓信号者;

在街道上发现的不论属于什么国籍的外国人;

胆敢抛头露面的曾参与葡月王党阴谋的所有主席、书记和军官。

第十三条　命令所有外国列强的使节在起义期间一律留在他们的住所内;他们受人民的保护。

第十四条　将各种食品运至公共场所,分发给人民。

第十五条　所有面包师均应被征集起来,连续不断地制造面包,面包将免费分发给人民;面包师的报酬将根据他们的申报偿付。

第十六条　人民只在专制政府被摧毁后才能休息。

第十七条　叛逃者、谋反者和一切人民公敌的全部财产,均应立即分配给祖国的卫士们和穷苦人们。

全共和国的贫民应立即迁入谋反者的住宅,并配给家具。

在典押在当铺里的、属于人民的一切财物,均应立即无偿地归还原主。

法兰西人民将收容在此次神圣事业中牺牲的勇士们的妻子儿女;人民负责赡养他们;烈士的父母、兄弟姐妹和原由烈士供养者也将享受同样待遇。

被放逐并在共和国各地流浪失所的爱国者将得到一切适当的救济和资助,以便让他们重返家园。他们所受到的损失将得到补偿。

由于反对国内暴政的战争是与普遍和平截然对立的,因此那些可以证明自己曾致力于结束这场战争的勇敢的自由捍卫者,将可自由地携带武器和行装返回家园;此外,他们一回到家就立即可以享受到早就答应给予他们的报酬。

他们当中那些愿意继续为共和国服役的人,亦将立即得到一种跟一个自由大国的泱泱大度相称的报酬。

第十八条　公共财产和私有财产均置于人民保护之下。

第十九条　结束革命并赋予共和国以自由、平等和1793年宪法的任务应托付给一个由每省派一名民主派代表组成的国民议会,该议会代表应由起义委员会提名,并由起义人民任命。

第二十条　救国起义委员会应照常工作,直到起义大功完全告成为止。

第十六号文件　巴黎无套裤汉告警备团书[140]

高贵的弟兄们：

我们听到你们发出的信号，对你们采取的行动表示赞赏，你们坚定的决心使我们感到非常高兴。粉碎新王权的时刻是否已经到来？自由是否能把结束共同受压迫的时间确定在今朝？人民已经准备好。

不，你们不要离开我们。不，你们不能在跟国内奴才互相勾结的外国奴才的武器下送死。这是别人为你们所作的安排。我们的暴君已经跟六年来我们与之战斗的敌人签订了可耻的协约：他们商定要向敌人出卖一切祖国忠诚的卫士；弟兄们，你们将是第一批牺牲者：你们维护了人民的利益，你们同人民一起为反对压迫者的种种谋杀行为而大声疾呼；看到他们磨刀霍霍时，你们表现出自己根本不想跟刽子手们同流合污。巴黎被包围了，受到血与火的威胁，因为巴黎同全共和国一起对饥饿、掠夺和受侮辱表示愤慨；在一小撮野蛮的篡权者的桎梏下的巴黎，终于成为你们同情和热切关怀的目标。可贵的同志们，拯救我们并为你们自己赢得荣誉，都要依靠你们了。你们能够在人民的解放者中间起带头作用，你们是可以做到的：你们的朋友、兄弟、妻子和亲属要求你们不要去别人给你们指定的屠场，同时也绝不要把他们遗弃在这城墙之内另一个屠场上。你们已经使那些被关在营房内的弟兄听到真理的声音；你们的榜样将会使他们信服。尽管禁止外出和禁止与其他人

联系，他们必将了解到在人民反对其统治者的斗争中，只有人民是正确的。他们会知道，该消灭的不是人民。让我们向这些勇士们发出号召，他们也会站到我们一边来的。至于人民，他们则一再声明，已经做好准备。他们的领导者会向他们发出信号的。他们会听从领导者的命令，他们站在你们一边。暴君们土崩瓦解，自由重现于世；繁荣和幸福在复苏；共和国在各方面都取得胜利，并且采取了有效的措施来使它永不灭亡。

第十七号文件　传阅简报[141]

（关于利用保王党人的问题）

由于我确信非常重要的是要彻底愚弄保王党人，并且向他们隐瞒我们在准备中的运动的真正意图，以防止他们——这些保王党人和政府——在运动过程中使用他们的诸如恐怖分子、雅各宾分子、叛乱分子、牧月分子之类的陈词滥调来攻击我们，因此，我觉得最好一开始就用粉笔在大家的帽子上写下：人民军队打倒暴君。

我们还要打着三种旗号，分别注明：人民军队，打倒暴君，为人民复仇。我觉得这种方式非常适合于利用敌人本身来为我们的意图服务。这可以从他们在剧场里一听到“发抖吧，暴君！”之类台词就立即鼓掌这种举止中作出判断。而当民众的党派取得决定性胜利时，就应当戏剧性地打出标明1793年宪法，共同幸福，人民胜利之类字眼的旗帜，仿佛它们是从天而降一样。

你们将会看到，在掌声中，在成千上万次的喝彩声中，起义本身会朝着它的天然的目标发展。

只有这样,我们才能指望把所有的人的力量转向反对共同的敌人,才能使人民大众的仇恨发泄到应有的方面,并且避免王党的对抗,因为这种对抗在刚开始行动时是非常有害的。

第十八号文件　起义委员会跟山岳党人[142]委员会的使者的谈话

公民们,你们是了解某些民主派为恢复人民的权利所作的努力的。

你们知道,经过流放和断头台的考验,我们已经有足够的勇气和胆量为人类神圣事业进行辩护,并且直到今天还继续不顾一切危险为建立一个反对暴政的政党而奋斗。

在葡月时期,我们其所以走出照理要被暴君们活埋掉的囚牢,只不过是为了重新给暴政以打击;当时神圣的火焰已经熄灭,人民群众受到保王党人的影响;一部分爱国者在狱中气馁、厌倦、蜕化了,他们深为出狱感到庆幸;然而他们绝不是就此无所事事了,他们还准备跟这个残暴的篡夺者政府妥协,甚至为它效劳,接受它的计划。如果某些仍然无愧于自由事业的人士向他们指出这种妥协是何等不体面和可耻,他们中间大部分人会以一些更为无耻的理由来替自己辩护:他们说他们心里另有打算,说他们跟敌人亲善只不过是为了骗取信任,以便在自己力量足够强大时能够扼杀他们。

在道德与罪恶进行斗争中,我们情愿更忠诚正直些。我们从正面进行打击,我们让共和党人扮演一种跟他们身份更为相称的角色,我们使他们恢复早期的尊严,也清除了人民中间的保王思想；我们使人民从错误舆论中醒悟过来，那些恶棍曾通过这种舆论诱惑人民相信他们迫使人民所处的悲惨状况是共和制度带来的结果；而我们终于向人民指出：恰恰相反，这种状况正是由于对王权的卑劣的怀念、由于共和国大厦土崩瓦解所造成的结果；如果共和国大厦得以建成，本来会带来最大的幸福的。

通过这种思想的灌输，我们具备了有利的条件去达到我们所追求的目的，即促使爱国者和人民群众推翻现存的专制政府，以一个更无愧于法兰西人勇敢地发动的大革命的政府取而代之。

我们感到革命报纸不足以引导我们达到最终目的。几个月来，我们相信应该联合一些勇敢的民主派分子成立委员会，组织起义，并在我们周围组织为达到完成起义任务应做的一切工作。

我们为此做了大量工作；我们相信我们已经收集好绝大部分物资并作好为达到这个目的所必要的几乎全部的安排。

我们搞到了有关军需品存放地点以及如何夺取它们的方法的情报。

我们掌握了爱国者以及全巴黎正直的人士的名单；我们有了一声号响便把人民召集起来的办法。

我们还有更多的办法，我们有一个拥有文官和武官的组织，他们全都随时待命行动。我们的起义宣言也全印好了。

起义已经完全准备好，随时可以爆发，然而这时候我们收到一些情报并听到一些意见，这促使我们进行一些认真的考虑。

我们必须很坦率地对你们说：为了进行这次起义，我们曾经决定不要任何曾属于不同的国民议会的人。我们跟所有的集团都不一样，我们只为人民工作。我们相信只有使人民的政府摆脱那些可能把旧感情旧偏见带进来的人，才能干得更好些，也免得妨害政府彻底革新。

公民们，你们要容忍我们比较尖锐地指出事情的真相，这样做始终是出于我们的极端坦率。我们曾经谴责山岳党人对人民托付的使命未能完全尽责：我们谴责他们不能为支持人民的权利而去牺牲。

我们还担心，重新把他们召回执掌立法权，会使纷争重新出现，这正是坚持旧争论的观点的自然结果，而这些观点的根源始终存在于他们中间大部分人的头脑之中。

我们直到最后还是以为没有他们，我们什么都能干并且会干得更好。

然而我们如今认为，在最近这些日子里，我们得到了即使不是相反的证据，起码也是强有力的相反的推断，因此我们不愿意冒失去祖国的危险。

有人向我们提出好几项建议，并在这些建议中表明：你们是在观点跟我们一致的情况下自行采取行动，我们希望我们能够把自己的力量联合起来。

我们决定采纳这个建议，因为我们特别害怕你们和我们所采取的措施彼此冲突，互相妨碍；而且，既然应该说明这一点，我们还要指出，我们担心在决定性时刻，你们会插手我们的计划，这只会使不同的人民卫士的连队出现意见分歧，从而在共和国必须支持的反对形形色色敌人的各种战争之外，还增加他们之间的斗争。这样一种不幸及其所能产生的后果使我们不寒而栗。我们决定在与你们联合之时就要防范于未然。我们召请你们就是为了向你们转达这个决定。我们希望这个决定能使你们愉快，我们能够很好地合作，很好地联合和安排我们的力量，以拯救人民，把他们从暴政中解救出来。为了达到这个幸福的目标，让我们忘掉一切吧！

第十九号文件　救国督政府致十二个区的代表的通告信[143]

［关于使起义延期的困难问题］

公民们，

从来没有一次密谋活动的动机和目的会像我们这次这样神圣；也从来没有一次密谋活动中的代表能够这样不辜负这种神圣使命而值得如此信任。过去也从来没有人像我们一样长时间并成功地秘密反对一个背信弃义的政府。不论政府由于如何不安而警惕，不论它如何使用刑讯以至绞尽脑汁地乞灵于一切最严酷的侦讯手段，也还是无所破获。

这种成果应归功于我们对你们的选择，它在可能情况下，也向我们提供了还可以给予你们比迄今为止更大的信任的最重要的保证。跟像你们这样的人在一起，我们不应再有保留思想。你们应该像我们自己对自己那样了解我们的心迹，而我们则应该把真实情况向你们和盘托出。

好几天来，在我们方面，跟你们的通信联系减少了；语气不那么强硬、坚定，出现至今所没有过的动摇不定。大概在你们看来，在我们的行动中出现一种漫不经心、无精打采、犹豫不决的迹象，然而，现在是什么时候了！现在是似乎应该加倍努力的时候，因为爱国者和人民群众大声疾呼要求战斗,同时因为局势也似乎给予他们更多的机会去赢得战斗的胜利。你们可以发表意见,看我们的所作所为是否得当;如果不得当,那么首先应该由你们,然后由所有你们指导其思想的爱国者永远地加以谴责,甚至对那些负责率领你们的人加以惩处。

我们只能对你们说:只要看看我们的进攻手段,我们就有充分的理由相信它们是很不够的,正是这一点才使我们不得不毫不含糊地去履行一种义务——去制止一种爱国的感情冲动,这种冲动有可能成为消灭民主派的信号;芽月和牧月的可怕教训尤其应该时常摆在共和派面前,他们不应该再有这种足以使他们一蹶不振的教训了。

我们并不是仅仅出于这种考虑才裹足不前。我们知道在起义中应该敢作敢为,但这绝不是一味蛮干。这才是造成我们表面上的动作迟缓的主要原因。

正如你们所知,我们大家都希望这是最后的一次起义,希望它最终会给人民带来幸福。我们要采取一切可能的谨慎措施以保证这一结果的实现:我曾经希望即将颁布的起义宣言能保证初见成效,保证实现我们建议人民去争取的最大幸福的简单准备阶段;我们也曾经希望这个宣言首先保证把一切谋反者的财产分给穷苦人;然后宣布谋反者的住宅和家具归穷苦人使用,等等。为了使这些变化以及其他同样令人可喜的变化能够实现,应该保证把政权从现在正掌权的坏蛋手中夺过来,交到那些真正的、纯洁的、坚定的民主派手中,他们属于人民,是人民的杰出的朋友。怎样才能使政权转移给他们呢?这就是过去和现在都使我们裹足不前的困难所在:正是对这个棘手的问题的讨论迫使我们失去好些优势,这些优势可能对我们是很宝贵的,并且可能决定我们要进行的战斗获得成功。

如果我们不能担保从胜利中得到好处,那么战斗取胜就一文不值了。

那就是为什么我们曾印刷第一个宣言达三万份之多,并且在宣言中确定:救国督政府将取代现存的专制政权;组织一个由每省派一名选自最坚定的久经考验的民主派成员组成的国民议会,这个议会的名单将由救国督政府自行提出,并由人民批准承认。这个议会跟起义督政府配合,将担负起结束革命并保证大众幸福的责任。

然后,大量理由使我们相信,召回那些没有参与违背 1793 年宪法、被强行驱逐的前山岳党议员,我们就将更强大,对成功也更有把握。我们观察到,在民主派的心目中,这些人构成了从未被人民剥夺过的,因此仍然存在的合法政权。然而我们并不掩饰我们的看法:这部分国民公会成员和另外那部分几乎同样地有罪,同样地违宪:首先,他们从热月 9 日以来就参与了反动行动,并对反动行动听之任之;他们听任人一砖一瓦地拆毁民主大厦,而毫无反对之意;穑月 5 日,当无耻的布瓦西·丹格拉登台演讲并使他那个残害人民的法令通过时,他们竟一言不发;从此以后,他们由于胆怯,从来也不敢对这种令人发指的谋杀行为进行高声抗议;[①]最后,他们在大多数场合下显然曾卑鄙地接受过那个篡夺民权的和压迫人

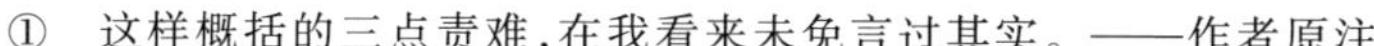

① 这样概括的三点责难,在我看来未免言过其实。——作者原注

民的政府的使命。然而，基于我们马上要向你们和人民阐述的强有力的理由，我们只好把这种情况暂时搁在一边，并且要作出巨大的牺牲来从这些人身上得到好处，因为我们看出，如果没有他们，也许不可能把祖国从它所受到的无法忍受下去的奴役状态中解救出来。因此我们决定利用他们；但同时我们打算保护人民使其不致落入他们手中而受新的专制统治。这样，我们同意要重新安排国民公会中剩下那些比较干净的人，也就是被驱逐的那部分人，共约 68 人；为了抵消他们的影响，我们要给他们配备我们的议员，每省一名，这些议员由我们和起义的人民选择，这样就会向他们摆出一个由一百多名最坚强最果断的民主派成员组成的反对派阵营；此外，我们要保留救国起义委员会的名称和权力，直到全体人民都安居乐业时止。

我们就此和前山岳党人共同进行协商；他们接受了所有的条件，并答应尽力帮助我们。于是，印了一个印数达五万份的新的宣言，我们也准备尽力去把它付诸实现。

可是，公民们，你们能相信吗？这些国民公会成员竟然改变了主意，并且跑来对我们说，他们再也不想向爱国者保证不搞我们所预见到的他们的那种专制制度；他们对我们说，他们不再同意在他们中间增加每省一名的民主派成员，也就是说，他们所要求的是：摧毁一种压迫制度而代之以另一种，推翻今天这种压迫制度而建立起他们的压迫制度。

他们靠最卑鄙无耻的诡辩来支撑自己的狂妄自大，几乎无视我们所认为的唯一完善的道理：我们只想推翻坏蛋们的统治，然后非常牢固地确立人民的统治。

朋友们，非常坦率地说，以上就是使我们裹足不前的原因，我们现在仍停留在原地。这些山岳党的正人君子要把我们置于失败的境地；出于野心和狂妄，他们丝毫不担心，在他们讨价还价的时候，祖国是否会有永遭覆灭之虞。我们再讲一遍：不幸的是，迫于现在我们无法向你们解释的形势，我们还不能摆脱他们。

在结束本信的时候，我们要对你们说：如果有可能，我们仍然会摆脱他们的；如果不可能，就应当以这样一种方式去领导人民前进，也就是要防备他们还可能给我们造成危害，要不顾他们的意愿把他们所反对的东西提出来跟他们相抗衡。

人民指责我们迟钝，我们不能向对你们一样向他们说明妨碍我们的原因何在，多么可悲！我们的人民代笔人不可能在说清楚问题时不涉及最根本的问题。对我们所处的这种相当尴尬的地位，请你们起码要做到，既要使爱国者醒悟，同时又不要向他们传达我们刚才只向你们推心置腹谈及的所有这些特殊情况。但是可以向他们担保，他们的带头人永远值得信任，同时要鼓励他们耐心等待，保存力量，不管怎样，这种状况不再需要维持很久了。

不胜利毋宁死；在一场光荣的斗争中牺牲，比在暴君们现在和将来使用的成千上万种谋杀手段中任何一种面前束手待毙要有价值。

因此，请你们始终不懈地等待决定性时刻的来到。无论你们看到或是没有看到那些残余的山岳党人跟我们站在一起，请你们都不要惶恐不安。但是请记住在发给你们的最重要的指令中有这样一道，那就是要使代表人民力量的广大群众在可能出现参加重新恢复的国民公会会议的情况下，团结在起义委员会周围，以便向国民公会下达人民的意志，保证起义取得完满成果，并保证实现人民要求马上实现的东西，以及实现人民认为应当跟国民公会这副骨架相辅相成的东西，从而保障必须实行的变革能够彻底完成。

共和四年花月18日于巴黎

请马上告诉我们，你是否准备好了军旗：这虽然是一个细节，但却很重要。　　又及

请注意：18日晚九时。我们刚刚获悉，山岳党人对我们一再向他们重申的紧要理由让步了。他们终于同意了我们所期望的一切。这样，大家特别要抓紧时机。我们这封信中关于人民群众在起义委员会领导下行动的结论，是永远站得住脚的，而其中所要求的措施特别值得你们重视。

第二十号文件

自由　　　　平等

共同幸福或者死亡

自由法兰克人书信的作者致起义督政府的共和派弟兄们[144]

共和派弟兄们，我满怀难以表达的喜悦接受由于你们信任而由D. T. H. 兄弟机关[①]授予我的指令和助理代表委任状。我希望，即使不是我的才能，至少也是我的热情、坚定、勇敢，尤其我的谨慎，能够很快地证实你们对我的评价是正确的。

① 可能指达尔蒂所领导的巴黎第七区的人权支部。——译者

我在巴黎居住了八年，我对它特别了解，更为宝贵的是，我还对部队的情绪了如指掌，这是我在七年来主要是在这次战争的各次战役中，作为一名观察员对各方面的关系研究所得，因此，根据我的这些知识，我认为有责任把自己的考虑陈述如下，以供明察。

如果认为曾经促使1789年军队举行起义的刺激因素同样还能够有效地为今天新的起义所利用的话，这确实是自欺欺人：机器已经是另一种形式，因此必须用另一种手段去推动它。我要作一些说明。

在君主制度下，士兵所受的奴役倒比今天的士兵要少，这是事实；但是他们懂得自己受奴役，因为人们并不向他们隐瞒这一事实，而且军官们也忘不了不断地向他们提示这一点；存在于军官和士兵之间的鸿沟使士兵们非常痛切地感受到自己受到的屈辱。

结果导致了1789年士兵投身于人民的事业，他们这样做并非出于对自由和平的热爱，因为在当时，他们对此只有一种模糊的概念，他们只是出于对军官们的深恶痛绝；这种仇恨由于长久受到压抑，一旦爆发起来尤其可怕：这种仇恨，这种因素在当时即使不是唯一原因，至少是促使军队起义的最强有力的动力，这一真理是显而易见的，不容置疑的。

今天，一切都不同了：除了只在最上层外，几乎所有军官是由前士兵组成，他们只靠军饷生活，这些军饷对于一个营长来说，已减少到每天实际数将近8个苏；这就迫使大部分军官，包括上尉及其他军官要与士兵一起吃大灶，并且因此与士兵结成最亲密的关系。士兵与军官同样贫困便产生了与1789年以前存在的情况完全相反的相互之间的友谊、依恋和信任。结果，像所有人一样，士兵习惯于通过与别人相比较以判断自己命运的好坏，他们观察军官的情况，发现在军官与他们之间存在的差别太少以至于不值得对他们表示羡慕；军官们被人用将来能交好运的希望所哄骗，让士兵们跟他们一道沉醉在这个虚幻的希望中：他们相互之间便在一种浑浑噩噩的状态下得到安慰和麻醉。此外，大部分军人从平民的现状看到，那是一种比目前行伍生涯所体验到的更糟的命运，因此无助于他们摆脱在桎梏下受奴役的状况。

但是，有人会问：军官并不全是机器人，为什么他们当中没有人能使同志们擦亮眼睛呢？为什么！原因很简单：所有那些由于真正只爱自由而拿起武器的人，在热月 9 日以后，也就是说，自从他们极力捍卫的事业被推翻之后，只要可能都退伍了。当时由于不可能退伍也还留下一些人，但是执政的督政府只需要本质上顺从的人，所以通过本月 6 日颁布的关于军队新组织法，命令那些人也退伍了。因此可以得出结论，从此以后，军官中只会有那种没有不动产，没有智慧和才能，而且还会在受奴役状态中告老的人；他们不可能不服从命令，因为他们害怕失去被他们视为可能得到的幸福所不可或缺的肩章；还有这些人在国王统治时期，曾把佩带毛料袖饰、用刀剑向士兵迎面劈去这样的事情引以为荣。正是这些军官今天才适用于现政府。

至于士兵们，一般说来，已经不再是 1792 年和 1793 年那些热情的自由卫士了：这些勇士们大部分已阵亡在战场上；余下来的群众都是募集来的农民，他们为自由效力就像苦役犯在苦役船上服役一般。在有四百人的营队里，往往很难找出四十个粗通文墨的士兵。稍微受过一点教育的城市青年几乎都寻找逃避服役的方法。大部分士兵（人们还错误地把他们称为志愿兵）的心愿——我认为——其唯一目标是尽快返回家园；而且我能肯定成千上万的士兵并不把革命当成一回事，他们甚至心甘情愿地用共和国换取一块家乡饼。但是，相反地，我们也大约有三分之一的士兵是职业兵，是命中注定的丘八，不论在什么朝代，只要善于利用他们，他们什么都能干得出来。他们大部分是真正的好汉，他们往往以自己的巨大影响带动那些胆小鬼和冷漠者。要让这些人行动起来，不必对他们发表冗长华丽的演说，只要有美酒和有抢劫的希望就足矣。如果没有这两样东西，那么什么也不必期待。国民公会十分熟悉这个处方：在葡月 13 日，它就把这个处方用得恰到好处。

骑兵部队通常就属于刚才我所说的这一类人，尤其是龙骑兵、匈牙利骑兵和轻骑兵。

根据这些总的观察，我将根据自己的看法向你们提出为了实现大家期望的全面复兴所适宜采用的方法：

一、在我们的文章和讲话中，要尽力讨伐将军们及其参谋，然而要慎重对待下级军官。

二、即使不能破坏军队组织，起码要尽可能造成它们纪律涣散，以便在适当的时机瓦解他们。

三、在同时谈到抢劫富人和最后复员的问题时，要懂得根据情况变化逃避实践诺言；然而，不要过多谈论绝对平等，因为很久以来，那些头目们——朱安党人就使士兵在思想中提防这种制度，以致他们不仅认为这种制度是不可能的，而且一般说来他们甚至会认为这是识别保王党人的某种标志。这看起来很古怪，但却又是千真万确的。

四、最后，当进行伟大的事业的日子临近的时候，在我看来，在营房附近的小咖啡馆召开各种类型的舞会非常重要，因为在那里可以吸引士兵们，而且在那里趁他们痛饮之时，可以巧妙地帮助他们的思想升华到必要的高度。

共和派弟兄们，我向你们谈出这些感想，是为了征询你们的意见。如果你们认为我的意见切实可行，请你们告诉我一下。在最近的日子里，我将专心写一本题为《木腿与自由法兰克人的对话》一书。这个对话以对比 1792 年士兵们的处境的手法详细刻画现在士兵的贫困和屈辱情况。

继这部以士兵风格写的作品之后，我将尽快动手写出另一篇作品（只要我有空暇），题为：《恐怖者对自由法兰克人的回答》。

我曾反复阅读指令，而且我还要再读读它，以便能深入钻研并一丝不苟地遵循它。①

此致

敬礼

共和四年芽月 26 日

第二十一号文件　自由法兰克人致秘密督政府等等（花月 17 日）

三十天来，我想在格雷坚尔兵营我们同志中物色一位弟兄，但徒劳无功。我已经开始绝望，但一个偶然机会使我结识了一位弟

① 这封信是叛徒格里泽尔写的。

兄,他能够马上为我再找其他最坚定的分子。

情况如下。

昨天晚饭后,我把一部分时间消磨在同我营中尉蒙蒂翁(一个既是演说家又是战士式的人物,前弗兰德尔士兵)共饮几盅之中。很久以来,我就猜想他是个品行端正的人,正是为了试探他,我把他带到一边。我们长时间地泛泛谈论了政治,我还给他灌了相当多的酒,以便让他放开讲(因为他当然是很谨慎的)。在这之后,他才推心置腹地——这是一种襟怀坦白的标志——向我承认他一直是个民主派,但是他对于能否很快看到共和派东山再起这一点表示失望,因此他和好几个他从前的弗兰德尔朋友违心地装成政府派。我抓住这个机会鼓起他的勇气,并向他承认我也奉行同样的思想方法;我让他了解,我肯定地知道有四千多无套裤汉正准备起义,而且如果不是担心要跟我们这些政府士兵作战的话,他们早已推翻了暴君们。

我补充说,一切都预示着这并不妨碍他们很快起义,而我们必然会像 8 月 10 日的瑞士人那样成为牺牲品。我没有就此再多说,但这已足以使我们之间达成协议:一、他今天要看望他十分了解的三位老朋友,他要鼓励他们跟他联合起来准备让军队在决定性时刻支持人民;他将让我认识他的朋友们,但不让他们认识我;他要跟他们谈(一些重要事情)并向他们保证已经争取到三百人,但是为了避免出现叛变情况,他们彼此只是每四个人互相认识比较合适:据估计,数目也可能增至 15 或 20 人,其中只有三名军官(因为这是最不容易接近的等级)。当这个小小核心组成之后,我将给他们每人发一千法郎左右的指券,用于收买士兵并促使他们违抗军令。下面谈我将从何处得到这笔钱(因为在我看来,这是很大的力量):(一)我在阿伯维尔我的一个兄弟手里存有三万五千利佛尔指券,我要把这笔钱弄来,信已经发出;(二)我有一个德国表兄弟,名叫蓬蒂古尔,是个公证人,家住布列塔尼圣十字街,我很少去看望他,因为他太富有,因此也就成了大保王分子;他经常向我提出要资助我以便把我打扮得与现在不同,因为他说我更像一个无套裤汉,而不像一个上尉:过去我总是蔑视他的提议和他的为人,但是考虑到他的父亲等原因,我并没有跟他闹翻。我将去找这位表兄弟,我要对他说我刚调到陆军部任职,我向他要求借一万多法郎来装备自己,这件事他会热心去办的。[①]

第二十二号文件　新起义的法令[145]

这个文件与第十五号文件相同(参见第 166 页),但有下述改动:

在第四个和第五个"鉴于"中间,请接下文:

"鉴于国民公会从未被解散,只是被暴力和一个反革命乱党的专制意志所驱散;它理所当然永远存在;它只能按照民主宪法的规定由人民自由选举出来的立法议会来取代。"

在第十条和第十一条之间,增加下面一条,它成了第十条[②]:

"国民公会立即集会并重新履行其职权。"

---

① 这封信是叛徒格里泽尔在告发了民主派的图谋之后写的。

② 实际上应当是第十一条。——法文版编者注

以下各条的号码都依次递增一个数。

在变成第十二条的原第十一条,其结尾部分补充这几句:

"国民公会成员可根据一种特别标记辨认;这就是在帽顶加上一个红色的帽罩。"

在变成第二十条的第十九条,其内容更动如下:

"由于清除国家政权中的篡权者而造成的代表内部的空缺,并且由于目前不可能通过召开初级会议的途径选拔值得人民信任的人选,因此应当立即由每省选派一名民主派代表参加国民公会,这些代表首先应从最积极地协助推翻暴政的那些人士当中选拔。人选名单将由举行首义的那部分人民的代表提出。"

第二十三号文件　穷人迁入富人住宅的方案

平等　　　　　　自由

共同幸福

救国起义督政府

鉴于人民长久以来受着从不兑现的诺言的欺骗,而现在到最终切切实实地赋予他们幸福的时候了,这是革命的唯一目的;

鉴于今天要进行的伟大起义理应永远根除贫困——形形色色的压迫制度永恒的根源;

兹决定如下:

第一条　起义结束时，现在居住条件恶劣的贫穷公民将不再返回原住所，而马上搬入谋反者的住宅。

第二条　从上述富人家中取出必需的家具，以便绰绰有余地配备给无套裤汉。

第三条　巴黎各革命委员会负责采取一切措施来从速并认真地执行本决定。

第二十四号文件　关于人民审判的决定草案（片段）

救国起义委员会

鉴于惩办背信弃义的代表人和国家最高权力的篡夺者乃是起义者对全体人民履行的首要义务；

鉴于这种惩办务必使叛逆者胆颤心惊，并且能够揭穿平等的敌人借以污蔑巴黎人民的任何口实；

兹决定如下：

第一条　两委员会和督政府成员的篡权与暴虐行径昭然若揭，对这些人民最高权力的篡夺者应依法处以极刑。[①]

第二条　由起义人民成立的委员会听取上述人员的申述。

第三条　该委员会在人民面前进行起诉，在听取起义委员会或由起义委员会指定的起诉人发言之后，它将宣布是否可酌情建议人民对渎职者进行宽恕。

① 参看1793年人权宣言第二十七条。

第四条 起义人民则分区并按指定方式集会,对所提出的宽恕要求表示同意或拒绝。

第五条 两委员会现有成员,公民……值得人民信赖;他们受人民的特别保护。

第六条 为了加速惩办叛逆者,各区代表从每一区段中指派四名公民参加此项工作,这些人选应提请参加集会的人民接受。

第七条 委员会分为六个组:每个组有22名成员;其余的人则用以补缺;由最年长者主持会议;用抽签办法决定各组的组成。

第八条 ……

第二十五号文件 督政府致各区代表

一切措施都已采取;暴君们恶贯满盈;必须起义了。

以下是我们要求你们严格遵循的命令和指示。

一、明天早上×时,你们要在各区段敲响警钟,并在街上吹响你们尽可能弄到的所有的军号。在起义一开始,如果能占领一个放置军号的地点,你们的总指挥会把军号给你们送去的。在各分队或者至少在各区队伍行进的时候,最好有军号手带头开路。

二、与此同时,你们要大量张贴和散发我们发给你们的宣言,并通过你们事先安排的代表人把群众发动起来。

三、督政府任命了下列公民为人民起义中的将领;即……等等。

你们首先要使你们选定的部属认识他们,然后让全体人民认识他们,并且要注意准确地执行他们的命令。

四、在此附上分属于你们所在各区的一些公民的名单，这是根据你们提供的情报确定的，我们相信他们最适合引导人民去争取自己的权利。要把民众编为若干分队，由他们每个人统率一个分队：被任命为队长的公民将负责指挥全区；副队长则指挥各段。

五、你们要立即通知各区区长，让他们知道他们应听命的将领的姓名，同时你们命令他们通知各副区长待命，不必对他们多说什么。同样的命令要向你们所信任的分队指挥官下达；其余人则到时再通知。对于你们认为值得怀疑的分队指挥官你们有自由不予任用。

六、你们把在宣言中确定的军旗交给区长、副区长和分队指挥官。

七、命令他们立即不惜一切代价地夺取在军队和各区段中心地点的武器和装备。

八、把所有自愿报名准备执行各将领命令的炮手加以编队。

九、选择坚定的爱国者，委托他们对人民发表演说，以激励人民的斗志。

同时，正如我们已经在以前的指令中对你们谈到的，要利用你们所领导的妇女对士兵发表凄婉动人的演说，让她们给士兵们献上公民的桂冠，通过她们可能援用的一切理由去激励士兵们加入人民的行列。

十、从动乱一开始，你们就要散布格雷涅尔兵营和文森兵营已加入人民行列的消息，以推波助澜。

在士兵和人民进行联欢的时候，一定要让他们跟无套裤汉的行列混在一起，绝不能让他们保持队形并在军官的率领下行进。

十一、你们将向区长和指挥官发布命令，让他们带走或驱散愿意服从政府命令并听从国民自卫军军官指挥的那些人。对于为任何一级现政权传递命令的传令兵或信使，一律予以扣押。

十二、要注意观察你们区里的群众的情况并把他们团结在你们的周围；你们要树立忠诚和勇敢的榜样；每隔一刻钟你们应派专使前来向我们报告事态的发展。

十三、如果将领们命令你区群众分散行动，你们要紧随人数最多的那部分，并且把监督另一部分人的权力委交给一位热心的公民，你们立即把他的名字告诉我们，你们也要命令他每一刻钟向我们报告一次。

十四、要把你们所有指示传达给一位最值得信任的无套裤汉，以便当你们遇到某种意外时，他能取代你们。

十五、以我们的名义命令你区每一区段革命委员会的三名成员，一俟听到警钟声立即回来执行任务，这些人截至热月 9 日应是在职人员，并且一直保持纯洁。如果没有这种人，你们要物色其他爱国者；要他们配合你们采取一切措施去执行起义法令：他们应该特别注意有关面包师以及向人民分发口粮的条款。

十六、还要命令他们立即征集骡马和运送粮食、装备和伤员所需要的车辆。

十七、起义时，立即从你区向我们派遣十名非常果敢的、武装的无套裤汉来；他们将负责传达命令，并且准备在最后关头跟我们一道牺牲在自由的废墟之中。

十八、起义督政府将在……举行会议。

十九、在起义之后，国民公会将经由起义督政府立即在……

成立。

你们要让大家知道它的存在。

二十、要注意严格执行将领们发出的有关保守交通要隘的命令,并要高度留意桥梁是否把守好,以及现政权机关之间的一切联系是否已被切断。

二十一、你们要尽早抓住时机来使每个区的人民群众集合在一起,跟我们见面,以便帮助我们确定应增补到国民公会的民主派的名单,并且对我们马上要提出的人民改革法令进行支持;根据这些法令的安排,将不会再让任何一个公民遭到不幸。

第二十六号文件 要对胜利的人民发表的一篇演说稿(片段)

[起义委员会要对巴黎人民发表的一篇演说稿]

胜利的人民!

公民们!一篇演说要引起听众的兴趣,在它的主题中就必须包含一些非常重要的内容。因此,我相信我将会比过去任何演说家更能吸引大家聚精会神地倾听我的演说;我也要求你们聚精会神地听我讲,幸福的人民,并且希望你们对于给我们带来光明的这个日子的来临事先做好准备。我希望努力增强这个日子的光辉,同时提醒你们,我要对你们说的事情对于你们来说,比你们刚刚取得的崇高胜利重要得多。最后,如果说对发言者和他们代表的那些人的信任还能使听众更为专注的话,那么当我宣称你们此时此刻正在聆听救国起义委员会的声音,我相信自己不会达不到目的的。

再次获得自由的人民！摆脱束缚的胜利的人民！尽情地欢乐吧：你们的主人再也不存在了！他们在位的时候，任意主宰你们的自由、生存和最宝贵的利益，并想把你们变成卑贱的木头人，这种时刻已经一去不复返了！然而，我们并不要求你们在这里作出赞同或反对的表态。至高无上的人民！如果我们背叛了你们，如果以后我们的言论也成了我们背信弃义和犯罪的先导，那么以祖国和自由的名义，请你们不要让我们讲完这些话，并立即咒骂我们！惩处我们吧！

法兰西人民！我认为在我这个讲话一开头，就向你们宣布哪些人是这个救国起义委员会成员，并以他们的名义向你们讲话，这样做是合适的。以下便是他们的姓名……

法兰西啊！你的整个身心都在倾听我讲话！而你们，我的听众们——同我们一起组成法兰西第一批解放者的听众们，我向你们和法兰西许愿，要讲一些与这个伟大日子相称的东西，一些比这天所取得的辉煌胜利更加有趣的东西；我所要讲的和要建议的东西，将保证人民永远不会失去这个胜利的果实。

我永远要向人民讲话；在这里我仍然只看到人民。在起义法令中谈到过一种代表制，但它尚未存在，因为它尚未得到承认；它之所以尚未存在，是因为人民还在起义过程中，人民的权利永远由他们自己来行使，而其他一切政权都已在人民的政权面前消失了；这种代表制其所以尚未存在，还因为起义的成果尚未收获，对于人民甚至还不是很有保障。公民们，好好抓紧这个时机吧！但愿昔日的权威没有给你们造成任何错觉；在这里只有你们，我看不到还有什么参议院；因此，我将只对你们，唯独对你们发表演说；同时，我再重复一遍，你们如能很好地领会这一切，那是很有用的，极其有用的。目前这个时机是很宝贵的，是绝无仅有和一去不复返的；我们要能利用它，就可以决定我们永久的命运。

第二十七号文件　告士兵书〔146〕

士兵们！拯救祖国或者永远失去祖国的时刻快到了。在苦难的重压下精疲力竭、对压迫制度义愤填膺的人民就要起来：他们要摧毁暴政，否则便与自由共亡。不，身为爱国者，绝不能容忍一个违背民意，靠葬送人民的最热情的朋友、侵犯人民的权利以及破坏一切人民法律来起家的政府继续存在下去。人民的贫困达到无以复加的地步，而且所有能够使大家听到他们的呼声的手段都被剥夺掉：人民既不能结社，又不能举行集会来支持自己的控诉。议会和督政府对那些大人物和那些体面的人是如此温和、如此人道，然而对人民却毫无心肝，对他们的疾苦视而不见，听而不闻。如果有谁敢替人民说话或写东西，就会遭到监禁和杀害。不，从来没有一种暴政比这更残酷、更令人无法忍受；我们起来革命是为了人民，而统治者却把人民看成是为了他们自身安全而必须束缚起来的卑贱的群氓。被这样一种极端的野蛮的行为所激怒的人们，曾经摧毁了巴士底狱和王位；然而，统治者却反而把他们诬指为王党分子，以便欺骗并武装那些软弱和无知的人来反对他们。正是通过这种背信弃义、不择手段的方法，他们希望把你们引入歧途，并用刺刀割断你们的咽喉，正像他们在共和三年芽月和牧月所做的那

样。你们是无套裤汉,你们是不会同那些跟你们一样曾把王权打翻在地的人作战的!请听着,千万不要产生任何错觉!

人民想要1793年宪法,他们曾一致通过这部宪法,但是有人却把爱国者诬指为恐怖分子,杀害并关禁他们,从而背信弃义地剥夺了这部宪法。

人民想要这部宪法,是因为它消灭了财富的一切差别,使人人平等;因为它保证使祖国的保卫者及贫苦人得到财产和资助,同时也因为人民在法律违反其利益时可以根据它来提出抗议。

如果你们不是国王、贵族和阔佬的朋友,你们将会跟我们站在一起;你们不会听你们的参谋们骗人的鬼话,他们无视自己重复过无数遍的誓言,竟死心塌地投入现政府的怀抱里,因为政府对他们的卑鄙行为给以重赏,尤其是因为政府允许他们对你们实行你们在1789年所推翻了的那种难以容忍的专制统治。

啊!当你们在边境前线为保卫祖国而流血牺牲时,你们不会怀疑在国内有人犯下暴行。你们以为自己是在为自由、为人民而战,其实你们的胜利,你们的鲜血,只不过是用于在旧专制政权的废墟上建立新的暴政、新的差别、新的肆无忌惮的统治。

请看看这个督政府吧:从它的穷奢极欲的排场、富丽堂皇的宫殿、人数众多的警卫,以及执政者的傲慢无礼、随从们的卑躬屈节来看,难道大家还认不出它跟卡贝王朝的宫廷一模一样吗?而我们的将军们,身穿如此华丽的服装,他们的奢侈狂妄,难道不像被他们所取代的那些傲慢的贵族吗?啊!你们看得出来,勇敢的士兵们,革命本应重建平等制度,但迄今为止只不过以一群新的无赖取代了那帮旧的坏蛋而已。

一些爱国官员领导了旨在减轻人民痛苦的革命；那些领袖们是平等之友，要带领你们走向胜利；可是他们却被按上恐怖分子的罪名而被撤职。曾经为拯救过祖国而实行的恐怖竟成了罪恶；而那些赤胆忠心、历尽艰险的大无畏的勇士们，却被指控为反革命分子的帮凶，被当作最可耻的坏蛋。

在反革命事变发生两年以后，你们应该有所觉悟。所谓恐怖分子就是这样一些人，他们从革命开始以来就一直为人民的权利而斗争，他们坚持不懈地要求给你们以奖赏，给穷苦人以救济，他们给人民的敌人以致命的打击，你们也曾和他们一起，多次使暴君们的仆从胆颤心惊；请看，究竟是谁，是我们还是我们的敌人值得你们敬重？

士兵们！睁开你们的双眼吧：你们是人民，难道你们可以武装起来反对人民吗？为什么要怀着这种敌意反对警备团中你们的弟兄呢？人家迫害他们，是因为他们擦亮了眼睛，是因为他们不愿屠杀我们。一旦明天你们醒悟过来，那些人也会采取同样办法来对付你们的。

红领士兵或白领士兵，难道你们不都是祖国的儿子和保卫者吗？你们不是都曾为自由的胜利而共同战斗过吗？朋友们，互相拥抱吧！把你们的武装联合起来反对篡权者吧！他们由于害怕人民复仇，已指望从你们的分裂中寻找依靠。

祖国是你们共同的母亲，她会因你们让自己的兄弟流血而狂怒，并会以她的诅咒把你们压得粉身碎骨。

警钟敲响了！

你们不再是政府的士兵，而是人民的士兵；不是政府，而是人民用自己的血汗来供养你们;但如果你们正像暴君所要求的那样用武装来反对人民,那么不论冒什么危险,我们都将战斗。大局已定:沉默便是最大的罪过,忍受便是对后代的奴隶地位的认可;我们将奋起反抗,同时我们要看看你们究竟是自由的卫士,还是专制的奴隶。啊!士兵们,你们是人民,是跟我们一样被压迫和受苦,你们将会加入我们的行列而使祖国的压迫者胆颤心惊。

〔这份文告是邦纳罗蒂起草的;上卷和本卷都曾援引本件。但在本卷中作者误将本件写成第二十三号文件(见第31页)。〕

第二十八号文件　管理法令草案(片段)

第一条　凡对祖国无所贡献的个人,不得行使任何政治权利,他们是受共和国招待的外国人。

第二条　凡不从事一种有用的劳动来为祖国服务者,都是对祖国无所贡献的人。

第三条　法律认为有用的劳动有如下列:

农业、畜牧业、捕鱼业和航海业;

机械工艺和手工工业;

零售商业;

运输业——客运和货运;

军事;

教育与科学。

第四条　然而,凡从事教育与科学事业者,如不能在……期限内按规定方式提出其公民身份证明，则他们的劳动将不被认为是有用的。

第五条　凡因病残或由于革命形势需要而暂时不能从事有用劳动的公民，其政治权利应予保留。

第六条　外国人不得参加公共集会。

第七条　外国人处于最高行政当局的直接监督之下，后者可把他们从常居住处迁出并遣往改造的地方。

第八条　任何获准享受招待的外国人，如果加入国民公社的话，则可成为获得公民权的申请者；一旦他们能够提出公民身份证明，即可行使公民权利。

第九条　非国民公社社员的不能行使公民权的期限，由法律规定之。

第十条　全体公民均配备武器。

第十一条　拥有武器之外国人，应将其武器送交革命委员会，否则处以死刑。

第十二条　在本法令公布后十天之内，公民们应举行集会以组织国民自卫军。

第十三条　在最近期间，将在土伦、瓦朗斯、格勒诺布尔、马孔、麦茨、瓦朗西安、圣奥梅尔、昂热、雷恩、克莱蒙、昂古莱姆和图卢兹周围地区，建立兵营，其任务在于维持治安、保护共和派并促进改革。

第十四条　为此目的，革命委员会应选派共和人士立即前往指定地点，国民自卫军每个连队应配备共和人士四名，他们应全副武装，并配置宿营设备。

第十五条　军事法令中所规定的条款,均适用于上述兵营。

第十六条　上述兵营,一俟新法律得以和平实施后,立即撤除。

第十七条　马格丽特、昂诺莱、迪埃尔、奥列龙以及德雷诸岛屿,将改辟为改造地点,凡有嫌疑的外国人以及根据告法国人民书的规定而应予拘捕的人犯,均送往上述地点进行强制性的共同劳动。

第十八条　上述岛屿应与外界隔离:岛上将设管理处,直接隶属于政府管辖。

第十九条　凡犯人能证明自己已改过自新、在劳动中表现积极、行为端正者,可返回共和国并获得公民权。

……

第二十九号文件　经济法令草案(片段)

第一条　将在共和国建立一个大国民公社。

第二条　国民公社拥有如下财产,即:

已宣布为国有、在共和二年热月9日之前尚未出售的财产;

根据共和二年风月8日和13日法令规定给予穷人的革命敌人的财产;

经法庭判决收归或应收归共和国的财产;

国家机关目前占用的建筑物;

1793年6月10日法律公布之前归各公社使用的财产;

供公共教育与慈善机关使用的财产;

为执行……告法国人民书而拨给贫苦公民居住的住宅；

个人捐献给共和国的财产；

由于担任公职而发财致富者的逆产；

业主废耕的地产。

第三条　废除按继承法或遗嘱继承财产的权利。目前由私人占有的一切财产，在他们死后即归国民公社所有。

第四条　凡父亲仍然在世的孩子们，如属于按法律规定不应参军者，应被视为财产的实际所有者。

第五条　一切法国人，无论男女，凡将其全部财产贡献给共和国，投身于共和国并为其从事力所能及的劳动，均可成为大国民公社社员。

第六条　凡年满六十岁的老人和贫困的残废者，理所当然地成为大国民公社社员。

第七条　在国家教育院里培养出来的青年人，同样地也是国民公社社员。

第八条　国民公社的财产由其一切有劳动能力的社员共同使用。

第九条　大国民公社为全体社员提供一切生活必需品，使他们维持一种平等而小康的生活。

第十条　共和国号召善良的公民们自愿地把自己的财产捐献给公社，以促进改革的成功。

第十一条　自……起，任何人如非上述公社社员，均不得担任文武官职。

第十二条　大国民公社应由其社员推选的地方行政官员，在最高行政机构的领导下根据法律实行管理。

第十三条　……

关于共同劳动

第一条　国民公社的全体社员应当为公社从事其力所能及的农业劳动和有用的手工业劳动。

第二条　凡年满六十岁的老人和病残者,免予从事劳动。

第三条　凡自愿放弃其财产而成为国民公社社员者,如年满四十并于本法令公布前没有从事过一种手艺,则不从事任何重体力劳动。

第四条　每个公社的公民都划分为若干类别,其数目应与有用手工业的种类相称;每一类别应包括全体从事同一工种的人。

第五条　在每类公民中都有经由他们委任的行政官员。这些官员负责领导劳动,注意劳动的平等分配,执行地方行政管理机构的命令,他们要作出热情和积极的榜样。

第六条　国民公社社员劳动日的长度,由法律按不同季节规定之。

第七条　每个地方行政管理机构下面均设置一个咨询会,它由不同类别的劳动者选派的老年人组成;咨询会就有关劳动分工以及有关减轻和改进劳动的种种事宜给行政管理机构出谋划策。

第八条　最高行政管理机构在国民公社中推行有助于减轻人力劳动的机器和工作程序。

第九条　地方行政管理机构应经常了解每类劳动者及其所从事的工作任务的状况,并将这些情况定期地报告最高行政管理机构。

第十条　将劳动者从一个公社调往另一个公社，应由最高行政管理机构根据公社的人力和需要的情况，发布命令进行之。

第十一条　对于没有公民责任感、游手好闲、奢侈无度、放荡不羁的个人，不论男女，应由最高行政管理机构在其指定的公社的监督之下，强迫他们从事劳动。他们的财产收归国民公社所有。

第十二条　管理每一行业的行政官员，应负责将从土地上收获的果实及适于保存的工艺产品收入国民公社的仓库。

第十三条　对这些物品的统计应定期地上报给最高行政管理机构。

第十四条　负责农业的行政官员，应关心各种供食用、衣着、运输及减轻人力劳动的牲畜的繁殖与品种改良。

……

关于公有财富的分配与使用

第一条　任何国民公社社员，只能享用法律为他们规定的、由行政官员给他们实际供应的东西。

第二条　从现在起，国民公社保证供给每个社员：

有益健康的、舒适的并配备适当的家具的住宅；

民族式样的工作服和节日服装，布料的或毛料的；

洗衣、照明和取暖；

足够数量的食品，包括面包、肉类、家禽、鱼类、蛋类、黄油或食油、葡萄酒和不同地区消费的其他饮料、蔬菜、水果、调料以及其他物品，所有这些合在一起便构成一种适度有节的富裕生活；

医疗服务。

第三条　每个公社将定期举行公共聚餐会,全体社员务须参加。

第四条　公职人员和军人的生活待遇与国民公社社员相同。

第五条　国民公社社员凡收纳工薪或窝藏货币者,应受惩处。

第六条　国民公社社员只能在其所居住地区领配给品,但经由行政管理机构核准其迁移者不在此限。

第七条　现行公民的户籍,应建立在本法令公布时他们所定居的公社内。

至于在国民教育院中受教育的青年,其户籍则建立在他们出生的公社内。

第八条　在每个公社内,都有行政官员负责向国民公社社员分配农产品和工艺品,产品须分配到户。

第九条　分配办法由法律规定之。

第十条　……

关于国民公社的行政管理

第一条　国民公社受国家最高行政管理机构的法定领导。

第二条　为适应公社的行政管理,共和国划分为若干区域。

第三条　每个区域包括所有那些物产大致相同的省份。

第四条　每个区域设置一个中介行政管理机构,以管辖其所属各省的行政管理机构。

第五条　各省行政管理机构与中介行政管理机构之间的联系,以及后者跟最高行政管理机构之间的联系,将通过电报线路而趋于便捷。

第六条　最高行政管理机构根据法律来决定每一地区公社社员的分配物品的内容和份额。

第七条　根据上述决定，各省行政管理机构应将本地区物品的余缺情况通知中介行政管理机构。

第八条　中介行政管理机构应尽可能将一个省份的剩余产品供应给产品不足的省份，并对交接手续和运输作出必要的安排，同时向最高行政管理机构报告其产品的需求和剩余情况。

第九条　最高行政管理机构应设法满足产品不足地区的需求，办法是从富足地区调拨剩余产品，或是通过外贸获得这些产品。

第十条　最高行政管理机构首先应当每年从公社的全部产品中抽出十分之一，存入战备仓库。

第十一条　最高行政管理机构应设法将共和国的剩余产品妥善地保管起来，以备荒年之用。

……

关　于　商　业

第一条　禁止任何私商跟外国人进行贸易。违者应受惩处，商品充公，归国民公社所有。

第二条　共和国将剩余的农产品和工艺品跟外国人民进行交换，以便为国民公社提供其短缺的物品。

第三条　为此目的，将在边疆海防一带建立合适的仓库。

第四条　最高行政管理机构通过其代表人跟外国人接洽生

产;它下令将打算交换的剩余产品运到上述仓库,并在那里接收外国人的有关物品。

第五条　最高行政管理机构派驻贸易仓库的代表人应经常撤换;渎职者应严加惩处。

……

关于运输

第一条　每个公社都有负责领导公社之间公有财富之运输的行政官员。

第二条　每个公社都要拥有足够的水陆运输工具。

第三条　公社社员应轮流担负公社之间货物运输的押运工作和监督工作。

第四条　中介行政管理机构负责每年从其所属省份中挑选一定数量的年轻人,由他们担负路程最远的运输工作。

第五条　担负任何运输工作的公民,其给养由其所在公社负责。

第六条　凡根据最高行政管理机构的命令供应给产品不足地区的物品,应在下级行政机构监督之下,通过最短的途径,从一个公社运往另一个公社。

……

关于捐税

第一条　凡未参加国民公社的个人,是唯一的纳税人。

第二条　这些人应按事先规定的数额缴纳捐税。

第三条　这些捐税按实物征收，并交付国民公社仓库。

第四条　纳税人缴纳的捐税总额，每年递增一倍。

第五条　捐税总额由各省按累进办法摊派给全体纳税人。

第六条　必要时，可要求非公社社员将其剩余的粮食和工艺品送交国民公社仓库，作为对未来捐税的预付。

……

关　于　债　务

第一条　全体法国人免除国债负担。

第二条　共和国将清偿欠外国人的长期贷款的本金。而目前则支付利息和为外国人规定的终身年金。

第三条　所有已成为国民公社社员的法国人对其他法国人的欠债，一律废除。

第四条　公社社员对外国人的欠债，由共和国承担。

第五条　在这方面弄虚作假者，判处终身苦役刑。

……

关　于　货　币

第一条　共和国不再铸造货币。

第二条　国民公社现存的货币，用来向外国人民购买它所需要的物品。

第三条　任何没有参加公社的个人如向一个公社社员提供货币，一经查实，当严惩不贷。

第四条　共和国不再输入黄金和白银。

……

第三十号文件　格拉古·巴贝夫给妻子和儿子的遗书〔147〕

亲爱的，你们好！我就要消失在漫漫无际的黑夜里。我给一个朋友寄了两封信，你们将会看到这些信，我对他要比对你们更能把自己的情况讲得清楚些。我仿佛毫无感觉，因为我的感触太多了。我把你们的命运托付给那位朋友。天呀！我不知道他能否像我所要求的那样照顾你们；我也不知道你们怎样能够找到他。你们出于对我的爱，不辞艰难险阻来到这里；你们虽历尽千辛万苦而屹然挺立；你们始终满怀深情地注视着这次冗长而残酷的审讯的每一瞬间，你们也终于跟我一样喝下了这杯苦酒；可是，我不知道你们怎样才能回到你们出发的地点；我也不知道我身后的声誉是否会好，虽然我自问为人清白无瑕；最后，我还不知道在反革命将要进行疯狂迫害的情况下，所有共和党人、他们的家属、直到还在母亲怀里的幼儿，会有什么遭遇。唉，亲爱的！在我的生命的最后时刻，每想起这一切，都使我肝肠欲断！……为祖国而死，抛弃家庭、孩子和爱妻，这一切在我还比较容易忍受，如果我不是眼看着自由终于要毁灭，所有忠诚的共和党人都要罹致最残酷的迫害的话。唉！我的柔弱的孩子们，你们将成为什么样的人呢？想到这里，我不禁百感交集……不要认为我在悔恨自己为这个最美好的事业而牺牲；即使我为它所作的一切努力都是白费，我毕竟尽了自己的职责……

如果出乎我的预料，在目前袭击着共和国及其一切拥护者的风暴中你们得以幸存下来的话，如果你们能够到达一个风平浪静的境地并找到几个会帮助你们战胜厄运的朋友的话，我建议你们要相依为命地生活在一起；我建议我的妻子要循循善诱地带好孩子，并建议我的孩子们要无愧于母亲的慈爱，要敬爱母亲，要永远听母亲的话。一个为自由而牺牲的烈士的家属，应当成为具有一切美德的典范，从而博得一切善良人们的敬重。我希望我的妻子尽一切力量来教育好孩子，同时要争取一切同样能够为此尽力的朋友们的帮助。我要求艾米尔〔148〕努力实现爸爸的这个愿望，我相信他很爱爸爸，爸爸也很爱他；我要求他尽早地、不放过任何时间去实现这一目标。

亲爱的，我希望你们会怀念我，会经常谈起我。我希望你们会想起我曾多么爱你们大家。要使你们幸福，我认为除了使人人幸福以外，别无他法。我失败了，我牺牲自己，而我也是为你们而死的。

要多多跟卡米叶讲起我，我千遍万遍地对他说，我把他温存地放在我的心坎里。

当凯乌斯〔149〕懂事的时候，也要跟他讲这些话。

勒布瓦〔150〕说过他要把我们的辩护词单独印出来。我的辩护词应尽可能广泛散发。我谨嘱咐我的妻子——我的好伴侣，我的辩护词的底稿，在没有留存一份完全相同的副本以前，不要把它交给波杜因、勒布瓦或其他任何人，以确保这份东西永远不会失传。亲爱的，你可知道，这份辩护词是很珍贵的，它将永远珍藏在品德高尚和热爱祖国的人们的心里。我身后留给你们的唯一的财产，就是我的声誉。我确信你和孩子们将从中得到巨大的慰藉。你们会很高兴听到所有秉性正直、富有感情的人们这样地谈论你的丈夫和你们的父亲：

他是一个完人。

再见吧！我跟这个世界只保持一线的联系，明天天一亮这根线就要扯断了。这是肯定无疑的，我看得很清楚。牺牲是必须的。坏人当道，我斗不过他们。怀着一颗像我这样纯洁的良心，至少可以泰然死去；最残酷和最令人伤心的，莫过于要把我从你们的怀抱中夺走；我的贴心的亲人啊！我的最最宝贵的东西啊！！！我要挣开你们而去；暴力得逞了……再见，再见，再见，千万遍再见……

还有一两句话。给我母亲和妹妹们写信。我的辩护词一印出来，就通过邮局或其他途径给她们送去。告诉她们我是怎么死的，要尽量向她们这些善良的人解释清楚，这样死是光荣的，而绝不是耻辱的……

再说一遍再见，我的心肝宝贝，我的贴心的亲人！永别啦！我要投入美德的怀抱中酣睡……

格·巴贝夫

（本信没有写明日期。它是在共和五年牧月七日夜间写出来的）

附　录

一[①] 法国人民反对其压迫者的呼声[151]

暴君的道理——谋杀

我们权利的厚颜无耻的篡夺者！你们势必会这样想：我们推翻王位和暴君，打倒他的大臣和奴才，扫除他的警察和暗探，最后把一切跟残暴的专制制度相联系的东西统统打翻在地，这样做只不过是为了向你们匍匐下跪，并在新的暴政的压迫下备受煎熬？

这是对法兰西民族的侮辱！回答吧……权势无匹的卡佩都干了些什么呢？难道他没有把社会财富分赐给他的奴才吗？为了长期保持他的专制制度，难道他在国内和在前线没有让我们血流成河吗？我在他的罪行达到登峰造极的时候制止了他。按照我们的意愿把他送上审判台，并让他为自己所犯的滔天罪行付出脑袋的代价。

毫无疑问，如果他在8月10日获胜的话，他就会解除我们的

---

① 本附录译自《为平等而密谋》1963年俄文版下卷第325—335页。——译者

武装，就会呼吁叛逃者卷土重来，就会把军权交给沙列特[①]，就会在法国建立起暗杀团，就会把坏蛋当作朋友而把共和党人视为坏蛋。他就会瓦解我们的军队并仅仅保存那些由他的奴才率领的奴隶们；他就会把在参议院和其他地方英勇地维护我们权利的人士列为公敌并把他们送上断头台；他就会消灭人民的社团，最后，他还会把法国变成共和党人的大坟场。但是，他会保证他的奴隶们的存在，他会消灭指券以及可能会使人想起那些自由的日子的一切东西。到那时候，他就会像暴君那样进行统治，让参议院围着他转，颁布那些被他称之为法律的专横指令，而人人都必须在死亡的胁迫下服从这些法律。毫无疑问，如果卡佩在跟共和党人的斗争中占了上风的话，他所绘制的图画，大致就是如此。

而你们！你们从热月 9 日那时起又干了什么呢？热月 9 日这一天对于我们来说将永远是奇耻大辱，因为我们竟让那些其唯一罪行只不过想要你们主持正义的公民们被处死。从那个灾难深重的时刻起，你们都干了些什么呢？你们难道没有尾随着新老暴君在犯罪的道路上亦步亦趋吗？难道你们不是在自己所犯的罪行上比起他们所有的人有过之而无不及吗？你们为确立自己的专制制度而采取的第一个手段，就是组织起殃及几代人的饥饿制度。你们正是依靠这种办法来迫使每个公民忘记祖国而只顾自己；正是通过这种办法你们把孩子扼杀在娘胎中或在母亲的干瘪的胸膛

① 处死这个坏蛋，并不能改变我们的卑鄙的当权者跟他订立极不光彩、危害甚大的条约的事实。这个事实证明，在我们当权者方面构成了双重的背信弃义。他们能够跟科马丁保持更为持久的关系，这又该作何解释呢？看来，其中的道理是缺乏洞察力的普通人所无法识破的。

里。你们迫使我们多产的妇女害怕生育。你们周围那班骗子手们在高高兴兴心满意足地生活着，而人民却由于贫困、饥饿和衰竭而奄奄一息。

你们取缔了人民的结社，也就是剥夺了我们最美好、最神圣的权利；人民的结社本可以成为阻挡你们的个人打算和罪恶计划的不可逾越的障碍，可是你们却宁可舍弃我们的友谊而跟联合起来扼杀我们的自由的暴君们抱成一团。

你们对于在旺代备受折磨、惨遭杀害的成千上万共和党人的呼声置若罔闻，你们违背我们的意愿和利益，竟跟暴徒们讲和并缔约。作为跟他们结盟的表示，你们给他们的头子沙列特提供金钱和军队；这个可耻的条约的条文是如此臭不可闻，以致你们不敢全文公布，还有，尽管你们对这个条约大吹大擂，但战争却仍然继续进行。[①]

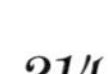

你们瓦解了我们的军队，把深受士兵爱戴的军官撤掉，代之以前专制制度的奴才，以便把我们的部队变为只会奴隶般地盲从的机器。我们的部队既没有粮饷，又没有服装。

你们掀起旨在夺取我们手中的武器的运动，而我们正是依靠我们手中的武器来对叛逆者实行威慑，来争取我们的自由。

你们下令大肆屠杀共和党人，或是对这种迫害暗中怂恿，从而给整个法国披上丧服，弄得人人自危。为了满足你们的暴虐狂，一个刽子手是不够的，于是你们便在共和国各地建立起一连串的行刑队。

① 见前注。

在芽月里，你们曾下令把那些胆敢反对我们法律的神圣法典（即我们所通过的、符合我们意愿的1793年宪法）的人判处流放，而过了几天以后，你们则把要求实施该宪法的人送去处死。

你们把最奋不顾身的共和党人列为不受法律保护的人。你们把最热情地捍卫我们权利的人送上断头台。啊！如果他们当中有几个人能够从你们的暴虐行为中解救出来的话，那么这些人无疑应当感谢现代的六位伽图。①

最后，你们在让整个共和国陷入恐怖以后，便踏着共和党人的尸体，也就是沿着暴君们专用的阶梯攀上了权位。而在这里，在流血、屠杀和死亡之中，你们撕毁了我们的法典，而宣布了用以组织你们的政权、满足你们篡权的要求并以压迫来代替自由的专制制度的法典；这个法典，你们可以称之为你们的宪法，但绝不是我们的宪法，因为暴君们的宪法绝不是人民的宪法②。

卢梭已经对你们的政治品质进行了刻画和论证，他对你们进行了宣判；当卢梭对专制制度所经历的一般道路进行描绘时，他也可能成为你们的马基雅维里，因为你们为了奴役我们已经亦步亦趋地沿着这条道路走下来。卢梭说道："篡权者经常是制造混乱时机并利用这种时机来实现旨在恐吓人民的粗暴法律，对于这些法律，人民是永远不会漠然接受的。"选择什么样的时机——这是区分立法者的劳动与暴君的行径的最准确无误的标志之一。

由此可见，你们召集选举会议，是残酷地践踏了我们的权利。

---

① 指罗姆、古戎、布尔博特、苏布兰尼、杜肯努阿和杜鲁瓦。

② 因此在芽月27日和28日颁布的有关战争状态的法令也是属于他们的。人民应当废除这些法令。所以，我们这些来自人民的人，务必在这里完成这项任务。

当监狱里关满了我们的亲友的时候，当我们自己在维也纳和伦敦所臆想的空洞模糊的罪名下被列为不受法律保护的人的时候，难道我们可能参加这些理应召集选举人的会议吗？不可能！因此几乎所有这些选举会议，都由那些赞成你们采取疯狂暴虐行为来反对共和党人的家伙组成；从这些反革命机关里又产生了一些以仇恨民主制度著称的人，这些人则又钻进了所谓的立法会议。在他们当中甚至有那些你们理应加以驱逐的人，因为他们毫不掩饰自己对结成联盟的列强的忠诚。最后，从这些选举机关里产生了一切行政的和司法的主管部门，这些部门当有助于你们巩固自己所篡夺的权力。

通过篡夺我们的权利，还产生了应当称之为王权的执行机关，即督政府或政府（名称是无关紧要的，因为实质一模一样）；这个权力机构由两院产生，它负责把你们的命令付诸实施，而你们竟胆敢把这些命令称为法律，其实它们只不过是你们通过对自己的不义行径或毋宁说是对自己的罪行的追忆而滋生的邪念的果实而已。难道你们不是认为：这样的事情跟人民又有什么关系呢？他们只不过是一群区分不出法律跟你们命令之间的差别的畜生而已。卢梭曾经对足以构成法律的真正特点的条件作了如下说明："服从法律的人民，应是法律的缔造者；只有参加结构的人们，才能规定社会生存的条件。"可是，不管你们的指令是多么不公平，你们却宣布要我们服从，否则，你们的警察、暗探以及一切原专制制度的工具就会马上出动，只要我们一想反抗，他们就会立即捆住我们的手脚。

再说，对专制制度又是如何作斗争的呢？叛逃者和神甫们大批地回到法国,他们每个人都成为好公民,而严正的共和主义者却被除外。造谣诬蔑使我们把他们看成骗子手,而这时候你们却发行大量的指券,以便腐蚀尽可能多的人。这样一来,在使公有财产和私有财产都遭到破坏的同时,你们跟你们的奴才、代理人以及所有的骗子手一道剥掉我们的皮。为了使你们的不义之举达到登峰造极的地步,你们宣布自己为破产者,并且实行了破产。这次破产其数额之巨大和参与者之丧尽天良,在历史上是空前未有的。欺世盗名的代表们!我们权利的卑鄙的篡夺者们!这就是你们所犯下罪行的概况。你们仿效克伦威尔犯下如此累累罪行,难道不是想要迫使我们去怜惜波旁王朝吗?你们错了!我们只会惩治暴君,而不会怜惜他们当中任何一个。

假如你们自己没有犯下那么多的罪行,那么你们将会如何惩罚那些犯罪的人呢?毫无疑问,要他们的命?如此而已!可是我们却要更为严酷地对待你们,我们将宣判让你们活下去。我们将让你们处于羞愧和良心责备(尽管你们厚颜无耻,但我们一定让你们感到这点)的浪潮的冲击之下。

你们的罪行使你们执迷不悟到何等地步……什么!你们竟可能相信,哪怕是片刻也罢,由我们自己的一部分人、由我们的孩子、我们的兄弟、我们的朋友组成的士兵,为争取自由而武装起来的士兵,将会去捍卫你们的专制制度!不!篡权者们,不要再执迷不悟了!他们知道,如果他们双手染满我们的鲜血,如果他们冲垮我们的队伍,那么为取得这种可怕的胜利所得到的犒赏,只不过是对他们自己和他们孩子们的可怖的奴役。如果在他们的军官当中有一些人由于品尝了这种毒饵而忘掉自己是公民的话,那么到了我们重新收复自己的权利的一天，他们的士兵就会起来收拾他们。

骗子手和卖国贼们说我们不要任何政府。胡说八道！他们在自欺欺人。这怎么说呢？因为我们不要他们的统治，或者进一步说，不要他们这些人，而他们竟敢把这硬说成是我们根本不要政府。我们要政府，但要的是奠立在永恒的正义原则之上的政府；我们要的政府应当由这样一些人组成，他们即使不是不会犯错误，但绝不会像你们那样向我们一再证明自己欺骗成性和卑怯凶残。

勇敢的士兵们！有人竟敢说我们现在是自由的，这算什么话！其实我们当中没有一个人能够公开发表他在自己家里讲的话，也不可能公开讲出你们每天都在耳边咬着讲的私房话。勇敢的士兵们！你们应当每时每刻提出这样的问题："一小撮篡权者跟法国人民比较起来，又算得了什么呢？他们号召我们站在他们一边；他们满以为把我们称为他们的保卫者，就是给我们赏脸，其实，暴君的保卫者只不过是他们的同谋犯而已。"英勇的士兵们！这是我们的语言，它还应当成为我们共同的语言，因为我们大家有着共同的利益。共同努力保障自由的胜利吧！收复我们的权利吧！要不然，我们将既不成其为法国人，又不成其为自由人。

有多少为争取自由而献身的英烈呀！英烈们，你们都是暴君和卖国贼们行暴肆虐的牺牲品，安息吧！不！你们流血牺牲，不是为了让我们换一个主子。让我们再一次在你们墓前宣誓：我们要做自由人，不然的话，就跟你们一样以死亡为归宿。

是的，我们一定会把这一小撮想迫使我们逆来顺受的篡权者赶走。我们一定要把想仅为他们所需要的法律强加给我们的那伙阴谋家赶走，这伙人想方设法把这些法律经过改头换面向我们公布，但他们自己却不想服从。[①] 我们非要收拾这些声名狼藉的强盗不可，他们的轻率鲁莽、下流无耻的品质，较诸他们的诡计多端、巧诈善骗的品质，实有过之而无不及。如果我们只能在压迫我们的专制制度的统治下苟且偷生，那我们就绝不会受到世界人民的钦佩，而只配受到他们的蔑视，从而使我们威信扫地。但这样是不行的，由于我们暴君们的马基雅维里主义的影响，我们长期处于分散状态，我们希望联合起来，以重新取得自己的权利。危险在威胁着所有的人，我们大家都感受到这点。目前所充满着的可怕的沉寂，预示着大家都准备站起来反对破坏我们的法律的那个政权。

叛贼们将会大叫大嚷什么无政府主义，但是他们再也骗不了我们了。我们知道，他们过去曾利用而现在还要继续利用这个字眼来迫害最清白、最无畏的自由卫士——民主派。

二[②]　对于我们的两个宪法的意见〔152〕——

提请向法国提出和颁布各该宪法并向各该宪法宣过誓的人物进行考虑

在整整八个月过程中，对于法国人民、对于欧洲以及对于全世界自由的朋友及其敌人来说，国民公会都不失为一场好戏。这场戏使一些人感到鼓舞，使另一些人感到沮丧，并对所有的人来说都是一幕丑剧，因为在这场戏中，平等的圣殿一下子变为格斗的舞

① 两院的老爷们规定对不信任他们的曼达（曼达是用以代替指券的货币单位——编者按）的人处以重刑，然而他们自己却规定在用这种货币支付他们的芽月薪俸时必须按低于票面85%的比率折算。

② 本附录译自《为平等而密谋》1963年俄文版下卷第335—349页。——译者

台,世界上首屈一指的参议院一下子变成名副其实的战场。

人民的捍卫者们,由于动不动就遭受挫败,因而无法使国民公会关心人民的疾苦并维护人民的荣誉。

然而,在共和国各地响起了要求民主宪法的迫切呼声;从来也没有一种更为重大的要求能够使全体人民如此激动。可是就连这个呼声也没有被倾听,而是被那个占支配地位并漠视这种呼声的党派的叫嚣声所掩盖。这种对联合的强大要求,这种由于无日不受欺骗而产生的迫不及待的心情,有使我们产生巨大的纷争并进而出现完全的分裂的危险。

人民的政党——这支神圣的队伍在先前一直是软弱无力和备受压迫的,如今忽然振作起来并在国民公会中取得胜利,使国民公会终于有可能为它肩负的使命所要达到的最重要的目标之一进行商讨并付诸实现。

顿时,一部人们急不可待的、长期可望而不可即的民主宪法产生了,它是集思广益的结果。

顿时,由社会意识所创造的奇迹不可抑制地接二连三地涌现出来,我们看到,凡是我们过去没有的东西一下子都从地里冒了出来:武器、装备、火药、硝石、粮食、将领、士兵、无数的营队、海军、陆军,还有更为宝贵的东西——这包括坚强的统一意志,对我们的权利正遭受侵犯的明确认识,为自由而奋斗的神圣激情,对于真正荣誉的热爱,以及在全国各地出现的大大小小数不清的胜利和空前未有的成就。

这一切都是人民意识的辉煌的表现,在同样程度上也是这种意识的崇高的和出人意外的表现。长期以来,这种意识仍然在最重要的方面占优势地位并保持其纯洁性。

这就是关于1793年宪法的产生及其惊人后果的真实情况。

还有，没有任何人否认这样一点，即这个宪法是在上对苍天、下对全民的情况下，自由地、和平地、全民一致地、极其隆重地通过的，它使公民们心花怒放，使一些叛逆者灰心丧气，使所有的敌对国家胆战心惊。

从这光荣和友爱团结的一天起，1793年宪法成了全体人民的神圣的财产。没有任何一个世俗权力机关，更不用说那个在完成其使命后即不复存在的机关，能够从人民手中夺走这部宪法而不构成罪行的。

上述宪法的通过，并不是建立在一些得不到公众承认的模棱两可的考虑之上。当这个宪法把我们联合起来的时候，我们还看不到，许许多多的共和党人会遭到迫害，会去逃命，会被关进监狱，会被杀害，会被捆住手脚和受到恐吓，会感到悲伤厌世，会被最可怕的法令弄得卑微不堪、无能为力，会无法让别人听到自己的声音。当时还看不到，弱者会被镇压，被压迫者会被解除武装，自由的特征、它的语言和原则，以至自由本身和它所依赖的一切，都会成为笑柄并招致痛恨；当时还看不到，专制制度和所有替它效劳的人会获得荣誉，不断地加强实力，并对人民和一切忠于人民事业的人士发动一场可耻的战争屠杀。当时还看不到，人民要忍受饥饿，变得软弱无力，受到侮辱，失去自己的协会、公社、法官、军事和文职人员，他们完全不能参与制定自身的管理条规，他们的公民地位和政治生命仿佛已经完结，他们的力量和权利完全被剥夺掉。

当时还看不到，社会意识正通过各种渠道饱受一股又苦又毒、源源不断的谎言潮流的污染，这股潮流把所有日常教育的源泉、一切思想和语言的交流手段都融化为一股浊流。当时还看不到，各种居心叵测的人、利己主义者、反革命分子，以及反对人民和民权的贪婪的和无耻的敌人，都会获得恩宠，受到鼓励，得到支持，他们武装起来，听从那个腐败暴虐的政府的使唤。

特别是当时还看不到，同时也想象不到，在我们当中还可能出现一支由受蒙蔽的士兵和公民组成的军队，这支军队在那个狂暴的政府的号令之下，全副武装地向善良、忍让、惨遭压迫的人民实行进攻，使用为捍卫自由和反对一切专制制度而锻造出来的枪炮来对付郊区的爱国者。最后，我们还看不到，同时也不可能看到，人民被全部解除武装，这是为对爱国人士进行最可怖的镇压而做的准备，而在这次镇压之前，在其进行过程中以及在这以后，始终贯穿着一个经过深思熟虑、在光天化日之下进行组织和执行的计划——以饥饿和谋杀来消灭人民的计划。

是的，当时这一切是绝对无法看到的，是的，这是当时从未出现过的事情，而且当时看起来即使在最遥远的将来也不可能出现的事情。当时，在1793年8月10日的时候，整个法兰西民族的联合通过八千名初级会议代表体现出来，他们在这个公社的广大人民群众的注视之下，在支持的欢呼声不绝于耳的情况下，希望在这块结成联盟的土地上赋予他们所承担的义务以一种隆重而又动人的性质，于是他们便在面对苍天和年青一代出席的场合下，承担了坚持不懈地进行工作的义务，以保证在全国各地取得胜利，并保证他们终于掌握的、看来只有他们才有资格维护的永恒的自然权利，不至于在他们眼下遭到破坏。

任何细心的读者都已经领会到，在上面所作的令人痛心疾首的阐述中，我已经详尽地，然而可以说是委婉地描绘了当时人们采取什么手段来剥夺人民想要维护和加以完善的那部宪法，并强迫他们接受另一部跟他们格格不入的宪法。这部宪法——正是在整理它的讨论记录的时候，——导致了可以跟其他美好的事件相提并论的值得纪念的葡月日子的出现。在那些日子里，如果不是由于最忠诚的人民之友发扬英勇的忘我牺牲的精神，共和国是肯定要覆灭的。对于这样一种帮助，国民公会本当没有任何权利指望得到的。

是的，如果说王党分子在葡月 13 日没有获胜，那是由于在社会自由面临巨大危险的条件下，民主派懂得：为了维护一种如此神圣的利益，他们应冒生命危险来拯救那些迫害过他们的人；尽管这些人一再出卖自由，然而这些人的毁灭却会招致自由的毁灭。

如果说保王党人没有获胜，那是由于在军队中的民主派看到了公社的民主派一定会站在他们的旗帜之下，因而懂得不能对人民和人民之友进行打击，至少是这一次绝不能让他们的武器蒙受玷污。仅仅这种念头就使他们不得不下了决心。

如果没有这种情况，他们是否能下决心，是很值得怀疑的；当然，还应当认识到，国民公会如果责怪他们不够坚决，那是毫无道理的。国民公会不断地干了那么多严重不公正的事情，它是那样恬不知耻地跟卖国贼讲交易，如此顽固不化地结党营私，以致使我很难想象，对于那些不把某些人当成反革命分子以至革命原则的死敌的士兵们，它会如何加以责难。它自己在十三个月的时间里曾颂扬那些人勤奋爱国，并得益于他们的教诲，听取他们的意见，执行他们的旨意,以至助长他们的狂热活动。

应当说,甚至在那个时候,无论从实质上或形式上来看,国民公会都是反对那些被它自己称为人民的人;它一刻也没停止过对巴黎选区挑衅,因为既然它把巴黎选区看成是真正的初级会议,承认它们是这么回事,那就应当把它们看作是享有最高权力的人民的组成部分,就应当承认它们在这个方面,在表达自己的意志以及在酝酿、阐明和最终确立这种意志方面,不应受任何法律的约束,而应基本上对那些替他们审定宪法草案的代表们保持独立。这是毋庸置疑的,只有我们的暴君和受他们蒙蔽的人,才会否定这一点。

由此可见,作为初级会议的巴黎选区,在对国民公会的态度上始终是正确的,甚至到它们自己放弃人们同意赋予它们的那种性质并转变为一个个战斗的单位时止,这时候它们包围国民公会,其意图至少可以看得出来是要消灭它。

不管人们对于这个从属的、次要的问题作何想法,有一点至少是为大家所承认并且也是人所共知的,那就是这些常任的人民代表们是不能够践踏那个符合民意、由人民坚持要求并隆重通过每天都靠血汗来凝固,就连他们自己也多次表示誓忠的宪法的;他们也不可能把他们自己的法典——新法典强行套在人民的脖子上而不公然冒犯人间一切健康和神圣的事物的。

我所讲到的东西,已经多次地并且很充分地得到证明。

然而,还没有讲到的但也是同样清楚的一点,那就是由于国民公会犯了这个最新的错误,一个堪居其他一切错误之冠的错误,从而把人民置于一触即发的内战境地。

实际上，一方面，人民面对着自己的宪法——一部唯一合法的和真正需要履行的法典；另一方面，则又面对着另一部莫名其妙的所谓的法典，对于这部法典，国民公会枉费心机地力图使它至少具有民意的形式和外表，以便在短期间得以掩盖其缺点与毫无价值。这样一来，不论今后采取什么样的行动，法国和它的每一个公社将由于这种不可思议的压力而分裂为截然不同、旗帜鲜明、势不两立的两个部分。在我们所处的这种形势下，只有一个办法可以摆脱这种处境。这就是召开真正的初级会议，而这次召开的初级会议，就要像本来应当做的那样，由全体法国公民组成。

只有这种初级会议才能向欧洲表明：法国人民是否真正地愿意放弃自己的宪法即 1793 年宪法，是否愿意牺牲这个宪法；因为只有这部宪法才是他们所通过的，才是他们的真正的宪法。

如果初级会议决定否定这个宪法，那么它们也有待讨论，1795 年法典是否合适。十分清楚，目前这个法典还只不过是一个普通的草案。

在这个法典没有得到享有最高权力的人民真正地通过并对所有的人具有约束力之前，它只不过是一个草案，它不能成为共和国的公认的法律。

为了使这个宪法真正地获得通过，它就必须以自由的方式来公布。为了使该宪法的通过成为必须服从的指令，那就必须反映大多数人的意志。为了使该宪法通过后具有约束力，那就必须使这种真诚庄重地确立起来的意志，能够被视为每一个有良知的人的意志的体现。

而在目前的情况下，这三个主要条件完全没有被遵守，没有一条被执行,更确切地说,所有这些条件都被人们以一种令人发指的轻率态度加以玩忽。

首先,在当局的允许之下,对爱国人士进行了整整一年的恐怖的、残酷的迫害;在这一年过程中,国民公会的头子们一直在明目张胆地策划反对人民的阴谋活动;他们把这一年弄得天下大乱,这种混乱是任何时候所难以想象的。这说明,所谓的自由通过宪法只不过是专制制度的胜利而已,这是再也清楚不过的。

至于第二点,即使根据一味只想夸大全部成果的当局的破绽百出的统计来看,那也毋庸置疑,当局其所以能够占上风,只不过是得到少得可怜的少数派的弄虚作假的赞同,对此它应当感到羞耻,而且看来它也确实无地自容。

至于第三点,对它进行认真探讨似乎是多余的。众所周知,没有任何东西是可靠的,没有任何东西是经得起验证的,有的只不过是那些负责检验和统计票数的人们的喃喃私语和重重困难,就连他们自己也永远搞不清楚该说些什么才好。

可是,我所要谈的并不完全是这个问题,尽管它具有举足轻重的意义,我要转而提出一个更具有决定性意义的反驳意见,那就是:

你们在共和三年果月的时候是否有过真正的初级会议?那些通过或者说是装模作样地通过你们的新法典的集会,难道是真正的初级会议吗?……

进入初级会议、参加讨论并发表自己的意见的权利,应当得到确认并受到尊重。这种权利,在一个为行使政治权利而划分为初级会议的共和国中,乃是每一个公民的首要权利。

这种权利是其他一切权利的基础和保障。行使这种权利,就可以渐渐地开辟这样一个政治舞台,在这个舞台上出现的任何具有严格的法律和义务的东西,都必须是初级会议所要求和决定的结果。然而这种众所周知的权利,却遭到可耻的破坏:大量的公民被非法地决定不能够表达自己的意见,不能够争取别人接受自己的意见,甚至无法让别人了解自己的意见。

第一,当时在反革命分子建立的无数的监狱里,还关满了许多最优秀、最突出的民主人士,他们被非法地拘禁在那里。但是,事情何止是这种非法、暴虐的监禁!由于不少初级会议的成员都包括有上述人物,这些初级会议在最终组成以讨论向它们提出的法案之前,本应当事先履行他们的首要的职责,否则的话,它们以后所作出的决定便不足以构成最高意志的要求;它们本应当要求或下令释放它们的成员,因为只要它们的成员还没有被释放从而不可能参加初级会议,那么这些初级会议便不能认为是人员齐全并有权存在。

因此,从这个观点来看,那就更令人怀疑,你们在共和三年果月是否有哪怕是一个真正的初级会议。

第二,在许多公社中,有相当多的公民被非法地排挤出或是被驱逐出初级会议,而他们本来应当是这些会议的不可缺少的成员。这样一来,这些初级会议由于把它们的真正的成员拒之门外,它们本身的主要的和基本的成分便遭到破坏,从而使它们从本质上发生蜕变,它们也就永远不可能是真正的存在;可以满有把握地说,它们完全没有真正地存在过。我看它们只不过是一群乌合之众而已。

由此可见，从这个新观点出发，我们要想确切地在共和国找到一个在共和三年果月能够建立起真正的初级会议的地点，是很不容易的。

因此，在我们感兴趣的问题中，我建议你们去解决这个十分确凿、无论在意义和顺序上都应置于首位的疑点，我这样做是对的。在结束的时候，我还要再一次质问：共和三年果月你们在法国有过真正的初级会议吗？……那些通过或装模作样地通过你们的新法典的乌合之众的集会，难道是真正的初级会议吗？如果你们偶有所悟，也像我这样认为那些集会不是真正的初级会议的话，那么我就请求你们考虑一下：在这个问题上，从你们方面排除其他任何杂念，诚心诚意地号召人民这次起来自由地组成自己的各种初级会议，这难道不是合理的和正当的吗？到那时候，人民就会以主人翁态度来说话；一旦人民说话了，所有善良的公民都会顺从的。

据我看来，这个办法是再好不过了。在这点上，我认为应当把实行这个办法置于一切已颁布和行将颁布的法令之上。这就是我的意见，决定在于你们。

我说，决定在于你们。事实上，如果在我所提到的那些困难时期，在紧迫的非常情况下，你们的原则受到干扰，甚至你们的勇气也遭到挫折的话，那么在你们已经恢复神智的这些平安无事的日子里，如果你们担当起自己应当保卫的神圣事业，那我就会确实把你们看作十分公正和忠诚的人物。从你们方面来说，这时候可能会对我所谈的想法和我提请你们考虑的疑点中所包含的不满情绪感到惶恐不安。

相反地，你们应当懂得：无论从实质上或形式上看，无论从原则观点或永远值得尊重的礼节观点来看，无论从自然法或人定法来看，也无论从永恒的正义感或最牢不可破的义务和契约的神圣性来看，1793年宪法的真挚的卫士和忠诚的朋友绝不应当由于他们的表达的观点和愿望而招致责难。为此而受委屈，这将是极端可耻、残酷和不公正的事情。他们应当引起一切政党的兴趣和赞扬，如果这些政党没有其他打算的话。

共和四年芽月23日于巴黎

三　菲·邦纳罗蒂给布·奥勃莱恩的信及所附《为平等而密谋》一书人物化名还原表

由布朗特尔·奥勃莱恩翻译、1836年在伦敦出版的《为平等而密谋》的英译本，在文件后还附有邦纳罗蒂写给译者的一封信。该信发自巴黎，日期是1836年5月3日。随信附有这本书中人物化名还原表。

这封信在法国从未发表过。这张表曾发表在《小评论》①(1865年2月18日第6页)上，上面盖了几个贝纹章。在这里，我们参照《密谋》一书英译本②将该信转录如下：

邦纳罗蒂给布朗特尔的信

我的兄弟：

① Petite Revue，国家图书馆收藏，编号$8^{0}Lc^{13}.85$。

② 不列颠博物馆收藏，编号1059，C.19。

当我知道您是何等热情决定用英文发表我那本巴贝夫密谋史的打算的时候,我是多么欣慰呀!在我离开人世之前,我为能够向您表达我这种欣慰的心情而感到高兴。请接受我的最热烈的感谢。对于一个出于对人类的热爱而不顾辱骂和迫害,从而为真理和正义的进步开辟道路的人,我是应当表示这种感谢的。我实在高兴地看到,在英国也有追求纯真平等的真诚的朋友,为了这种平等,我曾有幸地跟我的不惜流血牺牲、作出比我远为光荣的贡献的朋友们一道,贡献了自己微薄的力量。

尽管无数根深蒂固的恶习和卑鄙龌龊的情欲仍然蒙蔽着人的理性,禁锢人的意愿,但对拯救人类这一事业不应悲观失望。我相信,人类必将沿着和睦与幸福的道路前进;我们将会在一种比较幸福的生活中享受我们所憧憬的福利,我们的后辈要比其先辈明智,他们是会懂得怎样去谋取这种福利的。随信附上书中人物的真名实姓表一张,请您用它来替换书中人物的化名,这些化名是在我的书出版的时候出于慎重起见而使用的,如今这种考虑已经没有价值,而让大家认识这些曾跟巴贝夫共事分忧的人物,是正当的。

我的意思当然是不要讲起我。把我的生平事迹,包括好的和坏的方面,详尽备至地公之于世,这究竟对人类有什么好处呢?我只能向您提出,您想为我立传而编的那份材料,年月与事实的讹错,比比皆是:把我没有做过的事情算在我的分上,而理应算在我分上的事情却要么只字不提,要么讲不清楚;事件顺序时而被颠倒了;而且,出于对我的好感,您讲了一些使我当之有愧的赞扬的话。

我很高兴能够假此机缘来向您寄上一份有关罗伯斯比尔的传略,依我看来,发表这份传略是有好处的,也许您会感到您正需要它。

对我来说,有机会认识您是太荣幸了。像您这样气质的人今天是很少有的,我很高兴能够确切地了解到,在英国也不完全为追求财富的贪欲、斤斤计较的精神所支配,除了你们的贵族老爷和信奉财神的牧师以外,还有渊博深邃的思想家,对人民忠心耿耿的朋友,以及蔑视人间蠢举的高尚人士。

请您相信,我的朋友,如果您不吝给我来信的话,我将为保持我们之间的联系而感到荣幸。

您的忠诚的兄弟

菲力蒲·邦纳罗蒂

人物化名还原表

(括号里是曾使用过的其他别名是我们加的。——编者)

化　名	真　名
比东	德邦
洛让·德·多里麦尔〔洛尔让·德·多瓦麦尔〕	尤利安·德·拉·德罗姆
甘纳克	沙兰
索姆波	波德索姆〔波德松〕
格拉图	古拉尔,印刷厂主
拉·提尔姆	迈耶,法律界人士
辛特拉尔	特林沙尔,细木工
维洛尔	雷沃尔,印刷厂主
哥尔斯坎	索里纳克,鞣革工
里瓦格尔	格拉维埃,酒商
里　皮	菲勒蒲〔菲力蒲〕,海员
提斯米奥	米图瓦,文人

吕索里隆 …………………………	罗西昂，外科医生
勒　夫 …………………………	费吕，土伦人
艾里迪〔艾里第〕………………	迪第埃，锁匠
菲力蒲·勒·莱克舍勒〔莱克舍尔勒〕………………	费里克斯·勒·佩尔蒂埃〔勒佩尔蒂埃〕
德·诺姆贝〔德诺姆贝〕…………	波德曼〔波得曼〕
阿德里〔列迪〕…………………	德莱
艾　里 …………………………	雷依斯，鞍具商
克雷塞尔 ………………………	克雷莱〔克雷尔〕，裁缝
勒·依姆 ………………………	基莱姆，邮票押送员
佩里诺〔雷尔皮诺〕……………	比埃伦
阿里诺热 ………………………	兰涅罗，前国民公会代表
欧杜沙 …………………………	舒迪厄，前国民公会代表
萨谢米 …………………………	马谢依〔被误认为前国民公会代表〕

*　　　*　　　*

以下是邦纳罗蒂使用过的另一些化名及其真名，这些在他的1836年编的还原表中没有收罗进去。——编者

罗曼科塞尔 ……………………	尼古拉·莫莱尔
乌勒克尔 ………………………	勒哥尔
莱尔·德·德·涅特尔 …………	达莱尔－台讷伊
茹拉仁诺 ………………………	库兰热
舒安 ……………………………	热努阿

四　邦纳罗蒂传略

菲力蒲－米歇尔·邦纳罗蒂（Buonarroti Filippo Michele）于1761年11月11日出生在一个贵族家庭里，这个家庭跟米开朗琪罗有亲缘关系。邦纳罗蒂在比萨大学读书，毕业后住在佛罗伦萨，

当时就有进步观点。卢梭对他有很大的影响。1786 年,他被抄家,从他那里查出反宗教的作品。

1789 年秋天,法国革命的消息刚刚传来不久,邦纳罗蒂便出发到科西嘉岛。在那里他开始发行意大利文的《科西嘉爱国者报》。邦纳罗蒂在该岛所从事的积极活动招致反动分子的不满。1791 年 6 月,在巴士底狱暴动期间,邦纳罗蒂被驱逐出该岛,罪名是“散布敌视宗教和蔑视神职人员的邪说”。他被强行解押上船,遣送到里窝那。巴士底狱暴动平息后,他返回科西嘉,在省政府机关工作。1791 年 9 月 2 日,科西嘉省议会提出授予邦纳罗蒂以法国国籍的申请。在 1792 年再一次提出这项申请的时候,省议会在它的决定中指出:“菲力蒲 · 邦纳罗蒂,原籍托斯卡纳,革命初期迁居本省,对祖国有巨大贡献……,他的文章和言论,对自由与平等的事业起了非常有力的促进作用……,从各方面来看,他都有资格加入本议会认为应授予法国国籍的外国哲学家的行列。”

1792 年末,邦纳罗蒂参加出征撒丁。他的英勇表现受到讨伐军司令特吕盖上将的赏识。邦纳罗蒂在 1792 年 11 月 17 日给国民公会的信中写道:“我要一手持剑,另一手持人权宣言开赴撒丁。”在登上圣皮埃尔岛后,他立即为撒丁制定了一个宪法草案,并授权向国民公会提出将撒丁岛并入法国的申请。

由于巴斯噶尔 · 鲍利所采取的两面派策略,出征撒丁没有成功。鲍利当时主张科西嘉脱离法国而独立,他虽然是在革命后返回祖国,但仍保持其分裂主义者的面目,并为了英国的利益而随时准备背叛革命的法国。从这时候起,邦纳罗蒂便不遗余力地对鲍利进行揭露。在赴巴黎途中,他在土伦雅各宾俱乐部(1793

年3月)作出一项决议,要求逮捕鲍利和波卓·德·波尔戈,后者当时是科西嘉的总检察长(后来成为俄国外交部长)。由于邦纳罗蒂的坚持,国民公会在4月2日下令召回鲍利和波卓来把问题讲清楚。1793年5月27日,国民公会批准了邦纳罗蒂加入法国国籍,这是对他的功绩的确认。同时,他还被吸收进雅各宾俱乐部并结识了马克西米利安·罗伯斯比尔,他对罗伯斯比尔的评价极高。

1793年夏,邦纳罗蒂被派赴科西嘉去执行任务,但未能潜入该地。有一段时间他待在法国南部,协助他的密友、国民公会成员沙利切蒂的工作。回巴黎后,邦纳罗蒂继续进行反对鲍利的斗争,发表一部新的小册子——《科西嘉阴谋的彻底败露》(*Consipration de Corse, entièrement devoilée*)来揭露他;在国民公会的科西嘉代表马利特多和卡扎比扬基的坚持之下,邦纳罗蒂作为国民公会的全权特派员被派赴科西嘉。英国的封锁使他滞留在土伦,可是他在那里出色地完成一些国民公会代表(小罗伯斯比尔、沙利切蒂和里科尔)交给他的许多任务,他们对他的活动给予很高的评价。

在这期间,拿破仑极力拉拢他。还在科西嘉的时候,邦纳罗蒂就认识拿破仑和他一家。约瑟夫·拿破仑曾为邦纳罗蒂办的报纸撰稿,邦纳罗蒂曾给予波拿巴一家以物质帮助。拿破仑在写给他的母亲和约瑟夫的一些信件中,责怪他们没有偿还欠邦纳罗蒂的债务。远在那时候,邦纳罗蒂就已经对拿破仑有看法,即认为他是最危险的野心家和假共和派。

1794年4月至1795年3月,邦纳罗蒂在奥涅尼埃地区行使国民公会代表的职权,这个地区包括撒丁并入法国的那部分和热那亚共和国暂时被占领的那部分地区，邦纳罗蒂在执行任务过程中直接参加了许多战役。他的活动具有鲜明的雅各宾主义和民主主义的性质。他跟当地最大的土地所有者巴列斯特林诺侯爵发生冲突，没收了他的地产。由于这件事，当时已由热月党人把持的救国委员会于共和三年风月一日通过了关于逮捕邦纳罗蒂的决定，这道命令给邦纳罗蒂加上“维护恐怖，迫害居民”的罪名。1795 年 3 月 5 日，邦纳罗蒂被捕并被押解到巴黎，关进普列西监狱，直到 10 月 9 日。在监狱里他结识了巴贝夫，后者给他以极其强烈的影响。出狱以后，邦纳罗蒂从一个坚定的维护罗伯斯比尔的雅各宾分子转变为一个共产主义者。

关于邦纳罗蒂在巴贝夫运动中的作用，他自己在《为平等而密谋》一书中作了阐述。他是先贤祠协会的领导人之一，并主持了该协会在 1796 年 2 月 28 日召开的最后一次会议；接着他参加巴贝夫在共和四年芽月（1796 年 3 月）组织的救国秘密督政府。即使在这期间，他也没有中断跟意大利的联系。沙利切蒂在 1796 年初被任命为督政府派驻意大利军队的代表后，曾立即向邦纳罗蒂求助。共和四年风月一日，邦纳罗蒂向督政府呈送一份书面报告，提出在土伦建立一个革命政府的计划，以作为在整个意大利开展运动的基地。督政府对邦纳罗蒂的正式委任，由外交部长德拉鲁瓦下达给法国驻意大利代表卡伐。然而，由于从事巴贝夫主义者在巴黎举事的准备，邦纳罗蒂未能到意大利部队去。在旺多姆审判案中邦纳罗蒂宣称：“当时有当局所了解的公务在身，本应出差。”

在法庭上，邦纳罗蒂表现英勇。他跟其他四名被告被判处流放，并跟前国民公会成员瓦迪埃一道被押往瑟堡附近的珀莱岛上，他们是被关在铁囚笼里押运的。1800 年，邦纳罗蒂被发配到法国西海岸（下夏朗德省）的奥列龙岛，受警察当局管制。

1802 年 12 月，拿破仑亲自下令把邦纳罗蒂送往厄尔巴岛监管。在这之前，波拿巴政府曾向邦纳罗蒂提出建议，建议他以承认新制度为条件来换取完全赦免和官职，为邦纳罗蒂所拒绝。邦纳罗蒂没有到厄尔巴岛。1803—1806 年间，他在索斯佩罗（阿尔卑斯滨海省），受警察管制。在这期间，他的又一罪名是在书信中继续使用“那种提醒人们回想起那个我们大家应该竭力把它忘掉的时代的文体”。

1806 年，邦纳罗蒂获准迁往当时属于莱芒省的日内瓦。在这期间，他跟秘密组织“兄弟会”有联系，特别是参与了 1812 年马莱将军发动的事变。省政府机关在给警务大臣萨瓦里的报告中，要求把在整个“雅各宾派叛乱分子集团”中表现“最疯狂”的邦纳罗蒂驱逐出日内瓦。在其中一份报告中写道：“邦纳罗蒂至今仍跟他同巴贝夫搞密谋时一模一样。六年来他从未停止煽动对政府的不满。”1813 年，邦纳罗蒂被遣送到格勒诺布尔，其间他虽然答应不再参加政治活动，可是行政当局指出，要做到这点的话，“必须让他换个脑袋才行。”

波旁王朝第一次复辟的时候，邦纳罗蒂正在日内瓦。但“百日”一开始，他便写信给富歇，请求“看来要把独立和自由归还给法国的拿破仑”，取消旺多姆的判决并准许他回法国。他没有得到答复。事后，在圣赫勒拿岛上，拿破仑这样地回忆了邦纳罗蒂：“这是一个非常聪明的人，自由的狂热者，但正直、纯洁；是恐怖主义者，然而却不失为普通的好人。看来，他没有改变自己的性格……他是一个有惊人才能的人，米开朗琪罗的后裔，是一位像阿里欧斯托那样的意大利诗人，他用法文写作比我还要强，他的绘画可以跟大卫媲美，他的钢琴弹得像派西埃罗一样动听。"

从1815到1824年，邦纳罗蒂在日内瓦。表面上深居简出，教授音乐和数学，实际上则从事紧张的革命活动。作为"19世纪最伟大的密谋家"（巴枯宁语），邦纳罗蒂领导着秘密的国际革命组织，这种组织有其独特的等级结构，其中只有最高的环节才了解这些社团的共产主义的基本目标。这种组织的形式与名称可以适应意外的挫折和警察的追踪而变更，而其共产主义目标则始终维持不变。因此，它跟小资产阶级的烧炭党人秘密组织是不同的，后者只给自己提出一些政治任务，最远也就走到为争取共和国而斗争。1822年，邦纳罗蒂派遣其追随者安德里扬①到意大利从事活动，事败被捕，导致邦纳罗蒂被驱逐出日内瓦。他便迁往布鲁塞尔。

1828年，邦纳罗蒂终于实现了他的夙愿——完成了《为平等而密谋即巴贝夫密谋的历史》一书。这本书由"罗曼斯出版社"出版后，一鸣惊人。1830年就已再版并由布朗特尔·奥勃莱恩翻译成英文。在这期间，邦纳罗蒂跟沙·戴斯特过从甚密。从1828年起，戴斯特便成为他的志同道合的人。

1830年七月革命后，邦纳罗蒂在八月间化名雷蒙取得护照，前往巴黎。这期间，他跟比利时共和党人联系密切，试图对比利时的革命运动进行帮助。邦纳罗蒂的最亲密的拥护者之一——德·

① A. 安德里扬：《一个政治犯的回忆》，1837年法文版第一卷。

波特尔，曾一度进入比利时政府。

邦纳罗蒂一生的最后七个年头是在法国度过的。这个时期，邦纳罗蒂显然在保持自己的组织（“世界会”）的同时，还参加一些秘密共和主义组织（“人民之友社”和“人权社”）的活动。他对布朗基观点的形成及其活动起了影响作用。30—40 年代的法国社会主义著名代表人物——戴斯特，怀耶·达尔让松，拉斯拜尔，卡贝，路易·勃朗，都在不同程度上接受了邦纳罗蒂的个人影响。路易·勃朗在他的《十年史》中，把邦纳罗蒂说成是当代“最伟大的人物”。

许多法国革命史学家都纷纷向邦纳罗蒂求教，特别是布歇和卢这两位，他们在编写《革命议会史》时采纳了邦纳罗蒂的建议。

邦纳罗蒂没有中断跟意大利革命运动的联系。1830 年，他在巴黎跟波诺梅奥、比扬科、穆里、萨尔菲一道组织了一个委员会，策划从萨沃纳潜入皮蒙特。这个图谋受到法国政府的反对。1831 年 2 月组织的一次潜入活动，遭到失败。

直到 1834 年，邦纳罗蒂一直跟马志尼保持联系。然而，在他们之间存在着深刻的原则性分歧。邦纳罗蒂谴责马志尼跟伦巴第的资产阶级集团保持联系。跟马志尼针锋相对，邦纳罗蒂认为法国应保留革命的首创作用。他跟马志尼的分歧还表现在对意大利未来革命政府的任务的理解上。邦纳罗蒂在《论解放革命中的人民政府》一文（发表在 1833 年《青年意大利》上）中，主张建立一个由“少数强有力的人物组成的”专政政府，这个政府应具有非常的权力，其目的在于建立起新的政治、经济、军事和教育机构。马志尼则反对专政，并完全错误地把邦纳罗蒂贬为替个人独裁的观点进行辩护。他还论证说，意大利不需要恐怖，因为意大利革命没有内部敌人。1834 年，邦纳罗蒂谴责马志尼所组织的出征萨沃纳之举为冒险行动，并跟他实行决裂。

邦纳罗蒂在巴黎的生活方式一直非常简朴。他寄居在怀耶·达尔让松家里。1836 年，屠格涅夫在普希金办的《当代人》第一期上，描写他跟邦纳罗蒂会面的情景："老者邦纳罗蒂（米开朗琪罗的后裔）跟我们共进午餐。他是近半个世纪历史事件的活字典。他的生平简况是：青年时代是托斯卡纳改革家列奥波特的朋友；革命前就离开祖国，到法国去。在那里，他被革命初期的思想所吸引，于是便写信给列奥波特，并把托斯卡纳的勋章寄回给他，信中表示他要全心全意地献身于当时的法国，不能再回祖国定居。从那时起，他便在法国当时所处的环境中活动。督政府把他关进监狱；拿破仑也没有释放他。在拿破仑统治时期，他要么在监狱中生活，要么在受监视之下在一些城市中生活，1814 年他在一个城市中还遇到拿破仑。据巴本写的有关密谋的记载，邦纳罗蒂差一点没有被绞死。1814 年后，邦纳罗蒂陷入贫困，靠劳动谋生，既不依靠当时住在凯恩的已经发迹的儿子的抚养，又不接受亲友的接济。这时候怀耶·达尔让松给他一间小屋，于是这位哲人便长期身居陋室，独自陷入往事回忆之中。他的年老体衰的妻子住在日内瓦，生活困苦。他对许多人物作了精彩的评介，说出了至今很少有人知道的事件和人物的详细情况。他在青年时代认识拿破仑，以后在短时间内还有交情。在科西嘉的时候，他住在拿破仑的母亲的家里，有一次拿破仑回家看望他的母亲，拿破仑少尉在离家前的最后一个晚上，曾与邦纳罗蒂共榻。从那时候起，他们不时争吵，但

从来没有和解的时候。波拿巴登上了王位,邦纳罗蒂则关进了监狱。”

1837年9月16日,《国民报》发布邦纳罗蒂的讣告如下:“菲力蒲·邦纳罗蒂,前国民公会特派员,今晚于友人怀耶·达尔让松寓所逝世,终年七十六,实德高望重。”葬礼在蒙马特尔墓地举行,约有1500人参加。在墓前放了一个用橡树叶编扎的花圈,附挽词如下:“邦纳罗蒂,伟大的公民,平等的朋友,人民送给你这个花圈,历史和后人一定会表示赞同。”

在碑文的问题上,沙·戴斯特不得不跟巴黎警察当局进行长期的斗争。在墓碑的一面刻道:“菲·邦纳罗蒂,1761年11月11日生于比萨(托斯卡纳);1793年5月27日由国民公会下令授予法国国籍;1837年9月16日于巴黎逝世。”在另一面上刻着邦纳罗蒂在旺多姆审判案中的一段发言摘录:“你们要审判的,是我为了热切追求共同幸福而饱尝牺牲和苦难的沸腾的一生。”在第三面上刻道:“被判处流放,在监狱和流放地服刑。尽管在极端残酷的迫害条件之下,他仍然继续自己的事业。没有任何东西能够动摇他的勇气。他为人类而生活。”警察局长拉姆布托伯爵竟断然要求删去最后两句话。即使在邦纳罗蒂的墓前,警察当局仍然继续对这位已经被他们迫害四十多年的不屈不挠的革命家进行迫害。

邦纳罗蒂的个人档案长期由他的朋友,巴贝夫主义者波德曼保存。1910年,他的档案被移送到巴黎国立图书馆手稿部,在这以后,人们开始对邦纳罗蒂的生平与活动加紧进行研究。苏共中央马克思列宁主义研究院中央档案馆收藏有他的这部分档案的影印复制品。

（译自邦纳罗蒂:《为平等而密谋》1963 年俄文版第 2 卷第 353—365 页）

五　巴贝夫传略

弗朗斯瓦·诺埃尔·巴贝夫(Fransois-Noël Babeuf,1790 年曾易名为卡米尔,1793 年又易名为格拉古)于 1760 年 11 月 23 日出生在圣康坦(毕卡迪省)。他的父亲曾从军队里开小差,跑到国外去,在奥地利工作;1755 年获得赦免后,回到法国。他一生最后几年生活潦倒,充当“总包税人”的收缴盐税督察员。格拉古·巴贝夫早年离开家庭,一度在毕卡迪运河工程工作。巴贝夫只从他父亲那里接受过粗浅的初等文化教育,但他刻苦攻读,不断充实自己的学识。1781 年,他开始当文书,迁往鲁瓦城(毕卡迪省)。在整理封建地主档案过程中,巴贝夫内心充满了对封建主义的仇恨,并开始对社会问题产生极大的兴趣,他认真研究卢梭和马布利的著作。1785—1788 年间巴贝夫跟阿拉斯科学院秘书杜布瓦-德-福瑟(革命期间是帕-德-加来省自由派督政府的领袖)的通信中,主张举行一次“要带来伟大的变革的伟大革命”,提出建立“集体农场”的计划,并提出征文题目如下:“人民的状况将会是什么样子……人民的社会机构将会是这样的,即在其全体成员之间建立起最完全的平等,他们所居住生息的土地将属于全体人所有,一切东西——直至所有工业部门的产品——都将属于公有。试问,类似这样的机构的正确性是否将为自然法所证明?这种社会的存

在是否可能？用来实现绝对平等分配的措施是否可行？"用巴贝夫自己的话来说，1789 年前，他只是"档案管理员和土地测量员"，而在革命一开始，他却一跃而为"自由的宣传者和被压迫人民的维护者"。[①] 在制定指令书时，巴贝夫主张废除封建义务制并反对"财产严重不均"。7 月 17 日，巴贝夫就已赶到巴黎，于 10 月间向制宪会议提出《永久地籍簿》这一论著。在该论著中他主张废除封建土地所有制，并将土地平均分配，终身使用。巴贝夫参加了 10 月 5—6 日运动。回到卢瓦后，他开展了反对"总包税人"所征收的间接税的斗争。1790 年，巴贝夫拟定了一份请愿书，要求"对于获得自由的法国人，不应再征收酒税、盐税及入市税，即使是临时的也罢。"这个请愿活动在毕卡迪获得很大的成功。因此，1790 年 5 月，巴黎的税务法庭（Cour des Aides）以"制造种种混乱的首犯"和"无所不用其极的暴乱者"的罪名，下令逮捕巴贝夫，并将其押解到巴黎，关进康塞热里监狱。巴贝夫在那里大约被关押了两个月。在这期间，马拉替他进行辩护，用巴贝夫的话来说，马拉是他的"正式辩护人"，马拉在他的报纸上"称他为兄弟和朋友，并成功地把他从康塞热里搭救出来"[②]。释放后，巴贝夫在努瓦荣发行了《毕卡迪通讯员报》，并进行反对大土地所有制的斗争。他不顾制宪会议的有关法律规定，主张无偿地废除封建义务和分配公社土地。早在 1790 年，巴贝夫就已提出不应当把没收的教会财产出售，而是将其长期出租，在这方面不仅要考虑国家的利益，而且要

① 加·德维尔：《未发表的巴贝夫私人录事》，载《法国革命》1905 年第 49 卷。

② 在第 53 期《人民之友》（1790 年 7 月 4 日）上，马拉号召民主人士前往监狱探望巴贝夫，以"鼓舞其斗志，保证给他以帮助"。

照顾到“私人”(指农村贫苦农民)的利益。

由于1791年春在卢瓦领导分配公社土地的运动,巴贝夫再度被捕,但很快就释放了。原因是这次逮捕激起了极大的民愤,以至没有一个见证人胆敢出庭提供指控巴贝夫的证据。

1791年夏,巴贝夫替由于反对领主拉米尔伯爵夫人而被捕的达文库尔公社的农民进行辩护。在他发表的请愿书中,他宣称这次审判案“应列为最著名的案件之一,因为从该案审理过程中可以看出,封建残余势力仍然大得惊人”。巴贝夫传达文库尔案件中全体被捕农民获得释放。在国王逃往瓦伦事件期间,巴贝夫采取了鲜明的共和派立场。

考虑到左派代表们(包括罗伯斯比尔在内)在制宪会议中的活动不够坚决,巴贝夫曾试图通过瓦兹省的代表库贝神父来对立法会议起影响作用。在保存下来写给库贝的信件中,[①]巴贝夫强调指出,至今革命没有给“穷人阶级”做任何事情,并且坚持必需实行“农业法”。同时,巴贝夫要求取消实行财产限制的选举制度,要求立法会议每年进行改选,要求让全体公民参加国民自卫军,要求在批准一切法令方面实行“人民否决权”,等等。

1792年8月10日起义后,巴贝夫在9月间被选入索姆省的省议会,该议会中大多数是吉伦特党人,他们都力图尽可能快地摆脱这位“本省的马拉”。1792年11月,巴贝夫被选为蒙迪第埃区政府的成员,他在那里坚决要求尽快地没收叛逃者的财产。

---

① 其中一封信由A.艾斯皮纳斯在1898年发表在《18世纪社会哲学》一书中,另一封信由莫·多芒热于1935年发表在《巴贝夫作品选编》这部集子中。

蒙迪第埃区行政当局,特别是检察官龙格冈(此人早在税务案件中就已对巴贝夫进行迫害),利用巴贝夫在办事手续上的一些小小疏忽,指控巴贝夫"弄虚作假",终于把他撤职并交付法庭审判。1793 年 8 月,索姆省刑事法庭竟判处巴贝夫"带铐"监禁二十年的徒刑。

在替自己申辩的过程中,巴贝夫前往巴黎。1793 年 3 月间,他曾为了替富尼埃(别名美国人,巴黎街区反对迪穆里埃和吉伦特党人而举行的三月事件的组织者之一)辩护而反对马拉。巴贝夫指责马拉对"穷人阶级的福利"问题不够重视。他在五月间写给肖美特的信中,批评了第一个限价法令(5 月 4 日)。巴贝夫支持罗伯斯比尔提出的人权宣言草案,支持他关于限制财产权的建议;巴贝夫对国民公会进行攻击,认为在它的成员当中除少数人外找不到"真正的无套裤汉"。巴贝夫在当时就已开始着手制定一个草案,以体现"无套裤汉的立法,或完全的平等"。

在西尔文·马雷沙尔和肖美特的协助之下,巴贝夫取得了巴黎粮食管理局秘书的职位,当时该局的领导人是加兰。为了坚决地贯彻最高限价法令,巴贝夫在粮食管理局和内政部长加拉(此人暗地反对粮食限价)的冲突起了重大的作用。在这期间,巴贝夫最直接地参加了巴黎各街区反对抬高物价的运动。

在索姆省行政当局的坚持下,巴贝夫重新遭到监禁。经过一段短时间的拘押后(1793 年 11 月 14 日—12 月 7 日),他暂被交保释放。这期间他对宗教政策、对罗伯斯比尔和"非基督教人士"展开批判。1794 年 1 月 1 日,他再度被捕。但几个月以后,经过他的争取,国民公会颁布了关于由艾纳省最高法院(兰城)重新审理该案的命令。共和二年获月 30 日(1794 年 7 月 18 日)他在那里获释,虽然案件还没有了结。

回到巴黎以后,巴贝夫对于在热月 9 日发生的政变,并没有立即认清其反革命实质。然而经过几个星期后,他认识到自己的错误。后来,在 1796 年,他就这件事写道:“我诚心诚意地承认,我曾一时错看了革命政府,错看了罗伯斯比尔和圣茹斯特等人,这是很大的罪过。”

巴贝夫曾创办《言论自由报》,该报从 1794 年 10 月起改名为《人民保护官或人权捍卫者》报。他曾是“选举俱乐部”的领导人之一,该俱乐部把残留的阿贝尔派和“激忿派”联合起来。由于巴贝夫的报纸坚决支持该俱乐部反对热月党人的斗争,于是很快便失去其原先的发行人古弗鲁瓦的物质支持。巴贝夫早在 1794 年 10 月间就曾被短期拘禁,及至 1795 年 2 月 3 日塔利昂在国民公会上对他进行尖锐地攻击以后,在“煽动叛乱,煽动谋害与瓦解国民代表”的罪名下再度被捕。他这次被捕刚好是在巴黎郊区芽月和牧月行动的前夕,无疑,巴贝夫的宣传活动对于准备这两次行动是起了很大的促进作用的。

在巴黎监狱,特别是在阿腊斯监狱里(巴贝夫在那里被关到 1795 年秋),巴贝夫加紧从事理论和组织工作,他跟革命政府的许多工作人员进行串连,后者都是跟约瑟夫·勒邦(国民公会派驻北方省和加来海峡省的代表)的案件有牵连的。在阿拉斯监狱中,巴贝夫跟被捕入狱的骠骑兵队长沙尔·热尔明特别亲近,热尔明后来成为巴贝夫主义者运动的最杰出的组织者之一。在保留下来的巴贝夫给热尔明的信和《平民宣言》的初稿都可以看出,当时巴贝夫已经形成了一整套比较坚定的共产主义观点，当然，在这些观点中浸透了粗陋的平均主义。

1795年9月10日，巴贝夫又被转移到普列西监狱，在那里他结识了邦纳罗蒂。在葡月13日反革命阴谋叛乱期间，巴贝夫在其他被捕的共和党人的支持下，曾争取让热月党人国民公会把他释放出狱——即使是暂时的也罢，以便参加保卫共和国的斗争。

1795年10月18日获赦出狱后，巴贝夫立即把《人民保护官》报恢复起来（10月6日），在报上他坚决反对督政府，尽管后者试图笼络他（通过富歇）。巴贝夫成为先贤祠俱乐部的鼓动者之一，在该俱乐部解散后，他创立了一个非法的革命组织，策划举行反对督政府的武装起义。他在这期间的活动，在邦纳罗蒂的书中作了详尽记述。1795年12月和1796年2月间，督政府试图逮捕巴贝夫，但由于巴贝夫隐蔽起来，没有得逞。共和四年花月21日（1796年5月10日），在叛徒格里泽尔告密之下，巴贝夫和邦纳罗蒂在其秘密住处——裁缝提索家里被捕。

在旺多姆审判案期间，巴贝夫坚贞不屈，英勇地捍卫其共产主义观点，被判处死刑。在宣判以后，巴贝夫企图用他的儿子罗贝尔－艾米尔偷带进法庭的刃首自杀，未遂。1797年5月27日，巴贝夫被处决。

（译自邦纳罗蒂：《为平等而密谋》俄文版第2卷第366—374页）

六　共和国历与公历对照表

共　和　年	一　年	二　年	三　年*	四　年	五　年	六　年	
	1792	1793	1794	1795	1796	1797	公　元
	—	—	—	—	—	—	
葡月1日……	22	22	22	23	22	22	九　月
雾月1日……	22	22	22	23	22	22	十　月
霜月1日……	21	21	21	22	21	21	十一月
雪月1日……	21	21	21	22	21	21	十二月
	1793	1794	1795	1796	1797	1798	
	—	—	—	—	—	—	
雨月1日……	20	20	20	21	20	20	一　月
风月1日……	19	19	19	20	19	19	二　月
芽月1日……	21	21	21	21	21	21	三　月
花月1日……	20	20	20	20	20	20	四　月
牧月1日……	20	20	20	20	20	20	五　月
获月1日……	19	19	19	19	19	19	六　月
热月1日……	19	19	19	19	19	19	七　月
果月1日……	18	18	18	18	18	18	八　月

* 表示共和历的闰年，也就是在这一年中有六天无套裤汉节日。

有关巴贝夫与邦纳罗蒂的平等派密谋的书目[1]

（法兰西大学教师让·多特里编纂）

I.《为平等而密谋》一书

（1）原版：《为平等而密谋——又称巴贝夫密谋。附审判情况及文件……》（Conspiration pour L'égalité, dite de Babeuf, suivie du procés auquel elle donna lieu et des pièces justificatives..., par Ph. Buonarroti），菲·邦纳罗蒂著，布鲁塞尔罗曼斯出版社1928年版。上卷. VIII + 325页；下卷，327页，另勘误表两页。

（2）1830年版：波杜因兄弟出版社1830年巴黎版，两卷集（Paris, Baudouin frères, 1830, 2 vol. in - 8°），书名加了一个新标题（副标题）——法国大革命回忆录选编（Collection de Mémoires relatifs à la Révolution fransaise）。本版的内容跟原版一模一样，加上一个新标题，无非是想让人知道该书是再版书而已。

（3）节本书：一共两种，一是"社会民主宣传"处（... Paris, au bureau de la《Propagade démocratique et sociale》）1849年巴黎版，只出了上卷。从国立图书馆所收藏的版本来看，该书共108页，页码跟原版完全一样，第108页最后一句话只有半句；后半部分的再版工作可能被推延了，但不能肯定是否完成。

---

① 由于本书出版于1957年，因此本书目只能反映截至本世纪50年代中期的出版情况。——译者

另一种是青年沙拉威出版社(G. Charavay jeune) 1850年巴黎版,X + 253页,这一版其所以不完全,是没有把原版书第二卷的文件附录收进来。

(4) 译本:

英文本:《邦纳罗蒂著述之巴贝夫为平等而密谋的历史。包括作者对法国革命……的回忆及其对民主政府……与平等的看法》(Buonarroti's History of Babeuf's Conspiracy for Equality; with the author's reflections on the... French Revolution... also his views of democratic government... and... equality)。布朗特尔译自法文,并附布朗特尔的原注释,1836年伦敦版,一卷本,XXIV + 454页。

这个译本是由宪章运动著名人士布朗特尔·奥勃莱恩于邦纳罗蒂在世时翻译的,附有邦纳罗蒂的一封信。此书巴黎国立图书馆没有馆藏,它藏在伦敦不列颠博物馆,编号:1059. C. 19。

德文版:《巴贝夫与平等派密谋……》,安娜·布洛斯与威廉·布洛斯合译(Babeuf und die Verschwörung für die Gleichheit... übersetzung von Anna & Wilhelm Blos),荻茨出版社1909年斯图加特版,一卷本。

俄文版:

《格·巴贝夫与平等派密谋》(Г. Бабеф и эаговор равных),译自1869年法文节本,T. 哥尔巴茨译, B. 斯维雅托斯拉夫斯基指导并作序,1923年彼得格勒-莫斯科版,一卷本,207页。

《为平等而密谋——又称巴贝夫密谋》(Заговор во имя равенства, именуемый эаговором Бабефа),沃尔金负责审订并作序,热鲁鲍夫斯卡娅翻译,曼菲列德注释。苏联科学院1948年莫斯科版,两卷集,上卷426页,下卷398页。

意大利文版:《为平等而密谋——又称巴贝夫密谋》(Congiura per l'Vguaglianza o di Babeuf) 加斯顿·曼纳科达翻译并作序(Pref. e trad. di Gastone Manacorda),埃诺迪出版社1946年都灵版,一卷本,XXVI + 375页。

(5) 节本:

《平等派的政治与社会制度,选编自菲·邦纳罗蒂的论著》(Système Politique et social des égaux extrait du livre de Ph. Buonarroti),《博爱报》报社1842年巴黎版,108页。

这是新巴贝夫主义者共产主义分子的宣传品,出现在七月王朝末期。

《大政治审判案:格拉古·巴贝夫与平等派密谋》(Les Grands Procès Politiques. Gracchus Babeuf et la conjuration des égaux)，菲力蒲·邦纳罗蒂著，A.兰克作序并注释，舍瓦利埃出版社1869年巴黎版，211页。

*　　　　*　　　　*

督政府对巴贝夫"密谋"的重视，充分地表现在审判期间及以后所发表的有关这次案件的大量官方文件上。

下面这份根据国立图书馆的馆藏编制的清单，可能是最全的一份。本清单按文件发表顺序编制。

①《塞纳省起诉陪审团对巴贝夫及参与花月22日密谋的59名被告的起诉书，附立法团控告德鲁埃代表的法令》(Acte d'accusation dressé par le jury d'accusation du de'partement de la Seine, contre Gracchus Babeuf et les 59 prévenus de la conspiration du 22 floréal, suivi de L'acte du Corps législatif portant accusation contre le représentant Drouet)，波杜因出版社共和四年果月巴黎版。馆藏号：Lb 422837。

②《对巴贝夫及其同谋犯从事危害共和国内外安全之密谋的公诉书副本》(Copie de la procédure Commune à Babeuf et co-accusés prevenus de conspiration contre la sûreté intérieure et extérieure de la République)旺多姆，莫拉尔-科拉印刷所承印，无日期。编号：Lb 421076。

③《最高法庭宣告对格·巴贝夫及53名同案被告的诉讼生效的判决书。共和五年雾月23日会议》(Jugement de la Haute-Cour de justice qui statue sur la validité de la procédure instruite contre G. Babeuf et cinquante-trois de ses Co-accusés. Séance du 23 brumaire an V.)本件未注明印刷日期和地点。编号：Lb 42212。

④《最高法庭。确定高级陪审团名单的会议记录。共和五年雾月29日》(Haute-Cour de justice. Proces-verbal de la formation du tableau du Haut jury. Du 29 brumaire de L'an V.)，旺多姆，莫拉尔-科拉印刷所承印，无日期。编号：Lb 42214。

⑤《最高法庭。巴贝夫被捕时在其住处查获的文件副本》(Haute-Cour de justice. Copie des pièces saisies dans le Local que Babeuf occupait lors de son arrestation)，巴黎国家印刷厂承印，共和五年霜月—雪月，两卷集。编号：Lb 42232。

⑥《最高法庭的判决书，共和五年雨月1日》(Jugement rendu par la Haute-Cour de justice le premier Pluviese L'an V.)。巴黎波杜因印刷所承印，

无日期。编号:Lb 42251。

⑦《最高法庭。公诉人在开庭辩论过程中提出的文件,共和五年风月6日会议》(Haute-Cour de justice. Pièces lues dans le cours de L'exposé fait par L'accusateur national à L'ouverture du débat. Séancedu 6 ventôse an. V.)。巴黎波杜因印刷所承印。无日期,编号:Lb 42278。

⑧《在巴贝夫住所查获的有关密谋的文件,经本人承认并签押(花月30日)》(Pièces relatives à la conspiration trouvées chez Babeuf, reconnues et parapheés par Lui, 30 floreal),巴黎督政府印刷厂承印,无日期。编号Lb 42338。

⑨《旺多姆最高法庭宣判格拉古·巴贝夫和奥古斯坦·亚历山大·达尔蒂的死刑的判决书……共和五年牧月7日》(Jugement rendu par la Haute-Cour de justice, séante à Vendôme, qui condamne Gracchus Babeuf et Augustin Alexandre Darthé à la pcine de mort... Du 7 prairial de L'an V.),旺多姆,莫拉尔-科拉印刷所承印。Lb 421406。

以上文件,少则几页,多则厚达两卷(如《巴贝夫被捕时……查获的文件副本》)。除这些文件外,还收藏有一套多卷本文件集,无日期,波杜因印刷所承印,卷名如下:

①《最高法庭对德鲁埃·巴贝夫等人的审判的法庭辩论材料,根据速记记录整编(共和五年风月——芽月)》(Débats du procès instruit par Haute-Cour de justice, contre Drouet, Baboeuf et autres, recueillis par des sténographes, ventôse-germinal an V.),第一、二、三卷。

②《在德鲁埃、巴贝夫等人审判案的法庭辩论中公诉人的发言、被告人及辩护人的辩护词(共和五年花月)》(Discours des Accusateurs nationaux, défenses des accusés et de leurs défenseurs faisant suite aux Débats du procès instruit contre Drouet, Baboeuf et autre, Florèal an V.),第四卷。

③《最高法庭庭长就人民代表德鲁埃及巴贝夫等人案件的法庭辩论所做的总结(共和五年牧月)》。(Résvmé du président de la Haute-Cour de justice, à la svite du débat dans l'affaire du représentant du peuple Drouet, de Baboeuf et autres, Prairial an V.),第四卷(下)。

以上文件集全五册均藏在国立图书馆,编号:Lb 42346。

在这些文件中,巴贝夫姓名曾用过的另一种拼写法 Baboeuf 原封不动地加以保留。对于巴贝夫的敌手来说,这种拼写法比正确的写法更为常见。毫无疑问，邦纳罗蒂写他的回忆录时，至少曾经部分地利用过这些文件。

II. 巴贝夫

（甲）巴贝夫的著作。

巴贝夫写了很多东西。他在 1786 年至 1797 年间发表了大约三十种大大小小的宣传品。他往往一身兼负四种报纸的编辑工作。

①《联盟报》(Journal de la confédération)，拉依哀和加涅里印刷厂，巨蛇路 17 号。该报出了两期，每期八页，第二期的日期是 1790 年 7 月？日。

②《毕卡迪通讯员与第二立法书的编者》，(Le Correspondant Picard, et le rédacteur des cahiers de la seconde législature)，本报面向城镇乡村居民及索姆省、埃纳省和瓦兹省市议会，弗·诺·巴贝夫编。努瓦荣德万印刷厂承印，1790—1791，共出刊 40 期。

这份报纸曾收藏在肖尼的一家私人图书室里，以后下落不明，成为不可挽救的损失。当地学者希望能够找到这一孤本。

③《言论自由报》(Journal de la Liberté de la Presse)，印厂主罗吉弗这一化名最后换成古弗鲁瓦这一真名，最后几期没有注明承印人的姓名。

本报共 22 期，从共和果月 17 日(1794 年 9 月 3 日)到共和三年葡月 10 日(1794 年 10 月 1 日)，有巴贝夫的署名——C. Babeuf，即卡米尔·巴贝夫，卡米尔是巴贝夫使用的第一个共和名字。在 10 月 1 日出版的那一期(篇幅为八页)，刊登了一则简讯，宣布该报改刊及办刊原则。报纸改名为《人民保护官或人权捍卫者》(Le Tribun du peuple ou le Défenseur des Droits de L'Homme)，格拉古·巴贝夫编。弗兰克林印刷厂(后来由人民保护官印刷厂)承印。此报的编号承续《言论自由报》，起自第 23 期(共和三年葡月 14 日即 1794 年 10 月 5 日)，止至第 43 期(共和四年花月 5 日即 1796 年 4 月 24 日)。从此报不定期，因须视巴贝夫是行动自由或是被警察搜捕或在狱中等情况而定。

④《人民的侦察兵或二千四百万人的保卫者》，祖国一兵——S. 拉兰德编。(L'Éclaireur du peuple ou le Défenseur de 24 millions d'opprimés, par S. Lalande, soldat de la Patrie)。

这是巴贝夫办的报纸中撰稿最多的一份，它一共出了 12 期，从共和四年风月 10 日(1796 年 2 月 29 日)到共和五年花月 8 日(1796 年 4 月 27 日)。

* * *

巴贝夫的大量手稿都保存下来。莫斯科马克思列宁主义学院收藏有一些巴黎国立图书馆所没有的极其重要的印刷品。一些书信保存在阿姆斯特丹社会史研究所,一些未公布的手稿收藏在国家档案馆、索姆省档案馆、加来海峡省或瓦兹省档案馆等地。从手稿目录和藏件清单上往往可以发现尚未公布的材料。最后还要提到,格拉古·巴贝夫从阿腊斯监狱写给阿腊斯市议会的一封信(日期为共和三年芽月 28 日,即 1795 年 4 月 17 日),已复制收入 M. J. 杜夫人编印的《马里埃蒙手稿集》中(见该书 1955 年巴黎版第二卷第 797 页及以次各页)。

从标题上看,直接跟这次密谋和审判案有关的小册子当中,有这样几本:

①《人民保护官告内地军书》(Adresse du Tribun du Peuple à L'armée de L'mtérieur. De l'Imprimerie du Tribun du peuple)。人民保护官印刷厂承印,共和五年(原件无日期),12 页。

②《格拉古·巴贝夫(人民保护官)在最高法庭上发表的最后一篇辩护词》(Péroraison de la défense de Gracchus Babeuf [Tribun du peuple]。Prononcée devant Ia Haute-Cour de Justice)。人民之友(R. F. 勒布瓦)印刷厂承印,安德列 - 德扎克区商业路卢昂宫拱门内,共和五年(原件无日期),七页。

③《被所谓最高法庭杀害的格拉古·巴贝夫在临死时给妻子和儿子的遗书。他声明他准备消失在漫漫无际的黑夜里。他宣告置个人声誉于度外,并为由于反革命而处于王党疯狂迫害下的共和派人士的处境感到担忧。他透露自己为祖国而牺牲、抛弃妻儿并不足惜,惋惜的是眼看着自由事业被断送。他向孩子们告别时说他跟人世只保持行将中断的一丝联系。巴贝夫的最后一句话是宣称他要投入美德的怀抱中酣睡》,勒布瓦的人民之友印刷厂承印,共和五年(原件无日期),七页。(Dernière lettre de Gracchus Babeuf, assassiné par la prétendue Haute-Cour de justice, à sa femme et à ses enfants...)

④《巴贝夫给妻子和儿子的遗书》(Dernière lettre de Babeuf à sa femme et à ses enfants.)共和五年(原件无日期)巴黎版,四页。

我们要在这里指出,勒布瓦不仅印刷了巴贝夫的最后的几个声明,他的《人民之友》还详尽备至地报道了审判案的过程;它替巴贝夫辩护,说他不仅是"彻底的"共和党人,而且还是"共同幸福"的拥护者,这是跟《自由人报》之类资产阶级报刊所说的巴贝夫追求空想这种论调是很不一样的。在巴贝夫于共和五年牧月八日(1797 年 5 月 27 日)被处死后,勒布瓦仍始终不渝地纪念共产主义者巴贝夫。

（乙）论述巴贝夫的主要著作

① 维克多·阿德维埃尔:《格拉古·巴贝夫与巴贝夫主义。根据大量从未发表的文件资料编写》(Victor Advielle. Histoire de Gracchus Babeuf et du babuvisme, d'aptrès de nombreux documents inédits)巴黎,1884 年印于作者寓所——古恩内哥路三号,两卷本,印数 300 份。

第二卷是文集,其中包括巴贝夫在最高法庭发表的整个辩护词以及巴贝夫跟杜布瓦·德·霍瑟(1785—1788)的通信,霍瑟论证巴贝夫的共产主义可溯源自远古,认为巴贝夫的著作乃是基本的论著。

② E. 贝尔福 - 巴克斯:《法国革命的最后插曲……》(E. Belfort-Bax—The last episode of the French Revolution...)格兰德 - 理查德出版公司 1911 年伦敦版,一卷本。

③ 古斯塔夫·邦诺尔:《有关巴贝夫案件的未发表材料,根据 1796—1797 年间市府记录整理》(Gustave Bonhoure. Notes inédites d'après les registres municipaux de 1796—1797 sur le procès des babouristes)载《旺多姆考古学、科学、文学协会通讯》(Bulletin de la Société archéologique, scientifique et littéraire du Vendômeis),1908 年,第 29—53 页。

④ 莫里斯·布莱:《巴贝夫与巴贝夫主义者运动》(Maurice Boulay. Babeuf et le mouvement babouvistes)S. 杜塞印刷所 1931 年旺多姆版。

这部著作是作者的法学博士论文。

⑤ 马克·布卢瓦佐:《巴贝夫的一封信》,(Marc Bouloiseau. Une lettre de Babeuf),载《法国革命史年鉴》(Annales historiques de la Révolution française),1949 年,第 175—176 页。

这是 1789 年 8 月 16 日写给《观察家》(L'Observateur)的一封信。

⑥ 舍戈里也夫:《巴贝夫密谋》,波涛出版社 1927 年列宁格勒版,206 页。

⑦ 达林:《1789—1790 年间的巴贝夫和马拉》,载苏联《历史问题》1956 年第 9 期。

本文作者利用了莫斯科马列主义研究所收藏的原始资料。

⑧ 让·多特里:《共和五年果月 18 日政变前后的巴黎民主党人》。(Jean Dantry. Les démocrates parisiens avant et après le coup d'Etat du 18 fructidor an V.)载《法国革命史年鉴》,1950 年,第 141—151 页。

⑨ 让·多特里:《格拉古·巴贝夫之子——卡米尔·巴贝夫的一封信》

(une lettre de Camille Babeuf, fils de Gracchus Babeuf),载《法国革命史年鉴》,1952 年,第 421—422 页。

卡米尔·巴贝夫是人民保护官的次子,于 1814 年 3 月 31 日巴黎投降时从旺多姆圆柱顶上跳下自杀。

⑩ 加布里埃尔·德维尔:《格拉古·巴贝夫与平等派密谋……》(Gabliel Deville. Gracchus Babeuf und die Uerschwörung der Gleichen...),《社会民主主义丛书》第 15 卷,人民书店 1887 年哥丁根 - 苏黎世德文版,72 页。加·德维尔这本德文小册子经修订后,在一名受俾斯麦非常法迫害的女社会民主党人的帮助下,在瑞士出版。在 1887 年前的法国社会主义报刊曾登过这个小册子,至少也是其中的片断。

⑪ 加·德维尔:《未发表的巴贝夫个人札记》(Notes inédites de Babeuf sur lui-même),载《法国革命》(La Révolution fransaise)1905 年第 49 卷第 37—44 页。

这是博韦法院档案室的一份文件,现下落不明。

⑫ 加·德维尔:《热月与督政府》(Thermidor et Oirectoire),让·饶勒斯的《社会主义史》第五卷,1911 年巴黎版。

⑬ 莫里斯·多芒热:《巴贝夫与平等派密谋》(Maurice Dommanget. Babeuf et la conjuration des Egaux),《人道报》出版社 1922 年巴黎版,104 页,《社会主义学说史丛书》(Collection Histoire des doctrines socialistes. Les idées et faits.)的一种。

⑭ 莫里斯·多芒热:《平等派密谋的组织与方法》(La structure et les méthodes de la conjuration des Egaux),载《革命年鉴》(Annales Révolutionnaires),1922 年,第 177—196,281—297 页。

⑮ 莫里斯·多芒热:《阿贝尔主义与平等派密谋》(L'hébertisme et la conjuration des Egaux),载《革命年鉴》,1923 年,第 220—226 页。

⑯ 莫里斯·多芒热:《巴贝夫文选》(Pages choisics de Babeuf),附注释、导言及书目评价,柯林出版社 1935 年巴黎版,XI + 330 页。本书为阿贝尔·马蒂埃和乔治·勒费弗乐合编之《法国革命经典著作丛书》(Collection Les classiques de la Révolution fransaise)的一种。书中汇集了巴贝夫的各方面论点,浑为一体。

⑰ 莫里斯·多芒热:《西尔文·马雷沙尔——平等派和无神论者(1750—1830)》(Sylvain Maréchal, L'Egalitaire, L'Homme sans Dieu, 1750—

1830)，斯巴达克出版社1950年巴黎版，510页。本书叙述了这位《平等派宣言》作者的生平和论著。乔·勒费弗尔写了重要评介，载《法国革命史年鉴》1951年第300—311页。

⑱ 伊里亚·爱伦堡：《格拉古·巴贝夫生平》，(Ilya Ehrenbourg: La vie de Gracchus Babeuf)，新法兰西共和国出版社1929年巴黎版，256页。

这是用小说体裁写的巴贝夫传记，很吸引人，但不够精确。是《名人传丛书》中的一本。

⑲ 阿尔弗勒德·埃斯潘纳斯：《18世纪社会哲学与革命》(Alfred Espinas. La philosoplie sociale du XVIIIe siècle et la Révolution)，阿尔康出版社1898年巴黎版，414页。

这是《当代哲学丛书》中的一本，其中有200页专门论述巴贝夫和巴贝夫主义，始终很吸引人，只不过需要注意作者的唯心主义。

⑳ 雷米·福凯：《关于巴贝夫审判案：被告们是如何从巴黎被押解到旺多姆的》(Rémy Fouquet: A propos du procès de Babeuf. Comment les accusés furent amenés de Paris à Vendôme)，载《旺多姆考古学、科学、文学协会通讯》，1954—1955年，42—48页。

㉑ 豪斯霍夫：《一个和平共和党人的手册》(M. – A. Hulshoff. Peace Republicain's Manual)，1871年伦敦版，一卷本。英国不列颠博物馆收藏，编号：8050. e。

书中摘刊了在巴贝夫寓所抄获的文件。这本书实际上是巴贝夫主义在英国引起人们兴趣的最早的证明。

乔治·勒科克：《格拉古·巴贝夫的一个宣言，……发表》(Georges Lecoca. Un manifeste de Gracchus Babeuf publie' par...)，珍本书籍出版社1885年巴黎版，50页。

本书印数为300份。这个宣言发表于1794年秋，实际上是选举俱乐部的一个改革草案，宣言原文目前收藏在马列主义研究院。

㉒ 乔治·勒费弗尔：《巴贝夫问题症结所在》(Georges Lefebvre: Où il est question de Babeuf)，载《社会历史年鉴》(Annales d'His toire sociale)，1945年，第82页以次。本文在1954年出版的《法国革命研究》(Etudes sur la Révolution fransaise, Paris, Presses Universitaires de France)上重刊，见该书298—304页。

㉓ 乔治·勒费弗尔：《巴贝夫共产主义的根源》(Les origines du communisme de Babeuf),载《第九次国际历史科学大会报告集。政治事件史:近代部分》,1950 年版,第 1 卷,第 561—571 页。本报告还转载在《法国革命研究》上,见该书第 305—314 页。

㉔ 布吕诺·马非:《人民保护官》(Bruno Maffi. Il Tribnno del popolo),缪吉奥尼出版社 1945 年米兰意大利文版,135 页。这是巴贝夫的那份报纸的选编,关于这本书有德利奥·坎蒂摩里写的一篇书评,刊登在 1946 年出版的《社会》(Società)第 508 页上。

㉕ 阿贝尔·马蒂埃:《巴贝夫与罗伯斯比尔》(Albert Mathiez. Babeuf et Robespierre),载《革命年鉴》(1917)第 370—382 页。本文被收到《关于罗伯斯比尔》(Autour de Robespierre)(1926 年巴黎版)文集中。

㉖ 阿贝尔·马蒂埃:《督政府》(Le Directoire),这是作者在法兰西大学执教时 1928—1929 年的讲稿,曾刊登在 1929 年《教材与讲座评论》(Revne des courset conférences)上,见该书第 193—210、450—467、554—563、609—620、716—733 等页。

马蒂埃的学说贬低了共产主义对于巴贝夫和在巴贝夫主义运动中的重要性。他指责邦纳罗蒂没有对原雅各宾派恐怖分子在密谋中的作用予以足够的估计。尽管马蒂埃在细节问题的评述上有可取之处,但他的论点并非无懈可击的。

㉗ 阿贝尔·马蒂埃:《督政府》(Le Directoire),A. 柯林出版社 1934 年巴黎版,VII + 391 页。

这部马蒂埃的遗著是根据他的已发表的讲稿和遗稿编成的,由雅克·戈德肖编印出版,其中有四章论及巴贝夫主义 o

㉘ 勒奈·蒙格勒尼埃:《格拉古·巴贝夫》(René Montgrenier. Gracchus Babeuf),出版局 1937 年巴黎版,80 页,本书系《革命家生平轶事丛书》(新编)之一。

㉙ 阿达米安诺·纳塔尔:《巴贝夫与平等派密谋》(Addamiano Natale. Babeuf e la conspirazione degli Egualio),巴尔迪出版社 1947 年罗马版,16 开,63 页。

㉚ 保尔·罗比凯:《巴贝夫的被捕》(Paul Robiquet. L'arrestation de Babeuf),载《法国革命》,1895 年,第 28 卷,第 290—314 页。

㉛ 保尔·罗比凯:《巴贝夫与巴拉斯》(Babeuf et Barras),载《巴黎评论》(Revue de Paris)1896 年 3 月 1 日出版第 192—211 页。

㉜ 保尔·罗比凯:《流放在国民堡的巴贝夫分子》(Les déportés babouvistes au Fort-National),载《法国革命》,1912 年,第 62 期,第 481—509 页。

㉝ 德·圣-万南牧师:《巴贝夫案件。根据已古阿希尔·德·罗尚博侯爵保存的记录编写》(R. de Saint - Venant. L'affaire Babeuf, d'après des notes laissées par feu le marquis Achille de Rochambeau),载《旺多姆考古学、科学与文学通讯》,1899 年,第 282—305 页。

㉞ 阿尔贝·索布尔:《共和二年格拉古·巴贝夫在圣比拉目的入狱登记表》(L'écrou de Gracchus Babeuf à Saint-Pélagie en l'an II),载《法国革命史年鉴》,1954 年,第 175 页。

㉟ 塔尔蒙:《极权民主制的根源》(J. -I. Talmon. The Origins of Totalitarian Democracy),赛克尔-瓦尔布出版社 1952 年伦敦版 XII + 366 页。

作者认为"极权"民主制萌芽于 18 世纪,而在革命时期具体"体现在"巴贝夫主义中,而巴贝夫主义"作为理论和轶事,也许主要应归功于邦纳罗蒂,而不是巴贝夫"(175 页)。乔·勒费弗尔对该书进行了深入的批判,见《法国革命史年鉴》,1954 年,第 182—184 页。

㊱ 乔治·蒂博:《巴贝夫主义学说》(Georges Thibout. La doctrine babouviste),阿尔图尔·罗梭出版社 1903 年巴黎版,156 页。

这是作者取得法学博士学位的论文。

㊲ 阿尔贝·托马:《平等派密谋之前的巴贝夫社会主义思想》(Albert Thomas. La Pensée socialiste de Babeuf avant la conspiration des Egaux),载《社会主义评论》(Revue socialiste),1904 年,第 226—236、513—528、696—712 页;1905 年,第 58—77,179—202 页。

㊳ 阿尔贝·托马:《巴贝夫与平等派的学说》(Babeuf. La doctrine des Egaux),选编自……出版的全集,科奈里出版社 1906 年巴黎版,96 页。本书为《社会主义丛书》第 37 册。

㊴ 汤姆生:《巴贝夫的密谋》(D. Thomson. The Babeuf plot),凯根出版社 1947 年伦敦版,XI + 112 页。

作者在书中着重谈的是巴贝夫主义的所谓"神秘",而不是密谋。见乔·勒费弗尔的书评,载《法国革命史年鉴》1951 年第 218 页。

㊵ 热拉尔·瓦尔特:《巴贝夫与平等派密谋》(Gèrard Walter. Babeuf et la conjuration des Égaux),巴约出版社 1937 年巴黎版,262 页。

在这一些科学性的评论中,人们指出了这本书的缺点和不确切之处。

㊶ G. 威拉德和 Cl. 威拉德:《巴贝夫文选》(G. et Cl. Willard. Babeuf. Textes choisis),由……作序并评注。社会书籍出版社 1951 年(原书无日期)巴黎版,100 页。《人民经典著作丛书》。

本书编选了巴贝夫论著中最有感染力、最富有共产主义革命思想的篇章并加以评注。

III. 邦纳罗蒂

(甲)邦纳罗蒂的著作(除《为平等而密谋》一书之外)。

①《科西嘉爱国者报》(Giornale Patriottic di Corsica)。创刊号的日期是 1790 年 4 月 3 日(星期六)。这份报刊巴黎任何图书馆都没有收藏,A. 阿姆布洛西搞编发表了该报最早的 32 期,并加注释,见《科西嘉历史与自然科学学会通讯》(Bulletin de la Société des Sciences historiques et naturelles de la Corse),第 389—392 期,421—424 期。

②《关于菲·邦纳罗蒂要求国民公会颁布一项入籍法令的简况》(Précis historique concernant P. Buonarroti qui se présente à la Convention National pour demander un décret de naturalisation),小册子,1793 年(? 原件无日期)巴黎版,不列颠英国博物馆收藏,编号:F. 1120. 9。

③《法国公民菲力蒲·邦纳罗蒂对科西嘉密谋的彻底揭露,包括对康斯坦丁尼以公布个人书信为名而发表的著作的全盘否定,以及关于鲍利的叛变、关于该岛国状况、为实现共和国统一而采取的若干措施等等回忆》(La Conjuration de Corse entièrement dévoilée par Philippe Buonarroti, citoyen frasais, contenant la réfutation complète du livre publié par Constantini sous le titre de sa Correspondance, et divers mémorires sur la trahison de Paoly, sur L'Etat de cette isle, et sur quelques moyens pour la ramener à L'unité de la République),G. F. 加列蒂出版社共和二年三月巴黎版,54 页,国立图书馆收藏,编号:Lb 41945。

这里所提到的康斯坦丁尼的著作看来是:《康斯坦丁尼就拉贡勃·圣-米歇尔公民拍给国民公会的急电(关于英国人在科西嘉岛上的图谋)而致科西嘉省和国民公会的信件》(Copie de la lettre écrite an département de la Corse et à la Convention Nationale par le citoyen Constantini, à l'occasion des dépêches expédiécs à la convention par le citoyen Lacombe Saint-Michel, sur le tentatives faites par les Anglais dans l'île de Corse),八十六省……印刷厂承印,共和二年二月七日巴黎版,16 页,国立图书馆收藏,编号:Lb 41866。《邦纳罗蒂-康斯

坦丁尼事件在诉讼中。证人:以法兰西共和国名义作证。巴黎第二区法院就菲·邦纳罗蒂和康斯坦丁尼之间的诉讼作出判决》(L'affaire Buonarroti-Constantini est venue en justice; témoin L'imprimé: Au nom de la Republique fransaise. Le tribunal du deuxième arrondissement de Paris a rendu le Jugement suivant entre P. Buonarroti et le citoycn Constantini),1794 年(? 原件无出版年月和地点)巴黎版,不列颠博物馆收藏,编号:p. 10807. 2。

④《菲·邦纳罗蒂在统一不可分割的法兰西共和国第二年牧月 20 日就国民公会颁布自然神节的法令向奥奈尔人民发表的谈话》(Discours Prononcé par Ph. Buonarroti au peuple d'Oneille Le 20 prairial L'an second de la République fransaise, une et indivisible, à l'occasion de la Fête Suprême et de la Nature décrétée par la Convention Nationale.)

本件收在萨义达(A. Saitta)所著《菲力蒲·邦纳罗蒂……》(Fillippo Buonarroti...)第 1 卷第 252—256 页。

⑤《邦纳罗蒂对旺代战争的评论》(Observations de Buonarroti. sur la guerre de Vendée),朗贝蒂印刷厂 1796 年(?)巴黎版。

萨义达认为这篇东西已无法找到。

⑥《跟国王的持久和平》(La paix perpétuelle avec les rois),巴黎(?)版,7 页。

这篇东西是在 1796 年写的,未署名,也没有注明出版年月和印刷厂名称。

⑦《一个民主党人的回忆及其对祖国现状的忧虑》(Les Souvenirs d'un démocrate et ses chagrins sur l'état actuel de la Patrie),一本 26 页的小册子,出版日期为共和四年芽月 25 日(1796 年 4 月 14 日)。

据萨义达考证,本书为邦纳罗蒂所著,而且可能就是维也纳(奥地利)卡尔·格律堡书店目录上所标明,并且多芒热也曾提到过的(《见……选集》第 8 页)那本小册子——《法国人民对真正阴谋家的不满呼声》(Le cri de l'indignation du peuple fransais, contre les veritables conspirateur,共和四年出版)。《一个民主党人的回忆……》在国家档案馆(编号 W563)和国立图书馆(编号 Lb 421008)均有收藏。

⑧《对共和四年芽月 29 日署名为 M. V. 布鲁什的一封信的答复》(Réponse à une lettre signé M. V. Broch datée du 29 germinal an IV.)

萨义达认为本件也同样是邦纳罗蒂的作品。

⑨《巴贝夫的学说分析》(Analyse de la Doctrine de Babeuf)。

⑩《邦纳罗蒂在最高法庭就93年宪法及一份告士兵书的草稿所作的发言》(Discours prononcé par Buonarroti devant la Haute-Cour de Justice, sur la Constitution de 93, et sur un projet. d'addresse aux oldats), R. F. 勒布瓦印刷厂1797年(原件无日期)巴黎版,20页,国立图书馆收藏,编号:Lb 421360。

⑪《邦纳罗蒂在最高法庭上的总辩护词的结论》(Conclusions de la défense générale de Buonarroti devant la Haute-Cour de Justice), 1797年(? 原件无日期)巴黎版,不列颠博物馆收藏,编号:F. 1125. 7。

⑫《自由,平等。被旺多姆高等法庭判刑的下列签名者(沙·热尔明,邦纳罗蒂,莫鲁阿及勃朗多)给立法团的请愿书(共和七年获月26日)》(Liberté. égalité. Pétition des soussignés (Ch. Germain, Buonarroti, Moroy et Blondeau) à Vendôme, au Corps législatif (26 messidor an VII)),朗贝蒂印刷厂1799年(原件无日期)巴黎版,国立图书馆收藏,编号:Lb 422347。

迫害使邦纳罗蒂作为记者和政论家的生涯宣告中断。他被流放到瑞士,但仍然跟巴黎保持联系。正因为如此,我们可以在里戈梅·巴赞(Rigomer Bazin)办的一份谨慎的共和派杂志——《哲学文丛》(Letters philosophiques)的订户名单上找到他的名字(见警察总署档案馆,马莱案件首案案卷。Archives de la Préfecture de police. Dossiers de la première affaire Malet)。出人意外的巧合是:里戈梅·巴赞的朋友昂利·圣西门也列在《哲学文丛》的订户名单上。

《为平等而密谋》是他在后一阶段所发表的一部伟大的作品。属于这一阶段的创作还有一些用意大利文写的小册子,如《对意大利实行联邦政府制的考虑》(Reflessi sul Governo Federativo applicato all Italia), 1831年版。然而,邦纳罗蒂晚年作品的大部分(其中包括书信)仍然是未发表的手稿,收藏在国立图书馆手稿部(见《法国新搜》第20803和20804号)。有一些发表在罗比凯著的《邦纳罗蒂与平等派……》(Robiquet. Buonarroti et la secte Egaux...)一书中;另一些发表在萨义达著的《菲力蒲·邦纳罗蒂……》第二卷中;还有一些发表在加兰特·加罗纳著的《菲力蒲·邦纳罗蒂与十九世纪革命》(A. Galante Garrone. Filippo Buonarroti e i rivoluzionari dell' Ottoceto)。

他跟图骚(Tussau)的通讯(曾由加兰特·加罗纳发表)收藏在蒙特勒伊历史博物馆(Musée de L'Histoire de Montreuil)。

仅次于《密谋》的畅销书是《评马克西米利安·罗伯斯比尔》(Les Observations sur Maximilien Robespierre)，这部作品无疑是在1833年完稿，后来邦纳罗蒂把它寄给勃朗特尔·奥勃莱恩。1837年在布鲁塞尔的一份杂志《急进》(Le Radical)上发表，并由该刊印成单行本。《博爱月刊——共有制学说释明》(La Fraternité, journal mensuel exposant la doctrine de la communauté)在1842年9月第17期上予以登载(见该期第88—90页)；《民主比利时》(La Belgique démocratique)则在1851年1月15日第9期予以转载。

最后出了一个科学论著版：

《菲力蒲·邦纳罗蒂评麦克西米利安·罗伯斯比尔。沙尔·维莱序》(Observations Sur Maximilien Robespierre par Philippe Buonarroti, avec une introduction par Charles Vellay)，E.贝尔特兰印刷厂1912年马恩河畔夏龙版，12页。

尽管近来在法国尤其是在意大利发掘了许多新材料，但几乎可以肯定地说，收藏在国家档案馆和陆军部档案馆中有关邦纳罗蒂的全部文选，并没有加以利用。

(乙)论述邦纳罗蒂的主要著作。

① 克利斯蒂安·阿姆布洛西：《巴斯噶尔·鲍利与1789至1791年的科西嘉》(Christian Ambrosi, Pascal Paoli et La Corse de 1789 à 1791)，载《近代现代史评论》(Revue d'Histoire moderne et contemporaine)，1955年，第161—184页。

② 马里奥·巴蒂斯提尼：《菲力蒲·邦纳罗蒂在比利时及其与鲁伊治·德·波特尔的关系》(Mario Battistini. Filippo Buonarroti nel Belgio e le sue relazioni con Luigi de Potter)，1931年里窝纳版，一卷本。

③马里奥·巴蒂斯提尼：《菲力蒲·邦纳罗蒂逝世一百周年》(Il centenario di Filippo Buonarroti)，载《红衫》(Camicia Rossa)，1937年第8—9期。

④ 赛缪尔·伯恩斯坦：《菲力蒲·邦纳罗蒂》(Samuel Bernstein. Filippo Buonarroti)，工人国家出版社1942年纽约版。

⑤ 赛缪尔·伯恩斯坦：《菲力蒲·邦纳罗蒂》(修订补充本)，1944年纽约英文版。

⑥ 赛缪尔·伯恩斯坦：《菲力蒲·邦纳罗蒂》，艾诺蒂出版社1946年都灵意大利文版，朱泽培·贝尔蒂(Giuseppe Berti)翻译并作序，103页。

⑦ 赛缪尔·伯恩斯坦：《邦纳罗蒂》(Buonarroti)，今昔出版社1946年法文版，米歇尔·吉尔(Michèle Gilles)翻译，271页。

⑧ 赛缪尔·伯恩斯坦:《邦纳罗蒂——共产主义史学家与理论家》(Buonarroti storico e teorico comunista),载《社会》(Societá),1948年,第376—397页。

⑨ 布伊:《一个法国民主党人回忆中的菲力蒲·邦纳罗蒂》(R. Bouis, Filippo Buonarroti nei ricordi di un democratico francese),载《工人运动》(Movimento Operaio),1955年,第887—918页。

讲的是让-雅克·德罗姆(圣艾格南省即今卢瓦尔-歇尔省人)写的《一个无产者的回忆》(Mémoires d'un Proletaire),这个手稿属保尔-邦库尔先生所有。在这以前布伊已经从这手稿中选摘了邦纳罗蒂给德罗姆的一封信,刊登在《法国革命史年鉴》,1954年,第75—76页。

⑩ 乔治和于贝尔·布尔仁:《1789至1848年的法国社会主义》(Georges et Hubert Bourgin. Le socialisme fransais de 1789 à 1848),阿舍特出版社1912年巴黎版,VIII+111页。

⑪ 德利奥·康蒂摩里:《1794—1847年意大利的空想家和改革家。历史研究》(Delio Cantimori. Utopisti e riformatori italiani [1794—1847]. Ricerche storiche),桑松尼出版社1943年佛罗伦萨版,234页。关于本书有加斯东·曼纳科达(Gastone Manacorda)写的书评,载《统一》(Risorgimento),1945年第88—90页。

⑫ P.P.舍弋里也夫:《菲力蒲·邦纳罗蒂及其〈为平等而密谋〉一书》,载《列宁格勒大学学报》(史学类)1940年第6期第230—263页。

⑬ 科埃(Coe)写的一篇有关邦纳罗蒂的经济法令草案片段(见《密谋》原版第一卷第305—319页)的论文,该文行将刊登在《法国革命史年鉴》上,并有让·多特里的评论。

⑭ 大卫·多德:《菲力蒲·邦纳罗蒂在科西嘉的使命》(David L. Dowo. Les missions de Philippe Buonarroti en Corse),载《法国革命史年鉴》1956年第400—404页。

⑮ 埃斯彼朗迪尼:《出征撒丁与科西嘉战役(1792—1794)》(Espérandieu. Expédition de Sardaigne et campagne de Corse [1792—1794]),1896年版,一卷本。

⑯ 卡洛·弗朗索维契:《菲力蒲·邦纳罗蒂与"意大利真理会"》(Carlo Francovich. Filippo Buonarroti e la Società dei《Veri Italiani》),1951年蓬特版,第136—145,261—269页。

⑰ 卡洛·弗朗索维契:《关于怀恩蒙泼特的启明派和一个为统一而斗争的秘密社团的平等观念》(Gli Illuminati di Weishaupt e l'idea egualitaria in alcune Società segrete del Risorgimento),载《工人运动》1952 年第 553—597 页。

⑱ 弗卢贡尼:《菲力蒲·邦纳罗蒂的平等观的形成》(A. Frugoni. La formazione dell' egualitario Filippo Buonarroti),载《人道》(Humanitas),1948 年 5 月号第 470—482 页。

⑲ 亚历山德罗·加兰特·加罗纳:《菲力蒲·邦纳罗蒂和为恐怖的辩护》(Alessandro Galante Garrone. Filippo Buonarroti e L'apologia del Terrore),载《贝尔法哥尔》(Belfgor)1947 年第 5 期第 531—551 页。

⑳ 亚历山德罗·加兰特·加罗纳:《邦纳罗蒂与巴贝夫》(Buonarroti e Babeuf),德·西尔瓦出版社 1948 年都灵版,282 页。

乔·勒费弗尔就这部重要著作写了书评,载《法国革命史年鉴》1950 年第 78—82 页。

㉑ 亚历山德罗·加兰特·加罗纳:《菲力蒲·邦纳罗蒂与十九世纪革命家(1828—1837)》(Fillipo Buonarroti e i rivoluzionari dell' Ottocento [1828—1837]),515 页。

有雅克·戈德肖的书评,载《法国革命史年鉴》1953 年第 80—82 页。

㉒ 亚历山德罗·加兰特·加罗纳:《菲力蒲·邦纳罗蒂和被驱逐的国民公会议员》(Filippo Buonarroti e i Convenzionali in esilio),根据瓦迪埃家属保存的未发表的材料编写,载《工人运动》1953 年第 403—463 页。

㉓ 雅克·戈德肖:《督政府时期的军队特派员》(Jacques Godechot. Les commissaires aux armées sous le Directoire)赛斯迪埃出版社 1941 年巴黎,两卷本。

㉔ 雅克·戈德肖:《邦纳罗蒂。对新近发表的意大利文论著的分析》(Buonarroti. Analyse de récents travaux Italiens),载《历史通讯》(Information historique),1952 年 11—12 月号。

㉕ 雅克·戈德肖:《弗兰契斯诸王与督政府时期意大利的统一》(I Francesi e L'unità Italina sotto il Direttorio),载《历史新评论》(Nuova Rivista Storica),1952 年 9—12 月号。

㉖ 雅克·戈德肖:《督政府时期巴达维亚的统一与意大利的统一》(Unità batava e unità Italiana all' epoca del Direttorio),载《意大利历史文库》(Archivo storico Italiano),1955 年第 335—356 页。

本文述及1796年间荷兰爱国者跟邦纳罗蒂和巴贝夫主义者的联系。

㉗ 亨利希:《菲力蒲·邦纳罗蒂的生活与斗争》(W. Haenich. La vie et les luttes de Philippe Buonarroti),译自德文,出版局1938年法文版,112页。本书为《革命家生平轶事丛书(新编)》中的一本。

㉘ 莱宁:《邦纳罗蒂及其国际秘密社团》(A. Lehning. Buonarroti and his International Secret societies),载《社会史国际评论》1956年第1期。

本著对邦纳罗蒂在第一帝国时期参加秘密社团的活动提供了很有意义的材料,并且根据一个参加者——约希姆·德·布拉蒂的回忆,还提供了他后来直到1815年参加这方面活动的情况。

㉙ 阿贝尔·马蒂埃:《邦纳罗蒂对罗伯斯比尔政策和热月九日所作的阐明》(Albert Mathiez. 1a politique de Robespierre et le 9 thermidor expliqués par Buonarroti),载《革命年鉴》(Annales Révolutionnaires)1910年第480—513页。

㉚ 阿贝尔·马蒂埃:《邦纳罗蒂对巴贝夫和罗伯特·欧文所作的比较和辩护》(Babeuf et Robert Owen Comparés et défendus par Buonarroti),载《1848年革命》(La Révolution de 1848)1910年第233—239页。

㉛ 埃尔西尼奥·米歇尔:《菲·邦纳罗蒂在科西嘉的遭遇》(Ersilio Michel. Vicende di F. Buonarroti in Corsica),载《科西嘉历史文库》(Archivio storico di Corsica),1933年。

㉜ 勒奈·努阿特:《一个皮蒙特雅各宾党人》(René Nouat. Un Giacobino Piemontese),载《道路》(Itinerari)1956年第281—310页。

本文讲的是共和党人伐尔得斯教徒谢里斯,作者认为他跟那些与邦纳罗蒂发生联系的意大利爱国者有所区别,认为他从来不属于巴贝夫主义者,充其量只可能是像人们所说的那样,当过巴贝夫的秘书而已。

㉝ 皮阿·奥尼斯:《菲力蒲·邦纳罗蒂和意大利爱国者(1794—1786)》,(Pia Onnis. Filippo Buonarroti e i patrioti itatiani dal 1794 al 1796),载《意大利历史评论》(Rivista Storica Italiana)1937年7月号。

㉞ 皮阿·奥尼斯:《菲力蒲·邦纳罗蒂——1794—1795年间派驻奥涅格里亚的革命特派员》(Filippo Buonarroti Commissario rivoluzionario a Oneglia nel 1794—1795),载《新史学评论》(Nuova Rivista Storica),1939年第4期和第5期。

本著出了单行本,一共49页。有雅克·戈德肖的书评,载《法国革命史年鉴》1949年第374—376页。

㉟ 皮阿·奥尼斯:《1940—1949 年间意大利对法国革命史的研究》(Les études itatiennes sur L'histoire de la Révolution fransaise de 1940 à 1949),载《法国革命史年鉴》1950 年第 358—361 页。

㊱ 皮阿·奥尼斯:《菲力蒲·邦纳罗蒂,巴贝夫密谋和巴贝夫主义》(Filippo Buonarroti. 1a congiura di Babeuf e il babuvismo),载《新史学评论》1952 年第 5—6 期。

这是一份重要的书目,有单行本,25 页。

㊲ 巴里塞:《巴贝夫主义与共济会》(G. pariset. Babouvisme et masonnerie),刊登在《献给沙尔·安德勒先生的文集》(Mélanges offerts à M. Charles Andler),1924 年版,第 269—273 页。

㊳ 莫里斯·皮昂佐拉:《菲力蒲·邦纳罗蒂的神秘的放逐》(Maurice Pianzola. la mystérieuse expulsion de Philippe Buonarroti),载《国际手册》(Cahiers Internationaux),1954 年 5 月号第 53—56 页。

指邦纳罗蒂于 1823 年被驱逐出瑞士。

㊴ 莫里斯·皮昂佐拉:《菲力蒲·邦纳罗蒂在瑞士》(Filippo Buonarroti in Svizzera),载《工人运动》,1955 年,第 123—124 页。

这是一篇内容丰富的文章,开头有亚历山大罗·纳塔(Alesandro Natta)写的关于邦纳罗蒂的集团的介绍,共两页。

㊵ 保尔·罗比凯:《邦纳罗蒂与平等派(根据未发表的文件编写)》(Paul Robiquet. Buonarroti et la secte des Egaux d'après des documents inédits),阿舍特出版社 1910 年巴黎版,232 页。

本书无新意,但由于它大量地摘引了邦纳罗蒂的文稿,因而便于查阅。

㊶ 罗兰迪·里契:《菲·邦纳罗蒂与阿尔班加地区革命史的一页(1793—1795)》(G. Rolandi Ricci. F. Buonarroti e una pagina di stosia rivoluzionaria nel territorio di Albenga [1793—1795])。载《利古里亚……王权代表制国史通讯》(Bolletino della Reàle Deputazione di Storia Patria per la Liguria...)第 1 卷第 35 页。

㊷ 罗曼诺·卡坦尼亚:《菲力蒲·邦纳罗蒂。共产主义史札》(G. Romano Catania. Filippo Buonarroti. Notizie Storiche sul Comunismo),1902 年米兰第二版,一卷本。

㊸ 阿尔曼多·萨义达:《菲力蒲·邦纳罗蒂与阿尔巴临时议会》(Armando Saitta. Filippo Buonarroti e la municipalità provvisoria di Alba),载《贝尔法哥

尔》,1948 年,第 587—595 页。

㊹ 阿尔曼多・萨义达:《菲力蒲・邦纳罗蒂生平及思想历史论丛》(Filippo Buonarroti. Contributi alla Storia della Sua vita e del suo pensiero),文史出版社(Edizioni di Storia e Letteratùra)1950—1951 年罗马版,两卷集。

这是一部杰出的著作,意大利所有文史刊物都对它展开讨论和评价。至于法文的书评,第一卷由雅克・戈德肖和乔・勒费弗尔合写,发表在 1951 年《法国革命史年鉴》上,见该刊第 89—94 页;第二卷是由戈德肖写的,见该刊 1953 年号第 80—82 页。

㊺《菲力蒲・邦纳罗蒂的罗伯斯比尔主义和意大利统一的前提》(Il Robespierrismo di Filippo Buonarroti e le premesse dell' Unità Italiana),载《贝尔法哥尔》1955 年第 8 期。

乔・勒费弗尔把这篇文章摘要发表在《法国革命史年鉴》上(见该刊 1957 年第 86—87 页)。据认为,巴贝夫在共和三年和四年宣布自己是罗伯斯比尔分子,这是为了见机行事和出于某种考虑,因此他只能姑且算是罗伯斯比尔分子。至于邦纳罗蒂本人,则始终是一位坚定不渝的罗伯斯比尔分子。

㊻ 索里加:《从 18 世纪到国家统一时期的意大利民族思想》(R. Soriga. L'idèa nationale Italiana dal seclo XVIII all' unificatione),1941 年摩德纳版,一卷本。

㊼ 乔治・瓦沙林诺:《无政府主义雅各宾分子与意大利统一思想》(Giorgio Vaccarino. I giacobini anarchici e l'idèa dell'unità Italiana),埃诺迪出版社 1953 年都灵版,101 页。

㊽ 沃尔金:《社会主义思想史》,第一部分,1828 年莫斯科列宁格勒俄文版。

㊾ 沃尔金:《社会主义史纲》1935 年莫斯科列宁格勒俄文第四版。

㊿ 沃尔金:《1830—1834 年间法国秘密社团的平均主义和社会主义倾向》,载苏联《历史问题》1947 年第 6 期。这篇文章有法译文,由比埃尔・昂格朗收入《1848 年与 19 世纪革命》(1848 et Les Révolutions du XIXe siècle),1948 年 11 月出版,第 10—38 页。

51 乔治・韦尔:《菲力蒲・邦纳罗蒂》(Georges Weill. Philippe Buonarroti),载《历史评论》1901 年第 76 卷第 241—275 页。

52 乔治・韦尔:《邦纳罗蒂文存》(Les papies de Buonarroti),载《历史评论》1905 年第 88 卷第 317—323 页。

*　　　　*　　　　*

马克思首先是在《神圣家族》和《道德化的批判和批判化的道德》中谈到巴贝夫主义。

马克思和恩格斯在《共产党宣言》中简单地提到巴贝夫的“粗鄙的”平均主义。

恩格斯在《反杜林论》中论述了巴贝夫主义。

在列宁的著作中对巴贝夫主义也有所摘引，见《哲学笔记》法文版第28页以次，即对《神圣家族》摘引部分。

书 目 补 编

1957年以后发表的有关巴贝夫、邦纳罗蒂及平等派密谋的主要文章及专著

1957 年

A. 莱宁:《邦纳罗蒂的共产主义思想与专政思想》,《社会史国际评论》1957年,第266—287页。

(A. Lehning, Buonarroti's ideas of Communism and dictatorship, dans International Review of Social History, 1957 pp. 266—287)

1958 年

S. 伯恩斯坦:《邦纳罗蒂的巴贝夫主义之传统史话》,《思想》1958年第79号。

(S. Bernstein, Histoire classique du babuvisme de Buonarroti, dans la Pensée, №79, 1958)

R. N. C. 科耶:《摩莱里的理论与巴贝夫的实践——附多特里、萨义达和科耶之间书信讨论》,《法国革命史年鉴》1958年第38—64页。

(R. N. C. Coë, la théorie morellienne et la pratique babouviste, article suivi d'une discussion épistolaire entre Dautry, Saïta et Coë, A. H. R. F. 1958, pp. 38—64)

V. M. 达林:《1789年10月巴贝夫的伦敦通讯》,《法国革命史年鉴》1958年第31—59页。

(V. M. Daline, Correspondance de Londres de Babeuf en octobre 1789. A. H. R. F. 1958, pp. 31—59)

V. M. 达林:《1789年至1790年的巴贝夫与马拉》,《法国革命史年鉴》1958

年第16—37页。

(V. M. Daline, Babeuf et Marat en 1789—1790, A. H. R. F. 1958. pp. 16—37)

1959年

伊莉莎白·艾森斯坦:《第一个职业革命家菲利浦·米歇尔·邦纳罗蒂》剑桥,1959年。

(E. Elsenstein, The first professionnel revolutionist: Filippo Michele Buonarroti, Cambridge, Mass. 1959)

G. 布尔仁:《巴贝夫的若干未发表过的著作》,《法国革命史年鉴》1959年第146—153页。

(G. Bourgin, Quelques inédits de Babeuf, A. H. R. F. 1959, pp. 146—153)

G. 布尔仁:《关于巴贝夫及其友人们的若干未发表过的著作》,《法国革命史年鉴》1959年第252—269页。

(G. Bourgin, Quelques inédists sur Babeuf et ses amis, A. H. R. F. 1959, pp. 252—269)

1960年

J. 戈德肖:《有关巴贝夫和巴贝夫主义的新著》,《法国革命史年鉴》1960年第369—388页。

(J. Godechot, Les travaux réconts sur Babeuf et le Babouvisme, A. H. R. F. 1960 pp. 369—388)

V. M. 达林:《巴贝夫心目中的罗伯斯比尔与丹东》,《法国革命史年鉴》1960年第388—410页。

(V. M. Daline, Robespierre et Dauton vus par Babeuf, A. H. R. F. 1960, pp. 388—410)

J. 多特里:《圣西门与老巴贝夫主义者》,《法国革命史年鉴》1960年第159—172页。

(J. Dautry, Saint-Simon et les anciens. Babouvistes, A. H. R. F. 1960, pp. 159—172)

J. 多特里:《乔治·勒费弗尔与巴贝夫主义》,《法国革命史年鉴》,1960年第

47—56 页。

(J. Dautry, Georges Lefebvre et le Babouvisme, A. H. R. F. 1960, pp. 47—56)

R. 勒格朗:《巴贝夫在皮卡迪》,《法国革命史年鉴》1960 年第 458—470 页。

(R. Legrand, Babeuf en Picardie, A. H. R. F. 1960, pp. 458—470)

W. 马尔科夫:《汉堡对巴贝夫事件的看法(1796—1797)》,《法国革命史年鉴》,1960 年第 507—513 页。

(W. Markov, L'affaire Babeuf vue de Hambourg (1796—1797), A. H. R. F. 1960, pp. 507—513)

K. 唐尼森:《共和三年在巴贝夫主义形成过程的作用》,《法国革命史年鉴》1960 年第 411—425 页。

(K. Tønnesson, l'an III daus la formation du babouvisme, A. H. R. F. 1960, pp. 411—425)

A. 萨义达:《围绕巴贝夫密谋的问题。关于 1796 年共产主义问题的讨论》,《法国革命史年鉴》1960 年第 426—435 页。

(A. Saitta, Autour de la Conjuration de Babeuf. Discussion sur le communisme en 1796, A. H. R. F, 1960, pp. 426—435)

M. 多芒热:《巴贝夫与教育》,《法国革命史年鉴》,1960 年第 488—506 页,1961 年第 35—46 页。

(M. Dommanget, Babeuf et L'éducation, A. H. R. F. , 1960, pp. 488—506, 1961 pp. 35—46)

《巴贝夫未发表过的信件》,苏联,《法国研究年刊》1960 年第 255—274 页。

(Letters inédites de Babeuf, Franzaskü Yezhegoduik 〈French Annuel〉 1960, pp. 255—274)

W. 马尔科夫:《巴贝夫死后至 1830 年革命期间的巴贝夫传统》,同上,1960 年。

(W. Markov, La tradition babouviste de La mort de Babeuf à La Révolution de 1830, Annuaike des Etudes françaises, Moscou, 1960)

V. P. 沃尔金:《巴贝夫主义在社会思想史上的位置》,同上,1960 年。

(V. P. Volguine, Place du Babeuvisme dans L'histoire des idées sociales, Annuaire des Etudes françaises, Moscou, 1960)

J. 奎帕斯:《邦纳罗蒂及其秘密社团,引自未发表过的文件(1824—1836)》,布鲁塞尔,1960 年。

(J. Kuypers, Buonarroti et ses sociétés secrètes d'après des documents inédits (1824—1836), Bruxelles, 1960)

1961 年

M. 雷恩哈:《巴贝夫和阿腊斯科学院的通信集(1785—1788)》,巴黎,1961 年。该版本取代并补充完善了阿德维尔的版本(即《格拉古 · 巴贝夫史》,巴黎,1884 年第二卷第 1—264 页)。

(M. Reinhard, Correspondance de Babeuf avec L'académie d'Arras (1785—1788), Paris, 1961. Cette édition remplace et complète celle donnée par Adville. Histoire de Gracchus Babeuf, Paris, 1884, Vol. 2, pp. 1—264)

R. 布依:《第一帝国与复辟王朝时期的埃西纳和巴贝夫派》,《法国革命史年鉴》1961 年第 88—91 页。

(R. Bouis, Hésine et Ics Babouvistes sons l'Empire et le Restauration, A. H. R. F., 1961, pp. 88—91)

J. 多特里:《巴贝夫对经济的悲观态度及其空想的历史》,《法国革命史年鉴》1961 年第 215—233 页。

(J. Dautry, le pessimime économique de Babeuf et l'hìstoire des utopies, A. H. R. F., 1961, pp. 215—233)

R. 勒格朗:《巴贝夫的思想和在皮卡迪的生活》,阿贝维尔,1961 年。

(R. Legrand, Babeuf, ses idées, sa vie en Picardie, Abbeville, 1961)

C. 马佐里克:《巴贝夫通信集》,《思想》1961 年第 96—101 页。

(C. Mazauric, La correspondance de Babeuf, dans La Pensée, 1961, pp. 96—101)

R. 科布:《巴贝夫与阿贝维尔选民》,《法国革命史年鉴》1961 年第 392—393 页。

(R. Cobb. Babcuf et Les électeurs d'Abbeville, A. H. R. F., 1961, pp. 392—393)

R. 科布:《共和三年雨月 20 日巴贝夫在巴黎的被捕》,《法国革命史年鉴》1961 年第 393—394 页。

(R. Cobb, L'arrestation de Babeuf à Paris, le 20 pluviôse an III. A. H. R. F.,

1961, pp. 393—394)

1962 年

C. 马佐里克:《巴贝夫,邦纳罗蒂以及巴贝夫主义的问题》,《历史通报》1962年第5期第210—217页。

(C. Mazauric, Babeuf, Buonarroti et les problèmes du Babouvisme, dans l'Information historique, 1962, n°5, pp. 210—217)

C. 马佐里克:《巴贝夫的卢梭主义》,《法国革命史年鉴》1962年第439—464页。

(C. Mazauric, Le rousseauisme de Babeuf, A. H. R. F., 1962, pp. 439—464)

C. 马佐里克:《巴贝夫与平等派密谋》,巴黎,1962年。

(C. Mazauric, Babeuf et la conspiration pour l'Egatité, Paris, 1962)

K. 唐尼森:《从空想到实际的社会主义的巴贝夫主义者》,《过去与现在》1962年7月号。

(K. Tønnesson, The Babouvists from utopian to pratical socialism, dans. Past and Present juillet 1962)

1963 年

邦纳罗蒂:《为平等而密谋》,莫斯科1963年俄文第二版,两卷本。

(Ф. Буонарроти. Эаговор во имя равенства, Москва, 1963),本版的译文作了较大的修订,附录中增加两个新文件,并由达林为全书作了注释。讨论会文集:1960年斯德哥尔摩巴贝夫与巴贝夫主义讨论会文集,巴黎,1963年。

(Colloque: Babeuf et les problèmes du babouvisme, Stockholm, 1960, recueil collectif, Paris, 1963)

V. M. 达林:《大革命前夕巴贝夫的社会思想》,《讨论会文集》第54—73页。

(V. M. Daline, Les idées sociales de Babeuf à la veille de la Révolution dans Colloque, pp. 54—73)

A. 加兰特—加罗纳:《邦纳罗蒂在比利时以及对平等思想的宣传》,同上书,第215—225页。

(A. Galante-Garrone, Buonarroti en BeIgique et la propagande égalitaire dans Colloque, pp. 215—225)

A. 莱宁:《邦纳罗蒂的被捕(共和四年花月 21 日)与他在意大利军队中的使命》,同上书,第 133—146 页。

(A. Lehning, L' arrestation de Buonarroti 〈21 Floréal an IV〉, et ses missions à L'armée d'Italie, dans Colloque, pp. 133—146)

W. 马尔科夫:《巴贝夫,巴贝夫主义与德国知识分子(1796—1797)》,同上书,第 175—203 页。

(W. Markov, Babeuf, le Babouvisme et les intellectuels allemands 〈1796—1797〉, dans Colloque, pp. 175—203)

M. 勒伯里欧:《巴贝夫与法国社会主义各流派(1884—1914)》,同上书,第 277—281 页。

(M. Reberioux, Babeuf et les tendances du Socialisme français 〈1884—1914〉, dans Colloque, pp. 277—281)

A. 索布尔:《巴黎各区人物与巴贝失派人物》,同上书,第 107—131 页。

(A. Soboul, Personnel sectionnaire et personnel babouviste dans Colloque, pp. 107—131)

J. 苏拉蒂欧:《巴贝夫主义者,红色恐怖与督政府(1796—1798)》,同上书,第 146—173 页。

J. Suratieau, Babouvistes, terreur rouge et Directoire dans Colloque, pp. 146—173)

C. 马佐里克:《巴贝夫,邦纳罗蒂和巴贝夫主义问题。巴贝夫与巴贝夫主义问题研究现状》巴黎,1963 年。(1969 年《法国革命史年鉴》第 667—685 页刊登该作者所写的这些问题研究新况)

(C. Mazauric, Babeuf, Buonarroti et les problèmes du Babouvisme. Etat actuel des recherches dans Babeuf et les problèmes du Babouvisme, Paris, 1963. Du même auteur un nouvel élat des questions, A. H. R. F., 1969, pp. 667—685)

V. M. 达林:《法国大革命前夕和期间的格拉古.巴贝夫(1785—1794)》,莫斯科,1963 年。(1976 年译成法文,582 页中包括一个非常重要的书目提要及索引)

(V. M. Daline, Gracchus Babeuf à la veille et pendant la Grande Révolution française 〈1785—1794〉, Moscou, 1963. Traduit en français en 1976, 582 pages dont une importante bibiographie et un index)

R. 布依:《巴贝夫致埃西纳的一封信》,《法国革命史年鉴》1963 年第 79—82 页。

(R. Bouis, Une lettre de Babeuf à Hésine, A. H. R. F., 1963, pp. 79—82)

V. M. 达林:《里瓦罗尔与巴贝夫》,《法国革命史年鉴》1963 年第 70—72 页。

(V. M. Daline, Rivarol et Babeuf, A. H. R. F., 1963, pp. 70—72)

A. 索布尔:《1793 年 5 月 28 日巴贝夫的一封信》,《法国革命史年鉴》1963 年第 75 页。

(A. Soboul, Une lettre de Babeuf du 28 mai 1793, A. H. R. F., 1963, p. 75)

R. 勒格朗:《格里泽尔致其阿贝维尔同乡的一封信》,《法国革命史年鉴》1963 年第 75—78 页。

(R. Legrand, Une lettre de Grisel à ses Compatriotes d'Abbeville. A. H.. R. F., 1963, pp. 75—78)

R. 勒格朗:《巴贝夫的辩护词》,拉封斯,阿布维尔,1963 年。

(R. Legrand, Un plaidoyer, de Babeuf, Lafosse, Abbeville, 1963)

1965 年

邦纳罗蒂:《为平等而密谋》,1965 年纽约英文版,上下卷合订本。

(Babeuf's Conspiracy for Equality by Philippe Buonarroti, Augustus M. Kelly, Bookseller, New York 1965)本书为布朗特·奥勃莱恩 1836 年译本的再版。

A. 佩尔蒂埃:《封建法制专家巴贝夫》,《法国革命史年鉴》1965 年第 59—65 页。

(A. Pelletier, Babeuf feudiste, A. H. R. F., 1965, pp. 59—65)

《巴贝夫选集》,C. 马佐里克作序并注释,巴黎,社会出版社,1965 年。(1976 年第二版)

(Babeuf, Textes choisis. Introduction et notes par C. Mazauric, Paris. Editions sociales, 1965.)(Deuxième édition, 1976)

K. H. 贝尔格曼:《巴贝夫:平等与不平等》,科伦和奥佩拉登,1965 年。

(K. H. Bergman, Babeuf. Gleich und Ungleich, Köln u Opladen, 1965)

1966 年

V. M. 达林:《巴贝夫的历史文献》,《思想》1966 年 8 月第 128 期,第 68—101 页。

(V. M. Daline, L'historiographie de Babeuf, dans la Pensée n°128 août 1966, pp. 68—101)

V. M. 达林, A. 萨义达, A. 索布尔:《巴贝夫手稿和已出版的著作总目录》,巴黎, 1966 年。

(V. M. Daline, A. Saitta, A. Soboul, Bibliographie dans Inventairedes manuscrits et imprimés de Babeuf, Paris, 1966)

S. 萨义达:《格拉古 · 巴贝夫皮卡迪通信一览表》,《历史批判》(1966 年 5 月第 31 卷第 3 期)第 439—445 页。

(A. Saitta, Il prospeitto del Correspondant Picard di Gracco Babeuf, Critica Storia 〈anno V. 31 may 1966, n°3〉 pp. 439—445)

1967 年

A. 索布尔:《关于〈巴贝夫全集〉的出版计划》,《法国革命社会经济史通报》, 1967 年第 18—24 页。

(A. Soboul. Sur le projet de publication des Oeuvres de Babeuf, dans Bulletin d'histoire économique et sociale de la Révolution française, 1967, pp. 18—24)

1968 年

S. 伯恩斯坦:《菲力蒲 · 邦纳罗蒂与布朗特尔 · 奥勃莱恩》,《法国研究年刊》,莫斯科, 1968 年。

(S. Bernstein, Philippe Buonarroti et Bronterre O'Brien, dans Annuaire d'Etudes françaises, Moscou, 1968)

M. 多芒热:《巴贝夫在弗利克塞古尔》,《法国革命史年鉴》1968 年第 534—539 页。

(M. Dommanget, Babeuf à Flixécourt, A. H. R. F., 1968, pp. 534—539)

A. 索布尔:《围绕巴贝夫的问题》,《法国革命史年鉴》1968 年第 534—547 页。

(A. Soboul, Autour de Babeuf, A. H. R. F., 1968, pp. 534—547)

1969 年

巴贝夫:《人民保护官》(1794—1796 年), S. 萨义达选文并介绍。巴黎, 1969 年。

(Le Tribun du Peuple 〈1794—1796〉 par Gracchus Babeuf, Textes choisis et présentés par A. Saitta, Paris, 1969)

V. M. 达林:《拿破仑与巴贝夫主义者》,《历史研究》1969 年第 10 卷第 3 期,第 469—479 页。(意文)

(V. M. Daline, Napoleone e i Babuvisti, Studi Storici 〈vol. X, n°3, 1969〉 pp. 469—479)

1970 年

V. M. 达林:《巴贝夫与社会小组》,《马克思主义国际研究》, 1970 年第 62 期,第 62—73 页。

(V. M. Daline, Babeuf et le Cercle Social, dans Recherches internationales à la lumière du marxisme, №62, 1970, pp. 62—73)

V. M. 达林:《拿破仑与巴贝夫主义者》,《法国革命史年鉴》1970 年。

(V. M. Daline, Napoléon et les Babouvistes, A. H. R. F., 1970)

M. 多芒热:《关于巴贝夫与平等派密谋》,巴黎, 1970 年。

(M. Dommanget, Sur Babeuf et la Conspiration des Egaux, Paris, 1970)

C. 马佐里克:《巴贝夫主义与阶级意识》,《关于法国革命》,巴黎, 1970 年,第 147—162 页。

C. Mazauric, Babouvisme et conscience de classe, dans Sur la Révolution française, Paris, 1970, pp. 147—162)

1972 年

R. B. 罗斯:《巴贝夫,专政与民主》,《历史研究》1972 年 4 月第 15 卷第 58

期,第 223—236 页。
(R. B. Rose, Babeuf, Dictatorship and Democracy, Historical Studies 〈vol. 15, №. 58, April 1972〉 pp. 223—236)

1974 年

R. M. 安德鲁斯:《平等派密谋感言》,《年鉴》1974 年 1—2 月号。
(R. M. Andrews, Réfléxions sur la Conspiration des Egaux, dans Annales, janv. – fév. 1974)

1976 年

V. M. 达林:《法国大革命前夕和期间的格拉古 · 巴贝夫》,莫斯科进步出版社,1976 年。
(V. M. Daline, Gracchus Babeuf à la veille et pendant la Grande Révolution française. Moscou, Edition du Progrès, 1976)

1977 年

A. 莱宁:《从邦纳罗蒂到巴枯宁》,巴黎,1977 年。
(A. Lehning, De Buonarroti à Bakounine, Paris, 1977)

1978 年

J. 布吕阿:《格拉古 · 巴贝夫与平等派,或'第一个行动的共产党'》,巴黎,佩兰学院书店,1978 年。
(J. Bruhat, Gracchus Babeuf et les Egaux on 〈Le Premier Parti Communiste agissant〉, Librairie Académique Perrin, 1978)
R. B. 罗斯:《格拉古 · 巴贝夫,第一个革命的共产党人》,1978 年英文版。
(R. B. Rose, Gracchus Babeuf, The First Revolutionary Communist, Great Britain in 1978 by Edward Arnold)
V. M. 达林, A. 萨义达, A. 索布尔:《巴贝夫全集》
(俄文版)第 1 卷 1975 年;

第 2 卷 1976 年；
第 3 卷 1977 年；
第 4 卷 1978 年。
莫斯科。
（法文版）第 1 卷1977 年；
巴黎。

（V. M. Daline, A. Saitta, A. Soboul, Oeuvre de Babeuf 〈en russe〉 publiés le premier en 1975, le second en 1976, le troisième en 1977, le quatrième en 1978, Moscou.

< en français > publiés le premier en 1977, Paris. ）

1981 年

R. 勒格朗:《巴贝夫及其同路人》,巴黎,罗伯斯比尔研究会,1981 年。
（R. Legrand, Babeuf et ses Compagnôns de route, Paris, Société des Etudes Robespierristes, 1981）

注　　释

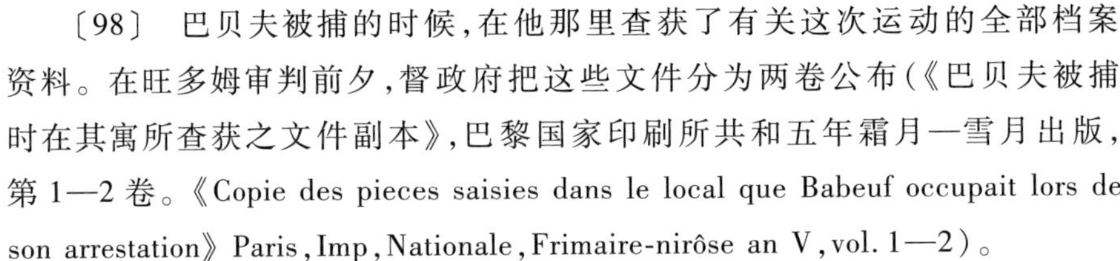

〔98〕 巴贝夫被捕的时候，在他那里查获了有关这次运动的全部档案资料。在旺多姆审判前夕，督政府把这些文件分为两卷公布（《巴贝夫被捕时在其寓所查获之文件副本》，巴黎国家印刷所共和五年霜月—雪月出版，第1—2卷。《Copie des pieces saisies dans le local que Babeuf occupait lors de son arrestation》Paris，Imp，Nationale，Frimaire-nirôse an V，vol. 1—2）。

〔99〕 悉尼，阿尔杰农（1622—1683）——英国共和主义者，作家，英国革命的参加者，独立党人，复辟时期以叛国罪于1683年12月7日被处死。奥登·巴涅维尔特（1547—1619）——尼德兰革命的杰出活动家，州长，跟荷兰资产阶级集团有联系；曾领导反对莫里斯·纳骚总督的反对派集团，被处死。

〔100〕 帕希·让·尼古拉（1746—1823）——革命前在政府机关中任要职，然而自动离职；1789年后，他把自己巨大的组织工作与行政工作才能全部贡献给革命；在罗兰首任内政部长时，他当副部长；1792年，任陆军部长；1793—1794年，任巴黎市长。1794年春被捕，在热月反革命政变期间就已被判刑。雾月4日遇赦获释。督政府垮台后脱离政治活动。帕希替巴贝夫主义者辩护的小册子叫做：《派系与政党，阴谋与密谋；论现今的密谋》。帕希的一个弟弟在俄国武备中学任教。

〔101〕 1796年巴贝夫已在狱中的时候，他对民主派报刊的代表人物首先是安东尼尔进行指责，说他们没有足够的勇气坚决维护被捕的巴贝夫主义者的理想和事业："……他（指安东尼尔——编者）首先编造了花月22日（巴贝夫主义者被捕的日子——编者）案件是出于精神错乱和行为乖僻的理论，

这样一种锦囊妙计,就连其他一切傻瓜——包括所谓的爱国作家,也不敢在诸如《法律之友》、《祖国之友》、《人民之友》之类的报刊上随声附和”。

〔102〕 在巴贝夫的档案里保存着许多陪审员的名单,这是一些据被告了解属于坚定的共和派的陪审员,其中有芒什省的代表依维尔·拉布吕索列里,郎德省的代表杜罗·杜巴拉,以及普维德多姆省的代表哥蒂埃·比奥查(见苏联马列主义研究院党中央档案馆档案,61,B IX)。

〔103〕 皮埃在热月九日以前跟艾隆一道在救国委员会中工作,从被捕的第一天起就表现软弱。他在共和四年花月28日从监狱中给警务大臣写信说:“大臣先生:我将永远讲真话。你们已经有证据说明我是老老实实的,我将会继续这样做。我本来的打算是,从现政府一成立起,就归顺它;如果没有这次飞来横祸的话,我无论什么时候都不会待在这个地方,而是安安稳稳地过日子”(见国家档案馆档案,$W^3$563174)。在皮埃的信中还详细地报告了跟他同狱的被告的详细情况。

〔104〕 安东尼尔就巴贝夫分子被捕和审判案件写了许多小册子,其中包括:《隐士与囚犯……一种新颖的独白……论93年宪法与自由,兼论向人民学到的东西》(《L'Hermite et le détenu... soliloque d'un nouveau genre... sur la constitution de 93 et la liberté, et sur ce qu'on a fait de son peuple》),《论所谓花月21日密谋》(《Sur la prétendue Conspiration du 21 floréal》),《就起诉书再进一言》(《Encore un mot sur le grand acte d'accusation》),《论所谓花月21日密谋。巴黎市郊的一位知名隐士的第三个声明——发表于要开庭辩论的同一天》(《Surla Prétendue Conspiration du 21 floréal. Troisieme declaration quc fait le ci-devant hermi te des environs de Paris, le jour méme eu les débats doivent s'ouvrir》),《论所谓花月21日密谋。我的反省。或受到知名隐士审讯的旺多姆囚犯(《Sur la Prétendue Conspiration du 21 fioréal. Mon examen de conscience, ou le détenu à Vandôme interrogé par le ci-devant hermite》),等等。

〔105〕 在前国民公会成员中,在旺多姆审判案中受审的有:阿马尔、瓦迪埃、兰涅罗和里科尔。德鲁埃和兰代没有出庭。

〔106〕 真正参加巴贝夫运动的人士应当是:波德松、基莱姆,古拉尔,杜弗尔,小杜布雷依,费·勒佩尔蒂埃,兰涅罗,马沙尔,曼涅斯埃,莫莱尔,巴伦,雷依斯,菲力蒲。克雷尔克提供房子,皮埃誊抄文件,兰贝尔承印巴贝夫

主义者的全部传单。克雷提安是密谋家们经常在那里聚会的“中国浴室”的老板。积极参加这次运动的还可能有科尔达,他是无套裤汉运动著名人物,哥德利埃俱乐部成员,跟肖美特、美国人富尼埃、卢特勒治集团有联系,8月10日事件的参加者,巴黎公社大委员会成员,在雅各宾专政时期是巴黎警察局官员之一。巴伦——巴黎历次人民运动的参加者,跟马拉和艾贝尔分子接近,革命军的著名人物,后来成为富歇的情报人。

〔107〕 本案的公诉人是维阿尔和巴侬。在辩护人当中,最活跃的是比埃尔-弗兰斯瓦·雷阿尔(1757—1834)。他在巴黎公社中原为肖美特的助手,在热月反动年代和督政府初期在一些政治案件(卡雷、巴贝夫分子等等)中任辩护人,最孚众望。后来成为最有名的波拿巴分子之一。雾月18日后,担任要职,备受拿破仑的信任和器重。拿破仑把最难办的事情交给他去办,其中包括对巴黎警务工作进行监督。1808年,获伯爵封号;“百日”期间——任巴黎警察总监。拿破仑甚至在临终前仍对他念念不忘,在遗嘱中给他留下一笔财产。

〔108〕 被墨迹盖住的那几个字是:“杀死那五个人”(Tuer les cinq)。意即杀死督政府的成员。这句话写在巴贝夫和邦纳罗蒂被捕时抄获的一份文件上,这是作为控告巴贝夫分子图谋暗害督政府成员的主要罪证之一。

〔109〕 有误,应为第二十七号文件。

〔110〕 在旺多姆审判期间,出版了一种报纸——《最高法庭报,或自由、诚实、同情的人的反应》(《Journal de la Haute Cour de Justice, on Echo des hommes libres, vrais et sensibles》)。该报隔日出刊一次。报纸编辑是比埃尔-尼古拉·艾仁。他革命前教数学,雅各宾党人,卢瓦尔-歇尔省政府委员,热月反动时期曾遭督政府的迫害。在审判期间,艾仁被赶出旺多姆,可是由于他就待在附近的邦勒鲁瓦,得以编辑报纸,并跟巴贝夫经常保持通讯。从艾仁写给巴贝夫的信可以判断,该报的计划包括对审判案的全过程的报道(《逮捕……,德鲁埃事件……,押解旺多姆的原因……,政府及其代理人的阴谋……,警察总监的不择手段……在开庭前政府反对花月人士所采取的行动和计划的情况》)和“动态”亦即对审判本身的报道。(见苏联马列主义研究院党中央档案馆档案,65 B IX。)该报共出73期;只有费尔特林涅里图书馆(米兰)藏有全套。邦纳罗蒂在写这本书的时候,没有掌握这份报纸。

〔111〕 1790 年 5 月 10 日，阿尔图瓦伯爵的代理人在蒙托邦挑起天主教徒和新教徒的武装冲突。

〔112〕 根据梅兰·德·杜埃在共和二年热月 23 日提出的建议，国民公会通过了一条法律。根据这条法律，任何一个被告，只要确定他没有任何反革命意图，即使自己承认有罪，也可以宣判无罪。因此最高法庭十分注重确定巴贝夫分子的“反革命意图”。

〔113〕 哥蒂埃·德·比奥查（死于 1815 年），革命前当法官，立宪会议成员。在巴贝夫所收集的资料中，注明他是“真诚的共和党人；库东的妹夫”（见马列主义研究院党中央档案馆档案，61 B IX）。旺多姆审判案后，被选入五百人院，但督政府取消了他的当选资格。在当时发表的题为《巴贝夫所钟爱的孩子们》这部小册子里，出现了哥蒂埃·德·比奥查的名字。

〔114〕 签署人的简况是：杜朗－梅扬纳，比埃尔·图圣（1729—1814）——立宪会议和国民公会成员，立法委员会成员，属“沼泽派”，热月反动时期的活跃人物，元老院成员。杜科，让·弗兰斯瓦（1765—1793）——波尔多批发商，立法会议和国民公会成员；被列入应驱逐出国民公会的吉伦特党人的名单，在马拉的建议下，将其名字从该名单中取消；1793 年末被处决。德拉克鲁瓦，沙尔（1741—1805）——国民公会成员，曾一度任国民公会秘书，积极的热月党人，元老院成员，曾任外交部长，在拿破仑时期任警察总监。哥絮恩，康士坦丁·约瑟夫·埃蒂耶纳（1758—1827）——立法会议和国民公会成员，曾作关于 1793 年宪法报告，五百人院成员，在复辟时期遭到迫害。美奥，让·尼古拉（1757—1826），革命前当法官，国民公会成员，支持雅各宾派，五百人院成员，拿破仑时期任检察长，在流放中死于比利时。拉卢瓦，比埃尔·安东（1749—1846）——法官，立法会议和国民公会成员，在国民公会中支持雅各宾派，五百人院成员，拿破仑时期在保民院任职，波旁王朝复辟时期拒绝回法国，理由是：“你们的旗帜——这不是我的旗帜，我曾为打倒你们的旗帜而斗争”。

〔115〕 热月党人的国民公会对旺岱叛乱者的头目们作出一系列的让步。从 1795 年 2 月至 5 月间，对旺岱的头目沙列特、科马丁、斯托弗莱、萨皮诺等实行大赦。其条件十分优厚：既往不咎，退回被没收的财产，保留武器，建立由原旺岱队伍的参加者组成的地方自卫军，等等。然而在 1795 年夏，当

英国人和流亡者在基伯隆登陆后，旺岱的反革命头目就恢复了军事行动。

〔116〕 1795年4月5日，普鲁士在巴塞尔跟法国单独缔结和约。巴塞尔条约的主要条款是普鲁士实际上承认（根据秘密协定）把莱茵河左岸的土地归并法国，而法国则必须从其所占领的莱茵河右岸领土把军队撤走。1795年7月22日，在巴塞尔还跟西班牙签订了和约。根据这一条约，法国应将法军所占领的西班牙领土归还给西班牙，而作为交换，西班牙则应把它在圣多明各岛的那部分属地让给法国，并跟法国缔结联盟条约。这两个巴塞尔条约的签订，意味着反法同盟开始瓦解。

〔117〕 萨拉丹，让-巴蒂斯特，米歇尔（1752—1812）——立法会议和国民公会成员（索姆省代表），吉伦特党人；在热月反革命政变中开始崭露头角，是有关巴雷尔、俾约-瓦伦、科洛·德布瓦、瓦迪埃的活动调查委员会的报告人，对上述人物提出了控告；五百人院成员；果月18日后被流放。洛蒙·克罗德-让-巴蒂斯特（1748—1829）和奥基·比埃尔-让-巴蒂斯特（1747—1810）——这两人都是国民公会成员，在热月反革命时期都是公安委员会委员。杜蒙，安德列——国民公会成员（索姆省代表），在革命初期跟巴贝夫很熟悉，但巴贝夫对他并不信任；在革命政府时期以热诚的非基督教化者的面目出现，不久成为热月政变的最积极的策划者之一，在热月九日这一天中起了重大的作用；在热月反革命统治时期任公安委员会和救国委员会成员。在拿破仑时期任州长。

〔118〕 1795年五六月间，在牧月起义被镇压后，称为“太阳社”、“耶稣会”等等王党恐怖集团，对关在里昂、罗昂、艾克斯和马赛等地监狱里的雅各宾党人和无套裤汉大肆屠杀。关在塔拉斯康堡的许多共和党人，从塔顶被扔到罗纳河里。以特派员身份被派赴外省的热月党人国民公会成员——布瓦西·丹格拉、卡德鲁瓦、马里埃特、尚姆邦、伊纳尔等人，是这一切罪行的同谋者。

〔119〕 邦纳罗蒂指的是在热月9日以后流行起来的一支歌曲——“人民觉醒起来反对恐怖分子”。这支曲子由“黄金青年”反革命匪徒大力推行，以代替“卡马尼奥拉”。

〔120〕 “士兵，站下来读一读吧！”这篇文告是费利克斯·勒佩尔蒂埃写的，1796年春在巴黎流传。

〔121〕 “起义督政府宣告成立”——是救国秘密督政府的第一个文件，该组织由巴贝夫、安东尼尔、西尔文·马雷沙尔和费利克斯·勒佩尔蒂埃在共和五年芽月初组成。

〔122〕 在秘密督政府成立以后不久，就补充了邦纳罗蒂、达尔蒂和德邦三个成员。

〔123〕 《平等派宣言》是由西尔文·马雷沙尔写的。

〔124〕 根据现代研究所阿·萨义达的见解，《巴贝夫的学说的剖析》的作者是邦纳罗蒂。

〔125〕 《自由法兰克人……给他的朋友恐怖者……的信》是叛徒格里泽尔写的。

〔126〕 这里显然指的是卡佩，前国王路易十六。

〔127〕 秘密督政府给军事代表的第一个指令是在共和四年芽月拟定的。把这个文件跟巴贝夫写的《〈人民保护官〉告内地军书》（第十二号文件）进行对比便可以看出，这两个文件某些地方行文相似，个别句子完全一模一样。

〔128〕 早在1788—1789年几次冲突期间，法国的许多部队（在巴黎、雷恩、贝桑松等地）都有不愿意向民众开枪的表现。在7月14日前夕，警卫团中人数最多的法国警卫团的不满情绪，表现尤为强烈。这个团的部分士兵参加冲击巴士底狱。从该团的士官中涌现出一些杰出的革命将领，其中包括欧什。

〔129〕 《应不应该服从1795年宪法？》这个文告，是秘密督政府在共和四年芽月25日颁布的。

〔130〕 国民公会为制定“实施1793年宪法所必要的法律”而组成的十一人委员会，其最后人选为：蒂博多、勒扎治、布瓦西·丹格拉、贝利埃、杜朗－梅扬纳、拉雷韦伊埃－苇波、克雷泽－拉图什、卢维、多努、朗热内、布丁。后面六人原为吉伦特党人。十一人委员会起初并不公开反对1793年宪法，在牧月事件以后才一致主张取消该宪法。共和三年获月5日，布瓦西·丹格拉代表十一人委员会向热月党人国民公会提出有关报告。

〔131〕 《人民保护官告内地军书》发表于芽月27日。

〔132〕 庇什格律·沙尔（1761—1804）——将军。1793—1794年间成

名,指挥北方军队,镇压过芽月12日运动,跟王党有勾结。1797年被选为五百人院主席。果月18日政变后被流放。1804年参加卡杜达尔所领导的王党密谋,被捕在狱中自缢身亡。

〔133〕 曼鲁(1750—1810)——将军,立宪会议成员,热月反革命政变时期统率国内军队。曾领导镇压牧月起义。葡月13日暴乱期间,由于同情王党分子而被撤职。后来成为法国在埃及的军队的统领之一,死于埃及。

〔134〕 儒尔当,让-巴蒂斯特(1762—1833)——共和国将领,1793—1794年间统率过主要部队,在夫鲁律斯战役(1794年6月26日)中打了胜仗。后任法国元帅,在拿破仑时期和波旁王朝时期都服过役。

〔135〕 贝内泽克,比埃尔(1755—1802)——共和四年雾月至共和五年获月,任督政府内务部长,在拿破仑时期任参政院委员,跟勒克莱尔克将军一道被流放到圣多明各岛,死于该地。

〔136〕 马克西米利安·罗伯斯比尔生于阿腊斯。巴贝夫则在热月反动时期被关进阿腊斯监狱,时间是共和三年风月25日(1795年3月15日)至果月24日(1795年9月10日)。

〔134〕 《对署名M.V.的来信的答复》这一文件在共和四年芽月29日散发,作者看来是邦纳罗蒂,但M.V.这两个字母也可能是马尔克·瓦迪埃(Mark Vadier)的匿名。

〔138〕 《向爱国者急进一言》登在第42号《人民保护官》上。邦纳罗蒂所收录的巴贝夫这篇文稿内容不全,本书将节略部分根据1963年俄文版补全。

〔139〕 住在维罗纳宫的普罗旺斯伯爵,于1795年7月宣布自己为路易十八国王。卢森堡宫是督政府所在地。

〔140〕 告警备团书是在政府下令把该团"最不听命"的两个营调出巴黎的当天(花月9日)拟定的。

〔141〕 《传阅简报》——是不准备公开发表的文件之一,出现在花月上半月。必须"蒙蔽保皇党人"这种意见,是跟巴贝夫分子所得到的关于利用保王党人来推翻政府这种建议有联系。这种建议被否定了。

〔142〕 在秘密督政府跟山岳党人委员会谈判过程中,热尔明曾在花月15日把该委员会的代表里科尔带到秘密督政府的会议上。秘密督政府在跟

里科尔的谈话中陈述了自己的纲领、目的以及跟山岳党人实行联合的条件。

〔143〕 秘密督政府在共和四年花月18日给十二个区的代表的通告信,是对这些代表们所提出的问题的答复。这些代表们曾对推迟行动的原因提出质询,表示不安,并对迟迟不动的危险性提出警告。

〔144〕 叛徒格里泽尔给秘密督政府的这封信,是在他的小册子《自由法兰克人给他的朋友恐怖者的信》发表的同一天写的。

〔145〕 第二十二号文件中包含由于秘密督政府跟山岳党人委员会达成协议而对起义法令所作的修改。例如在起义胜利后恢复国民公安的活动并增补民主派的代表名额(每省一名)。

〔146〕《告士兵书》是邦纳罗蒂起草的。

〔147〕 这封信是巴贝夫在临刑前夕写的。

〔148〕 巴贝夫的长子罗贝尔-艾米尔由费利克斯·勒佩尔蒂埃抚养成人,在里昂和巴黎的书店里工作,"百日"期间积极支持拿破仑。1816—1818年间,在复辟时期由于印刷波拿巴主义的小册子《三色侏儒》而遭追害。1818年起在巴黎开设书店。尽管他在政治上远远不如他的父亲坚定,邦纳罗蒂仍然跟他保持联系。他的儿子路易-比埃尔在1818年当了区长。

〔149〕 巴贝夫的两个幼子卡米叶和凯乌斯由图罗将军抚养成人。凯乌斯在1814年战争中阵亡,卡米叶则于1814年3月31日联军进入巴黎时从旺多姆柱顶跳下身亡。巴贝夫的遗孀直到1840年还住在巴黎,以售货维生。

〔150〕 勒布瓦——《人民之友》(1794—1795年间发行的报纸)的编辑,曾跟巴贝夫一道关在阿拉斯监狱。巴贝夫批判过勒布瓦在政治上的动摇性和他跟督政府妥协的倾向性。波杜恩是旺多姆审判案的速记记录的出版者。

〔151〕 这本小册子保存在巴贝夫分子的侦讯档案中(法国国家档案馆,$W^3$563),俄译本根据苏联马列主义研究院中央档案馆所保存的影印复制品译出。

〔152〕 这本小册子的作者看来是费·勒佩尔蒂埃,原件保存在巴贝夫分子的侦讯档案中(法国国家档案馆 W^3 562),俄译本根据苏联马列主义研究院中央档案馆所保存的影印复制品译出。

人名译名对照[1]

（因全书已无原文边码，此件改为人名译名对照，人名后页码索引全部取消。——译者）

Albitte　阿尔毕特
Amar　阿马尔
Antonelle　安东尼尔
Arsa　阿尔萨
Auguis　奥基

Babeuf　巴贝夫
Barbaroux　巴巴鲁
Barbier（Jean-Noël）　巴比埃（让－诺埃尔）
Barère　巴雷尔
Barnevelt　巴涅维尔特
Barras　巴拉斯
Baude　波德
Baudement［Bodman］　波德曼
Baudouin　波杜恩
Bénézech（baron）　贝内泽克
Bertrand　贝特兰
Biauzat（Gauthier）　比奥查（哥蒂埃）
Billauo-Varennes　比约－瓦伦
Blanqui，　布朗基
Blondeau　勃朗多
Bodson（m）［Bodsom］，　波德松〔姆〕（索姆波）
Boisset　布瓦塞
Boissy d'Akglas　布瓦西，丹格拉
Boudin　布丁
Bouin　布恩
Bourbotte'　布尔博特
Breton　布雷顿
Breton（Jeanne）　布雷顿（燕妮）
Brissot　布里索
Brutus　布鲁土斯
Buonarroti　邦纳罗蒂

① 此件原为人名索引，下面的说明是法文版编者原有的。——译者

总的说来，我们尊重邦纳罗蒂在1828年出版的原版书中所采用的人名拼写法，尽管其中一些往往跟当时的拼写有所出入（例如万涅克，邦纳罗蒂写的是Vannec，而在《世界导报》上用的是Vaneck）。此外，邦纳罗蒂有时对同一人名采取不同拼写法（例如曼涅斯埃的拼法是Ménessier或Méneissier，波德松的拼法是Bodson或Bodsom，等等）。我们将不同拼法用括号加以表示。

Buonaparte 波拿巴

Cadroy 卡德鲁瓦
Caïus, fils de Babeuf 凯乌斯(巴贝夫之子)
Camille, fils de Babeuf 卡米叶(巴贝夫之子)
Canuleus, 康纽莱
Cardinaux 卡尔迪诺
Carnot 卡尔诺
Cartouche 卡尔图舍
Caton 伽图
Cazin 卡森
Chalier 沙利叶
Chambon 尚姆邦
Chanan(Hannac) 沙兰(甘纳克)
Chapelle 沙佩尔
Charette 沙列特
Charles II 查理二世
Choudieu(Euduchoi) 舒迪厄(欧杜沙)
Chrétien 克雷提安
Clément 克列曼
Cléxel [Clerex ou Clers] 克雷塞尔〔克雷莱或克雷尔〕
Cobourg 科布尔
Cochet 科舍
Collot d'Herbois 科洛·德布瓦
Comartin 科马丁
Condorcet 孔多塞
Cordas 科尔达
Cordebar 科德巴尔
Coulange 库兰热
Couthon 库东
Crepin 克雷平
Cromwell 克伦威尔
Curtius 居尔蒂斯
Custine 屈斯丁

Dalaire-Tenaille [Laire de la Naitle] 达莱尔-台讷伊〔莱尔·德·拉·涅特尔〕
Danton 丹东
Darthe 达尔蒂
David 大卫
Debon[Bedon] 德邦〔比东〕
Delacroix 德拉克鲁瓦
Deray [Ready] 德莱〔列迪〕
Dentatus 登塔特
Des Armes (Julien) 德赞尔姆
Didier [Eriddi ou Eriddy] 迪第埃〔艾里迪或艾里第〕
Drouet 德鲁埃
Drouin 德鲁因
Ducos 杜科
Dufour 杜弗尔
Dumolard 杜莫拉尔
Dumont 杜蒙
Dumouriez 迪穆里埃
Duplay père 老杜布雷依
Duplay (Simon) 杜布雷依(西蒙)
Durand-Maillane 杜朗-梅扬纳
Duquesnoy 杜肯努阿
Duvigneau 杜文诺
Duroy 杜鲁瓦

Émile, fils de Babeuf 艾米尔,巴贝夫之子

Féru [Reuf] 费吕〔勒夫〕
Fion [Fyon ou Fillion] 菲昂〔费昂或菲伊昂〕
Fiquet (Antoine) 费盖(安东)
Fiquet(Claude) 费盖(克罗德)
Foissac la Tour 发萨克·拉·图尔
Fontenelle 封登涅尔
Forestier 霍勒斯蒂埃

Fransois d'Autriche　奥地利弗兰斯瓦
Fréron　弗雷隆
Frossard　弗洛沙尔

Genois [Soigne]　热努阿〔舒安〕
Germain　热尔明
Gorsas　哥萨
Gossuin　哥絮恩
Goujon　古戎
Goulard [Glartou]　古拉尔
Gracques　格拉古兄弟
Gravier [Rivagre]　格拉维埃〔里瓦格尔〕
Grisel　格里泽尔
Guadet　加代
Guilhem [Le Himug]　基莱姆〔勒·依姆〕

Hébert　艾贝尔
Héron　艾隆
Huguet　雨盖

Isnard　伊纳尔

Javogues　雅沃格
Jésus　耶稣
Jordan (Camille)　儒尔当(卡米尔)
Jorry　若里
Jourdan　茹尔丹
Jullien de la Drome [Laujen de Dorimel]　尤利安·德·拉·德罗姆〔洛让·德·多里麦尔〕

Lacombe　拉贡博
La Fayette　拉法叶特
Laignelot [Alliuoget]　兰涅罗〔阿里诺热〕
Laloy　拉卢瓦
Lambert　兰贝尔
Lambert (Adélaïde)　兰贝尔(阿代拉依德)
Lamberté　兰贝尔代
Lameth　拉美特
lanjuinais　朗热内
Lapierre (Sophie)　拉比埃尔(索菲)
Lareveillére-Lèpeaux　拉雷韦伊埃－莱波
Larivière　拉里维埃
Latulipe (le père)　拉图利普
Laumont　洛蒙
Lebas　勒巴
Leblanc　勒布兰
Lebois　勒布瓦
Lecdenr[Ourecle]　勒哥尔〔乌勒克尔〕
Legendre　勒让德尔
Lepelletier[Lepeletier](Félix)　勒佩尔蒂埃(费利克斯)
Lepelletier (Michel)　勒佩卡蒂埃(米歇尔)
Lindet (Robert) [Robert-Lindet]　兰代(罗贝尔)[罗贝尔－兰德]
Iouis XVI　路易十六
Louel　鲁艾尔
Louvel　卢韦
Lucivs Junius　鲁齐乌斯·尤利乌斯
Lycurgue　莱喀古士

Mably　马布利
Mailhe　马耶
Maillet [La Tilme]　迈耶〔拉·提尔姆〕
Marat　马拉
Marchand　马尔桑
Marechal (Sylvain ou Silvain)　马雷沙尔(西尔文)
Mariette　马里埃特
Martin (Nicolel)　马丁(尼科尔)
Massart [Massard]　马萨尔

Massey（Sasemy） 马谢依〔萨谢米〕
Méaule 美奥
Ménessier［Méneissier］ 曼涅斯埃
Menou 曼努
Merlin de Thionville 梅兰·德·提翁维尔
Meunier（Jean-Baptiste） 默尼埃（让－巴蒂斯特）
Minos 米诺斯
Mirabeau 米拉波
Mittois［Tismiot］ 米图瓦〔提斯米奥〕
Moïse 摩西
Monnier 蒙尼埃
Montion 蒙蒂翁
Montesquien 孟德斯鸠
Morel Nicolas 莫莱尔·尼古拉［Romaincolsel］［罗曼科塞尔］
Morelly 莫莱里
Moroy 莫鲁阿
Morus（Thomos） 莫尔（托马斯）
Mounard 幕纳尔
Mounad（Veuve） 慕纳尔寡妇
Mugnier 幕尼埃

Narbonne 纳尔邦
Nayez 奈耶
Newton 牛顿

Orphée 奥菲
Owen（Robert） 欧文（罗伯特）

Pache 帕希
Paris 巴黎
Parrein 巴伦
Pastoret 巴斯托雷
Pèche 佩施
Peyssard 比沙尔
Philip［Lihppi］ 菲力蒲〔里皮〕
Pichegru 比塞格律
Pierron［Rerpino］ 比埃伦〔雷尔皮诺〕
Pillé 皮埃
Pitt 皮特
Platon 柏拉图
Ponticourt 蓬蒂古尔
Portalis 波塔利斯
Pottofeux 波托弗厄
Prieur de la Marne 普利耶尔（马恩省）

Rabaud 拉波
Raybois 雷布瓦
Révol［Vélor］ 雷沃尔〔维洛尔〕
Reys［Eris］ 雷依斯〔艾里〕
Rewbell 勒贝尔
Ricord 里科尔
Robespierre（Augustin） 罗伯斯比尔（奥古斯丁）
Robespierre（Maximilien） 罗伯斯比尔（马克西米利安）
Romme 罗姆
Rossignol 罗西诺尔
Rousseau 卢梭
Roussillon［Lussorilon］ 罗西昂〔吕索里隆〕
Rovère 罗维尔
Roy 鲁阿

Saint-Just 圣茹斯特
Saladin 萨拉丹
Sapino 萨皮诺
Scapin 斯卡潘
Scaramouche 斯卡拉姆齐
Sidney 悉尼
Siméon 西梅翁
Solignac［Golscain］ 索利尼亚克〔哥尔斯坎〕
Soubrany 苏布兰尼

Stève　斯蒂夫
Stofflet　斯托弗莱
Stolon　斯托龙

Taffoureav　塔富鲁
Talien　塔利安
Tarquin　塔克文
Thibeaudeau　蒂博多
Thierry　蒂叶里
Tissot　蒂索
Toulotte　土洛特
Trinchard［Chintrard］　特林沙尔〔辛特拉尔〕

Vacret　瓦克列
Vadier　瓦迪埃
Vaneck（Vannec）　万涅克
Vergne　维尔纽
Vergniauo　维尼奥
Viellart　维叶阿尔
Viscellinus　韦塞里乌斯

Xerxes　薛西斯

图书在版编目(CIP)数据

为平等而密谋. 下卷/(法)菲·邦纳罗蒂著;陈叔平,端木美译. —北京:商务印书馆, 2017
(汉译世界学术名著丛书:120 年纪念版:珍藏本)
ISBN 978-7-100-14368-4

Ⅰ. ①为… Ⅱ. ①菲… ②陈… ③端… Ⅲ. ①平等派(法国) Ⅳ. ①K565.41

中国版本图书馆 CIP 数据核字(2017)第 151977 号

汉译世界学术名著丛书
(120 年纪念版·珍藏本)

为平等而密谋

——又称巴贝夫密谋

下卷

〔法〕菲·邦纳罗蒂 著

陈叔平 端木美 译

商务印书馆出版
(北京王府井大街 36 号 邮政编码 100710)
商务印书馆发行
北京市十月印刷有限公司印刷
ISBN 978-7-100-14368-4

2017 年 12 月第 1 版　　开本 710×1000 1/16
2017 年 12 月北京第 1 次印刷　　印张 18¾

定价:98.00 元